U0521084

新能源汽车关键技术丛书

总顾问　原诚寅

基于 MxSim 的车辆结构有限元分析

蔡　勇　王泽兴　李光耀　主　编
郝　维　崔向阳　张　媛　副主编

电子工业出版社
Publishing House of Electronics Industry
北京·BEIJING

内 容 简 介

本书专注于国产 CAE 软件 MxSim 在汽车结构领域的应用，系统介绍 CAE 分析的基础理论、操作流程及实例，可以帮助读者全面掌握 MxSim 在车辆结构分析中的应用。书中详细阐述了 MxSim 从前处理到后处理的全流程，并结合静力分析、模态分析、瞬态分析、谐响应分析、碰撞安全性分析等实例，深入讲解了仿真精度与效率控制。同时，本书展望了 CAE 的前沿技术，如云服务和大数据分析。

本书既可以作为汽车设计工程师的实战指南，还可以作为相关专业学生的教材。

未经许可，不得以任何方式复制或抄袭本书之部分或全部内容。
版权所有，侵权必究。

图书在版编目（CIP）数据

基于 MxSim 的车辆结构有限元分析 / 蔡勇，王泽兴，李光耀主编．-- 北京：电子工业出版社，2024.8（2025.8 重印）．
（新能源汽车关键技术丛书）．-- ISBN 978-7-121-48478-0

Ⅰ．U463

中国国家版本馆 CIP 数据核字第 2024DU2507 号

责任编辑：关永娟　　　特约编辑：田学清
印　　刷：北京盛通数码印刷有限公司
装　　订：北京盛通数码印刷有限公司
出版发行：电子工业出版社
　　　　　北京市海淀区万寿路 173 信箱　　邮编：100036
开　　本：787×1 092　1/16　印张：14.25　字数：336 千字　彩插：2
版　　次：2024 年 8 月第 1 版
印　　次：2025 年 8 月第 5 次印刷
定　　价：59.00 元

凡所购买电子工业出版社图书有缺损问题，请向购买书店调换。若书店售缺，请与本社发行部联系，联系及邮购电话：（010）88254888，88258888。
质量投诉请发邮件至 zlts@phei.com.cn，盗版侵权举报请发邮件至 dbqq@phei.com.cn。
本书咨询联系方式：（010）88254154，guanyj@phei.com.cn。

编委会

总 顾 问：原诚寅

主　　编：蔡　勇　王泽兴　李光耀

副 主 编：郝　维　崔向阳　张　媛

参编人员：（按姓氏笔画排序）

王　明　王奉阳　孙凯博　李　挺　李　射

何金龙　杨恒杰　季　双　范长伟　罗　虎

周　威　孟祥亮　谢　欢　董　琪　廖中亮

蔺会光

序

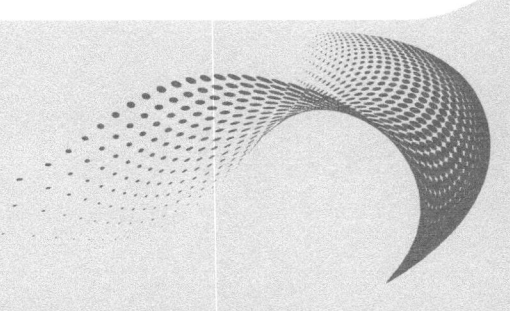

近 20 多年来，汽车电动化和智能化潮流引领车辆工程科技创新发展并带来革命性影响。在 CAE 技术方面，我们见证了从理论探讨到实践应用的显著进步，并为车辆结构创新赋予了新的内涵。应我的好友、我国汽车 CAE 领域的著名专家李光耀教授之邀，为《基于 MxSim 的车辆结构有限元分析》这本著作撰写序言，我深感荣幸！

MxSim 作为国产 CAE 软件的代表，在车辆工程领域展现出广阔的应用前景。本书编者不仅对 MxSim 的原理和应用进行了全面而深入的剖析，还通过丰富的实例展示了如何利用这一强大工具解决实际工程问题。从车辆静力学分析到模态分析、瞬态分析，再到碰撞安全性分析，本书涵盖了车辆工程领域的多个重要方面，为读者提供了全面且系统的学习和参考平台。

本书可作为全面、专业的关于 MxSim 应用于车辆结构分析的实战指南。它为广大工程师、研究人员及学生在车辆工程 CAE 领域进行深入探索提供了坚实的理论基础和实践指导。通过阅读本书，读者不仅能够掌握 MxSim 的使用技巧，还能提升解决复杂工程问题的能力，获得用于智能网联新能源汽车结构创新设计与分析的高效工具，也可为未来职业发展奠定坚实的基础。

作为一名长期致力于车辆工程科技的工作者，我深知持续学习和技术更新的重要性。本书包含了编者及其团队宝贵的实践经验和智慧，他们的辛勤工作和无私奉献为车辆工程领域的发展做出了重要贡献，我深信，广大读者将从此著作中获益匪浅。我也满怀期望，中国的汽车强国梦也将助力以 CAE 软件为代表的汽车设计开发工具实现自主创新、自主可控及自立自强！

2024 年 6 月

前 言

汽车工业一直是技术创新的前沿战场，置身于今天激烈的市场竞争环境中，汽车企业面临着前所未有的设计挑战。如何在保证高度安全性的前提下，持续提升产品舒适性、智能化水平，并最大限度地压缩开发周期、降低生产成本，已成为摆在业界相关人士面前的重大难题。CAE 技术在其中扮演着极其关键的角色。通过使用结构分析、碰撞模拟等仿真方法，工程师能够在实际制造车辆之前预见和解决潜在的设计问题，显著提高车辆的性能、效率和安全性。

本书全面介绍了国产 CAE 软件 MxSim 在车辆结构分析领域的应用实践。全书共 9 章，第 1 章对数值分析方法和有限元法的基本概念进行了介绍；第 2 章系统地讲解了有限元分析的基础理论；第 3 章重点阐述了车辆结构 CAE 分析的基本流程；第 4 章至第 8 章分别围绕静力分析、模态分析、瞬态分析、谐响应分析和碰撞安全性分析等主要分析类型，以实例驱动的形式详细讲解了 MxSim 的操作技巧；第 9 章对 CAE 技术发展现状及云服务和大数据分析等新兴技术进行了展望。

希望本书能为广大汽车设计工程师、高校师生提供一本实用的 CAE 分析入门参考书。本书配套提供电子课件及书中相关案例的素材文件，读者可注册登录华信教育资源网（www.hxedu.com.cn）搜索书名或 ISBN 号，进入本书主页免费下载。感谢您选择本书，希望我们的努力对您的工作和学习有所帮助。因编者水平有限，书中难免有不足和疏漏之处，恳请使用本书的广大教师、读者提出宝贵意见和建议，以便我们不断改进。

编 者

2024 年 6 月

目 录

第1章 绪论 ······ 001
- 1.1 数值分析方法 ······ 001
- 1.2 有限元法概述 ······ 003
  - 1.2.1 有限元法的诞生及发展 ······ 003
  - 1.2.2 有限元法的基本思想 ······ 004
  - 1.2.3 有限元法的应用及发展趋势 ······ 004
- 1.3 CAE商业软件的发展 ······ 005
- 1.4 汽车CAE技术发展概述 ······ 007

第2章 CAE分析基础 ······ 009
- 2.1 有限元分析基础 ······ 010
  - 2.1.1 弹性力学的基本方程和变分原理 ······ 010
  - 2.1.2 弹性力学平面问题的有限元格式 ······ 018
  - 2.1.3 单元刚度矩阵 ······ 024
  - 2.1.4 隐式求解与显式求解 ······ 026
- 2.2 CAE分析 ······ 026
  - 2.2.1 CAE分析的要点和特点 ······ 026
  - 2.2.2 CAE分析的计算精度 ······ 027
  - 2.2.3 CAE分析的计算效率 ······ 029
- 2.3 MxSim分析软件简介 ······ 030
  - 2.3.1 MxSim.Mechanical 隐式求解器简介 ······ 030
  - 2.3.2 MxSim.Dyna 显式求解器简介 ······ 031

2.3.3　MxSim 用户界面简介 ··· 031

第 3 章　基于 MxSim 的车辆结构 CAE 分析 ···································· 038

3.1　概述 ·· 039

3.2　几何建模与简化 ·· 039

  3.2.1　降维处理 ··· 039

  3.2.2　细节简化与几何形状的近似 ·· 040

  3.2.3　结构对称性的利用 ··· 040

  3.2.4　MxSim 建模 ·· 041

3.3　网格剖分 ·· 044

  3.3.1　常见的网格种类 ··· 045

  3.3.2　网格剖分原则 ··· 046

  3.3.3　选择网格类型 ··· 048

  3.3.4　特殊结构处理 ··· 049

  3.3.5　MxSim 中的网格剖分 ·· 050

3.4　材料 ·· 052

  3.4.1　常用的材料模型 ··· 052

  3.4.2　其他材料模型 ··· 054

3.5　分析工况定义 ·· 064

  3.5.1　线性工况和非线性工况 ··· 065

  3.5.2　静力学问题和动力学问题 ··· 065

  3.5.3　显式分析和隐式分析 ··· 065

  3.5.4　MxSim 中的分析工况 ·· 066

3.6　连接 ·· 074

3.7　接触 ·· 074

3.8　边界条件与载荷 ·· 075

  3.8.1　位移约束条件 ··· 075

  3.8.2　载荷类型 ··· 077

3.9　拓扑优化 ·· 081

3.10　疲劳分析 ·· 083

3.11　计算求解 ·· 084

  3.11.1　输出设置 ··· 084

  3.11.2　计算任务 ··· 084

3.12　后处理 ·· 085

  3.12.1　云图窗口 ··· 086

3.12.2　动态效果查看 ·· 089
　　3.12.3　时程曲线查看 ·· 089

第 4 章　车辆结构静力分析 ·· 092

4.1　静力分析概述 ·· 093

4.2　实例分析——工字梁结构静力分析 ··· 094
　　4.2.1　实例描述 ·· 094
　　4.2.2　分析步骤 ·· 094

4.3　实例分析——某汽车前桥转向节的结构静力分析 ··· 105
　　4.3.1　实例描述 ·· 105
　　4.3.2　分析步骤 ·· 105

4.4　实例分析——某汽车白车身的弯曲和扭转刚度分析 ····································· 114
　　4.4.1　实例描述 ·· 114
　　4.4.2　分析步骤 ·· 115

第 5 章　车辆结构模态分析 ·· 120

5.1　模态分析概述 ·· 121

5.2　实例分析——托架焊接组件的模态分析 ·· 123
　　5.2.1　实例描述 ·· 123
　　5.2.2　分析步骤 ·· 123

5.3　实例分析——某汽车白车身的自由模态分析 ··· 132
　　5.3.1　实例描述 ·· 132
　　5.3.2　分析步骤 ·· 132

5.4　实例分析——某新能源汽车电池包箱体约束模态分析 ································· 138
　　5.4.1　实例描述 ·· 138
　　5.4.2　分析步骤 ·· 139

第 6 章　车辆结构瞬态分析 ·· 145

6.1　瞬态分析概述 ·· 146

6.2　实例分析——某新能源汽车电池包瞬态振动分析 ·· 146
　　6.2.1　实例描述 ·· 146
　　6.2.2　分析步骤 ·· 146

6.3　实例分析——某汽车主轴的瞬态动力学分析 ··· 155
　　6.3.1　实例描述 ·· 155
　　6.3.2　分析步骤 ·· 155

第 7 章 车辆结构谐响应分析 ································ 167

7.1 谐响应分析概述 ································ 168
7.2 实例分析——某减速器箱体的谐响应分析 ································ 168
7.2.1 实例描述 ································ 168
7.2.2 分析步骤 ································ 168

第 8 章 车辆碰撞安全性分析 ································ 181

8.1 车辆碰撞安全性分析概述 ································ 182
8.2 实例分析——汽车前保险杠碰撞分析 ································ 184
8.2.1 实例描述 ································ 184
8.2.2 分析步骤 ································ 184
8.3 实例分析——简易卡车碰撞安全性仿真 ································ 195
8.3.1 实例描述 ································ 195
8.3.2 分析步骤 ································ 195

第 9 章 展望 ································ 206

9.1 CAE 软件领域技术展望 ································ 206
9.2 工业软件辅助技术展望 ································ 207
9.2.1 工业云平台技术 ································ 207
9.2.2 软件云化技术 ································ 208
9.2.3 硬件技术 ································ 208
9.2.4 云端数据管理与分析 ································ 209
9.2.5 辅助工具 ································ 209
9.3 国创数字化仿真云平台 ································ 209
9.3.1 云资源管理 ································ 210
9.3.2 设计数据管理 ································ 210
9.3.3 仿真数据管理 ································ 210
9.3.4 仿真工具链 ································ 212

第1章 绪论

【本章导读】

本章介绍了数值分析方法的概念及其在科学计算和工程分析中的重要作用，阐述了有限元法的基本思想，并简要梳理了有限元法的诞生及发展，着重介绍了有限元法在汽车工业中的应用现状及发展历程，如对车身结构、动力总成等部件的性能分析、优化及汽车安全性能优化设计等方面的应用。

1.1 数值分析方法

数值分析是研究连续问题的算法的科学，其发展历史可以追溯到数学家对数值分析和近似解的探索。早在古巴比伦和古埃及时期，人们就开始尝试使用数值分析解决实际问题。公元前3世纪，欧几里得在其著作《几何原本》中介绍了一种求解线性方程组的方法，该方法就是我们今天所说的"欧几里得算法"。阿基米德使用逼近法计算圆周率，通过内接和外切正多边形来逼近圆的面积的方法得到圆周率的上、下界。在中国，数学家也对数值分析方法进行了探索。魏晋时期的数学家刘徽首创割圆术，为计算圆周率建立了严密的理论和完善的算法。割圆术是通过不断倍增圆内接正多边形的边数来求圆周率的方法，如图1-1所示。

图1-1 割圆术

数值分析是应用数学的一个重要分支，其核心内容是设计复杂工程问题的近似求解算法。一般地，这些算法的目的是将连续的无穷维问题离散化，转化为一个可解的离散有限维问题，从而通过数值分析获得近似解。离散化的过程通常采用的是各种数值逼近方法，如插值、拟合、数值积分等。通过这些方法，原始的连续问题被近似为一个离散的代数问题，如非线性方程组求解、无约束最优化问题求解、线性规划问题求解等。

数值分析方法的设计和分析是进行数值分析的关键。一个好的数值分析方法应该具有高效、稳定、收敛等特性。方法的效率关系到计算速度和需要的计算资源，稳定性关系到方法对输入数据和舍入误差的敏感程度，收敛性关系到方法能否在有限的步骤内给出满足精度要求的近似解。数值分析学家需要在方法的效率、稳定性和收敛性之间进行权衡，设计出适用于特定问题的最优方法。

如果没有数值分析，现代科学和工程技术的发展将受到极大限制。在当今的科学研究和工程应用中，人们经常遇到各种复杂的数学模型和海量的数据，对其进行解析求解往往是不可能的。数值分析为此提供了有效的工具和方法，使得人们能够通过数值模拟和计算机实验来研究复杂系统的行为，预测对象未来的发展趋势，并优化设计方案。数值分析已经成为现代科学和工程研究不可或缺的一部分。

数值分析的典型应用如下。

气象学：大气模型在模拟大气层行为方面发挥着至关重要的作用，它不仅有助于理解人类活动对大气的影响，还提高了天气预报的准确性。大气模型是基于控制大气运动的原始动力学方程构建的数学模型，通过引入湍流扩散模型、辐射模型、湿过程（云和降水）模型、热交换模型、土壤模型、植被模型、地表水模型、地形效应模型和对流模型等参数化方案来补充这些方程。目前，大多数大气模型采用数值分析方法，即离散化运动方程来预测各种尺度的现象，包括微尺度的龙卷风和边界层涡旋、建筑上的亚微尺度湍流，以及天气流和全球流。模型的应用范围可以是覆盖整个地球的全球域，也可以是针对某特定区域的有限区域。

计算金融：在这个全球化、高度互联的金融体系中，资产交易涉及众多跨地域、跨时区的市场参与者，呈现出前所未有的复杂性。现代商业为了实现资源的最优配置，必须借助先进的优化方法。然而，这些高度多样化的投资策略蕴含的风险评估与表征往往依赖复杂的数学与计算模型。因此，寻求高效、精确的数值分析方法，对于应对金融市场挑战至关重要。

除此之外，数值分析的应用领域还包括计算生物学、城市复杂系统等，甚至机器学习和人工智能也和数值分析关系密切。

有限元法是一种重要的数值计算方法，它通过变分方法，使得误差函数达到最小值并产生稳定解。类比于通过连接多段微小直线来逼近圆的思想，有限元法包含了一切可能的方法，这些方法将许多被称为有限元的小区域上的简单方程联系起来，并据此来估计更大区域上的复杂方程。它将求解域看作是由许多被称为有限元的小的互连子域组成的，先对每个单元假定一个合适的（较简单的）近似解，然后推导求解这个域总的满足条件（如结构的平衡条件），从而得到问题的解。

1.2 有限元法概述

1.2.1 有限元法的诞生及发展

有限元法是最重要的工程分析技术之一，广泛应用于弹塑性力学、断裂力学、流体力学、热传导等领域。

大约在 300 年前，牛顿和莱布尼茨发明了积分法，证明了该运算具有整体对局部的可加性。虽然，积分运算与有限元法对定义域的划分是不同的，前者进行无限划分而后者进行有限划分，但积分运算为实现有限元法准备了理论基础。

在牛顿之后，著名数学家高斯提出了加权余值法及线性代数方程组的解法。这两项成果中前者被用来将微分方程改写为积分表达式，后者被用来求解有限元法得出的代数方程组。

在 18 世纪，另一位数学家拉格朗日提出了泛函分析。泛函分析是将偏微分方程改写为积分表达式的另一途径。

在 19 世纪末 20 世纪初，数学家瑞利和里兹（Rayleigh Ritz）首先提出了对全定义域运用展开函数来表达其上的未知函数。1915 年，数学家伽辽金（Galerkin）提出了选择展开函数中形函数的伽辽金法，该方法被广泛地用于有限元分析。

20 世纪 40 年代，随着航空业的飞速发展，人们需要对飞机结构进行精确的设计，在工程中逐渐产生了矩阵力学分析方法。1943 年，数学家库朗德第一次提出了在定义域内分片地使用展开函数来表达其上的未知函数。这实际上就是有限元法的做法。

1955 年，德国的 Argyris 出版了第一本关于结构分析中的能量原理和矩阵方法的书，为后续的有限元研究奠定了重要基础。1956 年，波音公司的 Turner、Clough、Martin 和 Topp 在分析飞机结构时系统研究了离散杆、梁、三角形的单元刚度表达式。1960 年，Clough 在处理平面弹性问题时第一次提出并使用了"有限元"的名称。1967 年，Zienkiewicz 和 Cheung 出版了第一本有关有限元分析的专著。1970 年以后，有限元法开始被用于处理非线性问题和大变形问题。

20 世纪 60 年代初，我国老一辈计算科学家开始将计算机技术应用在土木、建筑和机械工程等领域。1964 年，冯康教授独立于西方创造了一整套解微分方程问题的系统化、现代化的计算方法，即有限元法，并发表了论文《基于变分原理的差分格式》，这是中国学者独立于西方创立有限元法的标志。黄玉珊教授提出了"小展弦比机翼薄壁结构的直接设计法"和"力法—应力设计法"。1964 年，崔俊芝院士研发了国内首个平面问题通用程序，并成功应用于解决刘家峡大坝复杂的应力分析问题。20 世纪 70 年代，钱令希教授作了题为《结构力学中最优化设计理论与方法的现代发展》的报告。

1.2.2 有限元法的基本思想

有限元法也叫有限单元法（Finite Element Method，FEM），是随着电子计算机的发展迅速发展起来的一种弹性力学问题的数值求解方法。20世纪50年代初，它首先应用于连续体力学领域——飞机结构静、动态特性分析中，用于求得结构的变形、应力、固有频率及振型。有限元法具有有效性，应用范围已从线性问题扩展到非线性问题，分析对象已从弹性材料扩展到塑性材料、黏弹性材料、黏塑性材料和复合材料，从连续体扩展到非连续体。

图1-2所示为结构与有限元法。有限元法中的相邻的小区域通过边界上的节点连接起来，可以用一个简单的插值函数来描述每个小区域内的变形和应力。只计算节点处的应力或变形，非节点处的应力或变形是通过函数插值获得的。换句话说，有限元法并不计算区域内任意一点的变形或应力。

事实上，当划分的区域足够小时，每个区域内的变形和应力总是趋于简单，计算的结果逐渐接近真实情况。从理论上可以证明，当单元数目足够多时，有限元解将收敛于问题的精确解，但是计算量相应增大。因此，在实际工作中总是要在计算量和计算精度之间找一个平衡点。

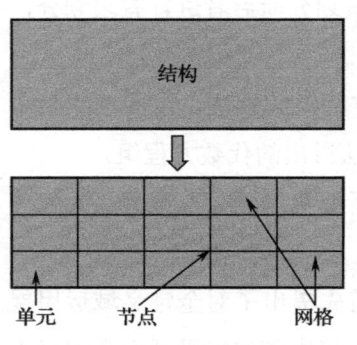

图1-2 结构与有限元法

1.2.3 有限元法的应用及发展趋势

有限元法在工程中的应用广泛且深入，特别是在结构优化领域，它已经成为一种不可或缺的工具。从结构形状的最优化到结构强度的分析，再到振动的分析，有限元法为工程师提供了强大的支持，帮助他们解决了一系列复杂的工程问题。

在过去的50多年里，有限元法已经发展成一个非常成熟的数值分析方法，为工程实践带来了巨大的经济效益。它的出现不仅使传统的基于经验的结构设计趋于理性，还推动产品设计向更加精细的方向发展。这主要体现在产品设计过程中样机试制次数的大幅减少，以及产品可靠性的显著提高。

在实际应用中，有限元法被广泛应用于各种工程领域。例如，在压力容器的设计中，有限元法可以应用于结构应力分析和形状优化，以确保压力容器的安全性和经济性。在机床切削过程中，有限元法可以应用于振动分析和减振设计，以提高机床的加工精度和稳定性。此外，在汽车研发过程中，有限元法可以应用于碰撞模拟，为汽车安全性设计提供重要的参考依据。在发动机设计过程中，有限元法可以应用于减振降噪分析，以优化发动机的结构设计，提高其性能和可靠性。同样，在武器设计过程中，有限元法可用于模拟爆轰和弹头形状优化，以确保武器的威力和精度。

计算机辅助工程（Computer Aided Enginnering，CAE）在现代工程设计中占据了至关重要的地位，其广泛的应用使得复杂的设计过程更加高效、精确和可靠。CAE的核心在于分析计算与仿真模拟，它涵盖了工程数值分析、结构与过程优化设计、强度与寿命评估，以及运动/动力学仿真等多个领域。这些领域的综合应用使得CAE能够全方位地验证未来工程或产品的实用性与稳定性，从而避免在实际生产过程中出现意外。

追溯CAE技术的起源，我们可以发现其主要归功于有限元法的诞生。在有限元法的发展初期，绝大多数CAE软件都是基于该方法进行计算求解的。随着计算机技术的飞速发展和有限元法的不断完善，CAE软件的功能和性能得到了极大提升。如今，CAE软件已经能够处理更加复杂的问题，如非线性分析、多物理场耦合分析、优化设计等，为工程师提供了更加强大和灵活的设计工具。

此外，随着云计算的发展，CAE软件实现了云端化，这使得工程师可以随时随地通过网络访问和使用CAE软件，大大提高了工作效率和便利性。人工智能的应用也给CAE软件带来了新的发展机遇，如智能优化设计、自动仿真等，这些技术的应用进一步推动了CAE软件的发展和创新。

总之，CAE软件作为现代工程设计的重要工具，其发展历程充分展示了科技进步对工程设计的巨大推动作用。随着技术的不断进步和创新，CAE软件将发挥更加重要的作用，为工程师提供更加高效、精确和可靠的解决方案。

1.3　CAE商业软件的发展

CAE软件是CAE技术的重要载体，CAE商业软件的发展历程同样反映了计算机技术和工程需求的不断演进。

1966年，针对航空业对结构分析的迫切需求，NASA（National Aeronautics and Space Administration，美国航空航天局）提出了开发世界首套以通用仿真分析为目的的有限元分析CAE软件的计划，这就是Nastran（NASA结构分析程序）。

1969年，John Swanson博士创立了自己的公司SASI。次年，他基于早期的STASYS程序，发布了商业软件Ansys。

20世纪70年代末，随着有限元理论趋于成熟，CAE软件逐渐进入蓬勃发展时期。

1977年，Mechanical Dynamics Inc.（MDI）公司成立，致力于发展机械系统仿真软件，其软件ADAMS应用于机械系统运动学、动力学仿真分析。后来ADAMS被MSC公司收购，成为MSC分析体系中一个重要的组成部分。

1978年，HKS公司推出了Abaqus商业软件。该软件能够支持研究人员增加用户单元和材料模型。

1988年，LSTC公司扩展DYNA程序，发行了商业化版本LS-DYNA。

在市场中占有一定份额的还有前后处理软件ANSA、Truegrid，流体仿真软件FLUENT、CFX、Phoenics、NUMECA、STAR-CD，铸造仿真软件ProCAST、FLOW-3D、MAGMASOFT等。

20世纪90年代至今是CAE技术的成熟壮大时期，在这一时期CAE领域呈现出"大鱼吃小鱼"的市场局面，大的软件公司为了提升自己的分析技术、拓宽自己的应用范围，寻找机会收购、并购专业的小型软件。例如，Ansys公司通过一系列的并购与自身壮大后，把其产品扩展为ANSYS Mechanical、ANSYS CFD（FLUENT/CFX）、ANSYS ANSOFT，ANSYS Workbench、ANSYS EKM等。由此Ansys公司塑造了一个体系规模庞大的、产品线极为丰富的仿真平台，该仿真平台在结构分析、电磁场分析、流体动力学分析、多物理场、协同技术等方面都可提供完善的解决方案。如今在全球范围内，CAE软件市场主要由Ansys公司、Dassault Systèmes公司、Siemens PLM Software公司和Altair Engineering公司等主导。

在20世纪60年代至20世纪70年代，我国的CAE技术和软件开始萌芽，并在多个重要工程中得到应用，包括水利、电力、机械、航空、建筑等多个领域。

进入20世纪90年代，随着改革开放的深入，国外大量先进的CAE软件进入国内市场，在各行各业得到广泛应用。很多国外专家直接参与到大学、科研院所、企业、工厂等机构中，这对国内CAE软件的自主研发构成了巨大压力。在20世纪末，面对国外CAE软件的强力冲击，国内CAE软件的自主创新步伐有所放缓，与国际先进水平的差距有所拉大。

进入21世纪，随着国际形势的变化，CAE软件等高新技术领域成为大国博弈的焦点。当前，在我国工业软件领域，以CAE软件为代表，正面临危机与机遇并存的局面。我国急需加快CAE软件自主研发的进程，聚焦核心技术攻关，努力提升原始创新能力，实现CAE软件的自主可控。我们有理由相信，随着国家对自主创新的高度重视和大力支持，通过产学研用各方的协同努力，在不久的将来，我们必将实现工业软件的自主可控。

近几年，通过政策支持、产学研合作等方式产业布向得到加快，我国在CAE软件领域取得了显著的发展，国内出现了一批具有竞争力的软件企业，如湖南迈曦软件有限责任公司（以下简称迈曦软件）、北京云道智造科技有限公司、英特工程仿真技术（大连）有限公司、安世亚太科技股份有限公司等，这些企业自主研发的CAE软件在汽车、航空航天、船舶、电子等工业设计与分析领域得到应用。此外，随着云计算和人工智能等技术的整合运用，我国的CAE市场正朝着更加智能化、集成化的方向发展，一些CAE软件开发商开始提供基于云的CAE解决方案，这使得软件能够与大数据分析相配合，从而提高设计效率和精确性。预期在接下来的几年内，这一领域的发展和国际竞争力会继续增强。

1.4 汽车 CAE 技术发展概述

CAE 技术在现代汽车创新与优化设计中发挥着至关重要的作用。它涵盖从复杂网格生成到计算求解，再到后处理分析的完整仿真流程，为汽车行业提供了高效、精确和可靠的设计分析解决方案。它的核心功能是基于有限元网格模型等 CAE 计算文件施加各类载荷和边界条件，借助有限元等求解器对静态和动态问题进行仿真分析。这一过程可以充分分析汽车各部分在各种工况下的应力、位移等状况，为设计优化提供有力依据。

当前，CAE 技术已经广泛应用于汽车概念设计和产品研发、车辆结构性能评估与优化及车辆碰撞安全性分析等领域。

（1）汽车概念设计和产品研发：主要应用于概念车设计、新产品设计、外观造型优化等，在成本和时间限制下，可快速评估和优化设计概念，确保最终产品满足市场需求并具备竞争力。CAE 软件提供了快速的仿真和分析能力，加速了设计决策过程，减少了对物理原型的依赖。

（2）车辆结构性能评估与优化：主要用于车身、底盘、车门、车顶等重要部件的结构分析与优化，可以确保汽车在各种载荷下的结构安全性、刚度和耐久性，减少潜在的结构故障风险。CAE 软件能够分析复杂的载荷和边界条件下的结构行为，早期发现和解决潜在问题，缩短研发时间、节省成本。

（3）NVH（Nosie、Vibration、Harshness）分析：主要用于噪声和振动分析优化、噪声降低、车内舒适性改善等，可以改善驾乘舒适性，减少噪声和振动对车辆性能和乘员体验的负面影响。CAE 软件能够模拟和分析车辆各个组成部分的噪声和振动源，快速找到解决方案并进行优化设计。

（4）制造过程模拟：主要用于冲压、焊接、注塑成型等汽车生产过程模拟，可以优化制造工艺，提高生产效率和质量，预测和解决生产中的潜在问题。CAE 软件能够模拟制造过程，准确预测和优化工艺参数，减少制造缺陷、节省成本。

（5）车辆碰撞安全性分析：主要用于车辆碰撞安全性评估、事故模拟和结构优化等，可以确保汽车在发生碰撞事故时保护乘员的生命安全，并通过优化设计减少事故带来的损害。CAE 软件能模拟和分析各种碰撞情况下车辆结构的变形和应力分布，评估车辆的碰撞安全性，提供优化解决方案。

将 CAE 技术应用在汽车研发中，企业完全可以将这种先进的研发手段与传统的试验和设计经验相结合，使两者互补，从而提升研发设计能力，有效指导新产品的研发设计，节省产品研发成本，缩短研发周期，从而大幅度提高企业的市场竞争力。CAE 技术在汽车行业中的应用如图 1-3 所示。

◆ 结构刚度和强度分析　　　　◆ 空气动力学　　　　◆ 疲劳耐久分析

◆ NVH分析　　　　　　　　　　　　　　◆ 车辆碰撞安全性分析

图 1-3　CAE 技术在汽车行业中的应用

本书针对车辆工程领域的实际问题，提供了大量强实用性实例，涵盖了传统汽车行业和新能源汽车行业。读者通过本书可以了解 CAE 技术的理论，掌握 MxSim 的使用技巧，从而快速掌握车辆研发设计和制造过程中的仿真分析关键技术。这些关键技术包括静力学、模态等实际工程问题的仿真分析。通过用仿真分析替代低效缓慢的传统物理样机试验，可以在最短周期内研发出高质量的、可靠稳定的汽车。

第 2 章　CAE 分析基础

【本章导读】

有限元理论是有限元分析的基础。只有掌握有限元分析基本原理，才能真正理解有限元法的本质。本章介绍了与内容相关的有限元理论知识，以对后面的分析进行指导。通过 MxSim 建立有限元模型，并进行求解和分析，可以帮助读者快速掌握 MxSim 的使用方法。同时，读者结合有限元理论知识可以加深对有限元法的理解，提高分析结果的可靠性。

【效果预览】

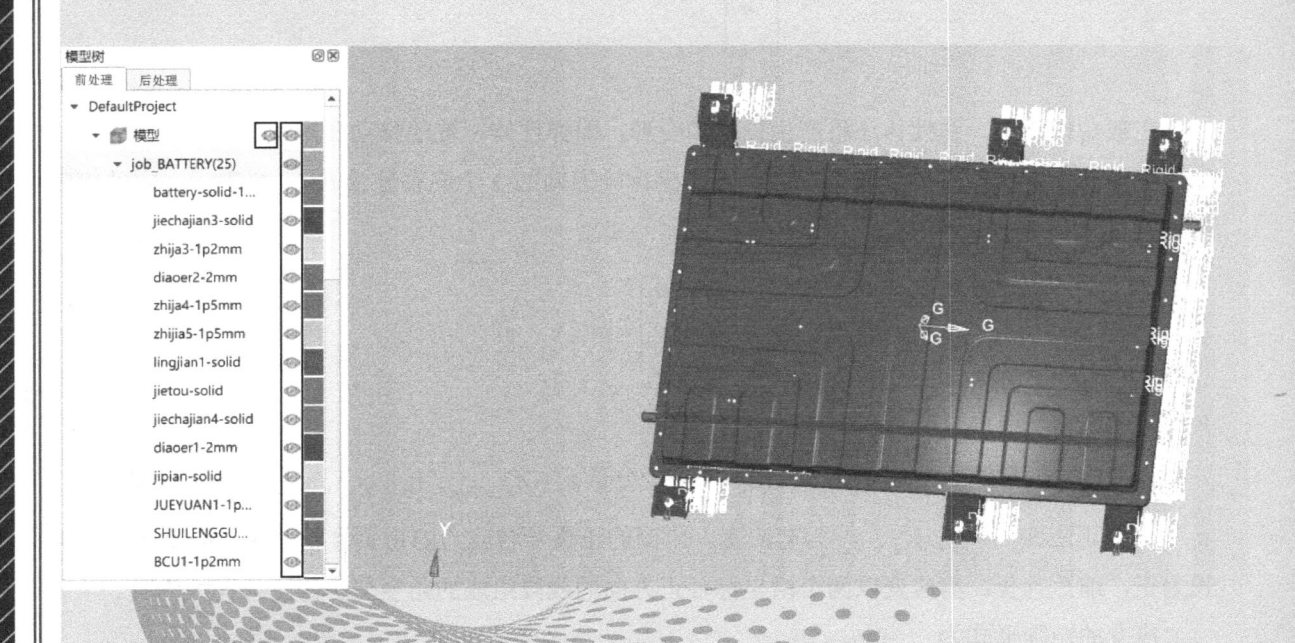

2.1 有限元分析基础

2.1.1 弹性力学的基本方程和变分原理

在有限元法中经常会用到弹性力学的基本方程和与之等效的变分原理，现将它们连同相应的矩阵表达形式和张量表达形式引述于后。关于它们的详细推导可从弹性力学的有关教材中查到。

1. 弹性力学基本方程的矩阵形式

在载荷作用下，弹性体内任意一点的应力状态可由 6 个应力分量 $\sigma_x, \sigma_y, \sigma_z, \tau_{xy}, \tau_{yz}, \tau_{zx}$ 来表示。其中，$\sigma_x, \sigma_y, \sigma_z$ 为正应力；$\tau_{xy}, \tau_{yz}, \tau_{zx}$ 为剪应力。应力分量的正负号规定如下：如果某一个面的外法线方向与坐标轴的正方向一致，那么这个面上的应力分量就以沿坐标轴正方向为正，沿坐标轴负方向为负；相反，如果某一个面的外法线方向与坐标轴的负方向一致，那么这个面上的应力分量就以沿坐标轴负方向为正，沿坐标轴正方向为负。

应力分量的矩阵形式称为应力列阵或应力向量，即

$$\boldsymbol{\sigma} = \begin{bmatrix} \sigma_x \\ \sigma_y \\ \sigma_z \\ \tau_{xy} \\ \tau_{yz} \\ \tau_{zx} \end{bmatrix} = [\sigma_x \quad \sigma_y \quad \sigma_z \quad \tau_{xy} \quad \tau_{yz} \quad \tau_{zx}]^T \tag{2-1}$$

在载荷作用下，弹性体还将产生位移和变形，即弹性体位置的移动和形状的改变。

弹性体内任意一点的位移都可由沿直角坐标轴方向的 3 个位移分量 u,v,w 来表示。它的矩阵形式为

$$\boldsymbol{u} = \begin{bmatrix} u \\ v \\ w \end{bmatrix} = [u \quad v \quad w]^T \tag{2-2}$$

$\boldsymbol{u}$ 称作位移列阵或位移向量。

弹性体内任意一点的应变都可以由 6 个应变分量 $\varepsilon_x, \varepsilon_y, \varepsilon_z, \gamma_{xy}, \gamma_{yz}, \gamma_{zx}$ 来表示。其中，$\varepsilon_x, \varepsilon_y, \varepsilon_z$ 为正应变；$\gamma_{xy}, \gamma_{yz}, \gamma_{zx}$ 为剪应变。应变的正负号与应力的正负号相对应，即正应变以伸长为正，缩短为负；剪应变以两个沿坐标轴正方向的线段组成的角度变小为正，变大为负。

应变的矩阵形式为

$$\boldsymbol{\varepsilon} = \begin{bmatrix} \varepsilon_x \\ \varepsilon_y \\ \varepsilon_z \\ \gamma_{xy} \\ \gamma_{yz} \\ \gamma_{zx} \end{bmatrix} = [\varepsilon_x \quad \varepsilon_y \quad \varepsilon_z \quad \gamma_{xy} \quad \gamma_{yz} \quad \gamma_{zx}]^{\mathrm{T}} \tag{2-3}$$

$\boldsymbol{\varepsilon}$ 称作应变列阵或应变向量。

对于三维问题,弹性力学基本方程可写成如下几种形式。

1)平衡方程

在 V 域内,弹性体内任意一点沿 x 轴、y 轴、z 轴的平衡方程为

$$\frac{\partial \sigma_x}{\partial x} + \frac{\partial \tau_{yx}}{\partial y} + \frac{\partial \tau_{zx}}{\partial z} + \bar{f}_x = 0$$

$$\frac{\partial \tau_{xy}}{\partial x} + \frac{\partial \sigma_y}{\partial y} + \frac{\partial \tau_{zy}}{\partial z} + \bar{f}_y = 0 \tag{2-4}$$

$$\frac{\partial \tau_{xz}}{\partial x} + \frac{\partial \tau_{yz}}{\partial y} + \frac{\partial \sigma_z}{\partial z} + \bar{f}_z = 0$$

式中,$\bar{f}_x$、$\bar{f}_y$、$\bar{f}_z$ 为单位体积的体积力沿 x 轴、y 轴、z 轴的分量,且有 $\tau_{xy} = \tau_{yx}$,$\tau_{yz} = \tau_{zy}$,$\tau_{zx} = \tau_{xz}$。

平衡方程的矩阵形式为

$$\boldsymbol{A}\boldsymbol{\sigma} + \bar{\boldsymbol{f}} = \boldsymbol{0} \quad (\text{在 } V \text{ 域内})$$

式中,$\boldsymbol{A}$ 是微分算子,即

$$\boldsymbol{A} = \begin{bmatrix} \dfrac{\partial}{\partial x} & 0 & 0 & \dfrac{\partial}{\partial y} & 0 & \dfrac{\partial}{\partial z} \\ 0 & \dfrac{\partial}{\partial y} & 0 & \dfrac{\partial}{\partial x} & \dfrac{\partial}{\partial z} & 0 \\ 0 & 0 & \dfrac{\partial}{\partial z} & 0 & \dfrac{\partial}{\partial y} & \dfrac{\partial}{\partial x} \end{bmatrix} \tag{2-5}$$

$\bar{\boldsymbol{f}}$ 是体积力向量,$\bar{\boldsymbol{f}} = [\bar{f}_x \quad \bar{f}_y \quad \bar{f}_z]^{\mathrm{T}}$。

2)几何方程——应变-位移关系

在微小位移和微小变形情况下,略去位移导数的高次幂,则应变列阵和位移列阵间的几何关系为

$$\varepsilon_x = \frac{\partial u}{\partial x}, \quad \varepsilon_y = \frac{\partial v}{\partial y}, \quad \varepsilon_z = \frac{\partial w}{\partial z} \tag{2-6}$$

$$\gamma_{xy} = \frac{\partial u}{\partial y} + \frac{\partial v}{\partial x} = \gamma_{yx}, \quad \gamma_{yz} = \frac{\partial v}{\partial z} + \frac{\partial w}{\partial y} = \gamma_{zy}, \quad \gamma_{zx} = \frac{\partial u}{\partial z} + \frac{\partial w}{\partial x} = \gamma_{xz} \tag{2-7}$$

几何方程的矩阵形式为

$$\boldsymbol{\varepsilon} = \boldsymbol{L}\boldsymbol{u} \text{（在 } V \text{ 域内）} \tag{2-8}$$

式中，$\boldsymbol{L}$ 为微分算子，即

$$\boldsymbol{L} = \begin{bmatrix} \dfrac{\partial}{\partial x} & 0 & 0 \\ 0 & \dfrac{\partial}{\partial y} & 0 \\ 0 & 0 & \dfrac{\partial}{\partial z} \\ \dfrac{\partial}{\partial y} & \dfrac{\partial}{\partial x} & 0 \\ 0 & \dfrac{\partial}{\partial z} & \dfrac{\partial}{\partial y} \\ \dfrac{\partial}{\partial z} & 0 & \dfrac{\partial}{\partial x} \end{bmatrix} = \boldsymbol{A}^{\mathrm{T}} \tag{2-9}$$

3）物理方程——应力-应变关系

弹性力学中应力-应变之间的转换关系也称弹性关系。对于各向同性的线弹性材料，应力通过应变的表达式可用矩阵形式表示为

$$\boldsymbol{\sigma} = \boldsymbol{D}\boldsymbol{\varepsilon} \text{（在 } V \text{ 域内）} \tag{2-10}$$

式中

$$\boldsymbol{D} = \frac{E(1-v)}{(1+v)(1-2v)} \begin{bmatrix} 1 & \dfrac{v}{1-v} & \dfrac{v}{1-v} & 0 & 0 & 0 \\ \dfrac{v}{1-v} & 1 & \dfrac{v}{1-v} & 0 & 0 & 0 \\ \dfrac{v}{1-v} & \dfrac{v}{1-v} & 1 & 0 & 0 & 0 \\ 0 & 0 & 0 & \dfrac{1-2v}{2(1-v)} & 0 & 0 \\ 0 & 0 & 0 & 0 & \dfrac{1-2v}{2(1-v)} & 0 \\ 0 & 0 & 0 & 0 & 0 & \dfrac{1-2v}{2(1-v)} \end{bmatrix} \tag{2-11}$$

$\boldsymbol{D}$ 称为弹性矩阵。它完全取决于弹性体材料的弹性模量 E 和泊松比 v。

也可以采用拉梅（Lamé）常数 G 和 λ 表征弹性体的弹性，它们和 E、v 的关系为

$$G = \frac{E}{2(1+v)}, \quad \lambda = \frac{Ev}{(1+v)(1-2v)} \tag{2-12}$$

G 也称剪切弹性模量。观察式（2-12）可得

$$\lambda + 2G = \frac{E(1-v)}{(1+v)(1-2v)} \tag{2-13}$$

物理方程中的弹性矩阵 $\boldsymbol{D}$ 亦可表示为

$$\boldsymbol{D} = \begin{bmatrix} \lambda+2G & \lambda & \lambda & 0 & 0 & 0 \\ \lambda & \lambda+2G & \lambda & 0 & 0 & 0 \\ \lambda & \lambda & \lambda+2G & 0 & 0 & 0 \\ 0 & 0 & 0 & G & 0 & 0 \\ 0 & 0 & 0 & 0 & G & 0 \\ 0 & 0 & 0 & 0 & 0 & G \end{bmatrix} \tag{2-14}$$

物理方程的另一种表示形式是

$$\boldsymbol{\varepsilon} = \boldsymbol{C}\boldsymbol{\sigma} \tag{2-15}$$

式中，$\boldsymbol{C}$ 是柔度矩阵。$\boldsymbol{C} = \boldsymbol{D}^{-1}$，它和弹性矩阵是互逆关系。

弹性体的全部边界为 S，对于一部分边界已知外力 $\overline{T}_x$，$\overline{T}_y$，$\overline{T}_z$，称为力的边界条件，这部分边界用 S_σ 表示；对于另一部分边界已知位移 $\overline{u}$，$\overline{v}$，$\overline{w}$，称为几何边界条件或位移边界条件，这部分边界用 S_u 表示。这两部分边界构成弹性体的全部边界，即

$$S_\sigma + S_u = S \tag{2-16}$$

4）力的边界条件

在边界上弹性体单位面积的内力为 T_x，T_y，T_z，已知在边界 S_σ 上弹性体单位面积上作用的面积力为 $\overline{T}_x$，$\overline{T}_y$，$\overline{T}_z$，根据平衡应有

$$T_x = \overline{T}_x, \quad T_y = \overline{T}_y, \quad T_z = \overline{T}_z \tag{2-17}$$

设边界外法线的方向余弦为 n_x，n_y，n_z，则边界上弹性体的内力为

$$\begin{aligned} T_x &= n_x \sigma_x + n_y \tau_{yx} + n_z \tau_{zx} \\ T_y &= n_x \tau_{xy} + n_y \sigma_y + n_z \tau_{zy} \\ T_z &= n_x \tau_{xz} + n_y \tau_{yz} + n_z \sigma_z \end{aligned} \tag{2-18}$$

式（2-17）的矩阵形式为

$$\boldsymbol{T} = \overline{\boldsymbol{T}} \quad \text{（在边界 } S_\sigma \text{ 上）} \tag{2-19}$$

$$\overline{\boldsymbol{T}} = \boldsymbol{n}\boldsymbol{\sigma}$$

式中

$$\boldsymbol{n} = \begin{bmatrix} n_x & 0 & 0 & n_y & 0 & n_z \\ 0 & n_y & 0 & n_x & n_z & 0 \\ 0 & 0 & n_z & 0 & n_y & n_x \end{bmatrix} \tag{2-20}$$

5）位移边界条件

在边界上弹性体的位移为 u,v,w，已知在边界 S_u 上弹性体的位移为 $\bar{u}$，$\bar{v}$，$\bar{w}$，根据平衡应有

$$u = \bar{u}, \quad v = \bar{v}, \quad w = \bar{w}$$

其矩阵形式为

$$\boldsymbol{u} = \bar{\boldsymbol{u}} \text{（在边界} S_u \text{上）} \tag{2-21}$$

以上是三维弹性力学问题中的一组基本方程和边界条件。同样，对于平面问题、轴对称问题等也可以得到类似的方程和边界条件。

把弹性力学的基本方程记作一般形式，即

$$\begin{aligned}
\boldsymbol{A\sigma} + \bar{\boldsymbol{f}} &= \boldsymbol{0} \text{（在} V \text{域内）（平衡方程）} \\
\boldsymbol{\varepsilon} &= \boldsymbol{Lu} \text{（在} V \text{域内）（几何方程）} \\
\boldsymbol{\sigma} &= \boldsymbol{D\varepsilon} \text{（在} V \text{域内）（物理方程）} \\
\boldsymbol{n\sigma} &= \bar{\boldsymbol{T}} \text{（在边界} S_\sigma \text{上）（力的边界条件）} \\
\boldsymbol{u} &= \bar{\boldsymbol{u}} \text{（在边界} S_u \text{上）（位移边界条件）}
\end{aligned} \tag{2-22}$$

并有 $S_\sigma + S_u = S$，S 为弹性体全部边界。

各类弹性力学问题有关矩阵符号如表 2-1 所示。板与壳的基本方程将在本书有关章节中给出。

表 2-1 各类弹性力学问题有关矩阵符号

矩阵符号	杆	梁	平面问题	轴对称问题	三维问题
位移 $\boldsymbol{u}^T$	$[u]$	$[w]$	$[u \ v]$	$[u \ w]$	$[u \ v \ w]$
应变 $\boldsymbol{\varepsilon}^T$	$[\varepsilon_x]$	$[k_x]$	$[\varepsilon_x \ \varepsilon_y \ \gamma_{xy}]$	$[\varepsilon_r \ \varepsilon_z \ \gamma_{rz} \ \varepsilon_\theta]$	$[\varepsilon_x \ \varepsilon_y \ \varepsilon_z \ \gamma_{xy} \ \gamma_{yz} \ \gamma_{zx}]$
应力 $\boldsymbol{\sigma}^T$	$[N_x]$	$[M_x]$	$[\sigma_x \ \sigma_y \ \tau_{xy}]$	$[\sigma_r \ \sigma_z \ \tau_{rz} \ \sigma_\theta]$	$[\sigma_x \ \sigma_y \ \sigma_z \ \tau_{xy} \ \tau_{yz} \ \tau_{zx}]$
微分算子 $\boldsymbol{L}$	$\left[\dfrac{d}{dx}\right]$	$\left[\dfrac{d^2}{dx^2}\right]$	$\begin{bmatrix} \dfrac{\partial}{\partial x} & 0 \\ 0 & \dfrac{\partial}{\partial y} \\ \dfrac{\partial}{\partial y} & \dfrac{\partial}{\partial x} \end{bmatrix}$	$\begin{bmatrix} \dfrac{\partial}{\partial r} & 0 \\ 0 & \dfrac{\partial}{\partial z} \\ \dfrac{\partial}{\partial z} & \dfrac{\partial}{\partial r} \\ \dfrac{1}{r} & 0 \end{bmatrix}$	$\begin{bmatrix} \dfrac{\partial}{\partial x} & 0 & 0 \\ 0 & \dfrac{\partial}{\partial y} & 0 \\ 0 & 0 & \dfrac{\partial}{\partial z} \\ \dfrac{\partial}{\partial y} & \dfrac{\partial}{\partial x} & 0 \\ 0 & \dfrac{\partial}{\partial z} & \dfrac{\partial}{\partial y} \\ \dfrac{\partial}{\partial z} & 0 & \dfrac{\partial}{\partial x} \end{bmatrix}$

续表

矩阵符号	杆	梁	平面问题	轴对称问题	三维问题
弹性矩阵 D	EA	EI	$D_0 \begin{bmatrix} 1 & v_0 & 0 \\ v_0 & 1 & 0 \\ 0 & 0 & \dfrac{1-v_0}{2} \end{bmatrix}$ $D_0 = \dfrac{E_0}{1-v_0^2}$ 平面应力： $E_0 = E; \ v_0 = v$ 平面应变： $E_0 = \dfrac{E}{1-v^2}$ $v_0 = \dfrac{v}{1-v}$	$D_0 \begin{bmatrix} 1 & \dfrac{v}{1-v} & 0 & \dfrac{v}{1-v} \\ \dfrac{v}{1-v} & 1 & 0 & \dfrac{v}{1-v} \\ 0 & 0 & \dfrac{1-2v}{2(1-v)} & 0 \\ \dfrac{v}{1-v} & \dfrac{v}{1-v} & 0 & 1 \end{bmatrix}$ $D_0 = \dfrac{E(1-v)}{(1+v)(1-2v)}$	$D_0 \begin{bmatrix} 1 & \dfrac{v}{1-v} & \dfrac{v}{1-v} & 0 & 0 & 0 \\ \dfrac{v}{1-v} & 1 & \dfrac{v}{1-v} & 0 & 0 & 0 \\ \dfrac{v}{1-v} & \dfrac{v}{1-v} & 1 & 0 & 0 & 0 \\ 0 & 0 & 0 & \dfrac{1-2v}{2(1-v)} & 0 & 0 \\ 0 & 0 & 0 & 0 & \dfrac{1-2v}{2(1-v)} & 0 \\ 0 & 0 & 0 & 0 & 0 & \dfrac{1-2v}{2(1-v)} \end{bmatrix}$ $D_0 = \dfrac{E(1-v)}{(1+v)(1-2v)}$

6）弹性体的应变能和余能

单位体积的应变能（应变能密度）为

$$U(\boldsymbol{\varepsilon}) = \frac{1}{2}\boldsymbol{\varepsilon}^\mathrm{T}\boldsymbol{D}\boldsymbol{\varepsilon} \tag{2-23}$$

应变能是正定函数，只有当弹性体内所有点都没有应变时（$\boldsymbol{\varepsilon} = \boldsymbol{0}$），应变能才为零。

单位体积的余能（余能密度）为

$$V(\boldsymbol{\sigma}) = \frac{1}{2}\boldsymbol{\sigma}^\mathrm{T}\boldsymbol{C}\boldsymbol{\sigma} \tag{2-24}$$

余能也是正定函数。在线性弹性力学中弹性体的应变能等于余能。

2. 弹性力学基本方程的张量形式

弹性力学基本方程亦可用笛卡儿张量符号来表示，使用附标求和的约定可以得到十分简练的方程表达形式。

在直角坐标系 x_1, x_2, x_3 中，应力张量和应变张量都是对称的二阶张量，分别用 $\boldsymbol{\sigma}$ 和 $\boldsymbol{\varepsilon}$ 表示，且有 $\sigma_{ij} = \sigma_{ji}$ 和 $\varepsilon_{ij} = \varepsilon_{ji}$。其他位移张量、体积力张量、面积力张量等都是一阶张量，用 $\boldsymbol{u}$，$\overline{\boldsymbol{f}}$，$\overline{\boldsymbol{T}}$ 等表示。下面将分别给出弹性力学基本方程及边界条件的张量形式和张量形式的展开式。

1）平衡方程

$$\sigma_{ij,j} + \overline{f}_i = 0 \ (\text{在}\ V\ \text{域内}) \ (i, j = 1, 2, 3) \tag{2-25}$$

式中，下标 j 表示对独立坐标 x_j 求偏导数；$\sigma_{ij,j}$ 项的下标中 j 出现两次，表示该项在该指标的取值范围（1,2,3）内遍历求和。该重复指标称为哑指标。式（2-25）的展开式为

$$\frac{\partial \sigma_{11}}{\partial x_1} + \frac{\partial \sigma_{12}}{\partial x_2} + \frac{\partial \sigma_{13}}{\partial x_3} + \overline{f}_1 = 0$$

$$\frac{\partial \sigma_{21}}{\partial x_1} + \frac{\partial \sigma_{22}}{\partial x_2} + \frac{\partial \sigma_{23}}{\partial x_3} + \overline{f}_2 = 0 \quad (2\text{-}26)$$

$$\frac{\partial \sigma_{31}}{\partial x_1} + \frac{\partial \sigma_{32}}{\partial x_2} + \frac{\partial \sigma_{33}}{\partial x_3} + \overline{f}_3 = 0$$

与式（2-4）比较可见，当 x_1, x_2, x_3 是笛卡儿坐标系时有

$$\sigma_{11} = \sigma_x, \quad \sigma_{22} = \sigma_y, \quad \sigma_{33} = \sigma_z, \quad \sigma_{12} = \sigma_{21} = \tau_{xy}, \quad \sigma_{23} = \sigma_{32} = \tau_{yz}, \quad \sigma_{31} = \sigma_{13} = \tau_{zx}$$

2）几何方程

$$\varepsilon_{ij} = \frac{1}{2}(u_{i,j} + u_{j,i}) \text{（在 } V \text{ 域内）}(i, j = 1, 2, 3) \quad (2\text{-}27)$$

其展开式为

$$\varepsilon_{11} = \frac{\partial u_1}{\partial x_1}$$

$$\varepsilon_{22} = \frac{\partial u_2}{\partial x_2}$$

$$\varepsilon_{33} = \frac{\partial u_3}{\partial x_3}$$

$$\varepsilon_{12} = \frac{1}{2}\left(\frac{\partial u_1}{\partial x_2} + \frac{\partial u_2}{\partial x_1}\right) = \varepsilon_{21} \quad (2\text{-}28)$$

$$\varepsilon_{23} = \frac{1}{2}\left(\frac{\partial u_2}{\partial x_3} + \frac{\partial u_3}{\partial x_2}\right) = \varepsilon_{32}$$

$$\varepsilon_{31} = \frac{1}{2}\left(\frac{\partial u_3}{\partial x_1} + \frac{\partial u_1}{\partial x_3}\right) = \varepsilon_{13}$$

与式（2-6）、式（2-7）比较可见，当 x_1, x_2, x_3 是笛卡儿坐标系时有

$$\varepsilon_{11} = \varepsilon_x, \quad \varepsilon_{22} = \varepsilon_y, \quad \varepsilon_{33} = \varepsilon_z, \quad \varepsilon_{12} = \frac{1}{2}\gamma_{xy}, \quad \varepsilon_{23} = \frac{1}{2}\gamma_{yz}, \quad \varepsilon_{31} = \frac{1}{2}\gamma_{zx} \quad (2\text{-}29)$$

3）物理方程

广义胡克定律假定每个应力分量与各个应变分量成比例。广义胡克定律可以用张量符号表示为

$$\sigma_{ij} = D_{ijkl}\varepsilon_{kl} \text{（在 } V \text{ 域内）}(i, j, k, l = 1, 2, 3) \quad (2\text{-}30)$$

式中，81 个比例常数 D_{ijkl} 称为弹性常数，是四阶张量 **D** 的分量。由于应力张量是对称张量，因此 D_{ijkl} 的前 2 个指标具有对称性，由于应变张量也是对称张量，因此 D_{ijkl} 的后 2 个指标也具有对称性，即

$$D_{ijkl} = D_{jikl}, \quad D_{ijkl} = D_{ijlk} \quad (2\text{-}31)$$

当变形过程是绝热或等温过程时，还有

$$D_{ijkl} = D_{klij} \tag{2-32}$$

考虑了上述对称性后，对于最一般的线弹性材料，即在不同方向具有不同弹性性质的材料，81 个弹性常数中有 21 个是独立的。对于各向同性的线弹性材料，独立的弹性常数只有 2 个，即拉梅常数 G 和 λ 或弹性模量 E 和泊松比 ν，此时弹性张量可以简化为

$$D_{ijkl} = 2G\delta_{ik}\delta_{jl} + \lambda\delta_{ij}\delta_{kl} \tag{2-33}$$

此时广义胡克定律可以表示为

$$\sigma_{ij} = 2G\varepsilon_{ij} + \lambda\delta_{ij}\varepsilon_{kk} \tag{2-34}$$

式中

$$\delta_{ij} = \begin{cases} 1, & i = j \\ 0, & i \neq j \end{cases} \tag{2-35}$$

式（2-34）的展开式为

$$\begin{aligned} \sigma_{11} &= 2G\varepsilon_{11} + \lambda(\varepsilon_{11} + \varepsilon_{22} + \varepsilon_{33}) \\ \sigma_{22} &= 2G\varepsilon_{22} + \lambda(\varepsilon_{11} + \varepsilon_{22} + \varepsilon_{33}) \\ \sigma_{33} &= 2G\varepsilon_{33} + \lambda(\varepsilon_{11} + \varepsilon_{22} + \varepsilon_{33}) \\ \sigma_{12} &= 2G\sigma_{12}, \quad \sigma_{23} = 2G\sigma_{23}, \quad \sigma_{31} = 2G\sigma_{31} \end{aligned} \tag{2-36}$$

上面两式中拉梅常数 G 和 λ 与弹性模量 E 和泊松比 ν 的关系如式（2-12）所示。

物理方程的另一种形式为

$$\varepsilon_{ij} = C_{ijkl}\sigma_{kl} \tag{2-37}$$

式中，C_{ijkl} 是柔度张量 C 的分量，它和刚度张量 D 的分量 D_{ijkl} 是互逆关系。

3. 力的边界条件

$$T_i = \overline{T}_i \text{（在边界}S_\sigma\text{上）}(i = 1, 2, 3) \tag{2-38}$$

式中

$$T_i = \sigma_{ij}n_j \tag{2-39}$$

式中，n_j 是边界外法线 n 的三个方向余弦。

将式（2-39）代入式（2-38）后，它的展开式为

$$\begin{aligned} \sigma_{11}n_1 + \sigma_{12}n_2 + \sigma_{13}n_3 &= \overline{T}_1 \\ \sigma_{21}n_1 + \sigma_{22}n_2 + \sigma_{23}n_3 &= \overline{T}_2 \\ \sigma_{31}n_1 + \sigma_{32}n_2 + \sigma_{33}n_3 &= \overline{T}_3 \end{aligned} \text{（在边界}S_\sigma\text{上）} \tag{2-40}$$

4. 位移边界条件

$$u_i = \overline{u}_i \text{（在边界}S_u\text{上）}(i = 1, 2, 3) \tag{2-41}$$

5. 应变能和余能

单位体积应变能，即

$$U(\varepsilon_{mn}) = \frac{1}{2} D_{ijkl} \varepsilon_{ij} \varepsilon_{kl} \tag{2-42}$$

单位体积余能，即

$$V(\sigma_{mn}) = \frac{1}{2} C_{ijkl} \sigma_{ij} \sigma_{kl} \tag{2-43}$$

2.1.2 弹性力学平面问题的有限元格式

3 节点三角形单元是有限元法中最早提出的并且至今仍广泛应用的单元，由于三角形单元对复杂边界有较强的适应能力，因此很容易将一个二维域离散成有限个三角形单元。在边界上以若干段直线近似原来的曲线边界，随着单元增多，这种拟合将趋于精确。本书在讨论如何应用有限元法分析各类具体问题时，将以平面问题 3 节点三角形单元为例来阐明弹性力学平面问题有限元分析的表达格式和一般步骤。

1. 单元位移模式及插值函数的构造

典型的 3 节点三角形单元节点编码为 (i, j, m)，以逆时针方向编码为正向，每个节点都有 2 个位移分量，即

$$\boldsymbol{a}_i = \begin{bmatrix} u_i \\ v_i \end{bmatrix} (i, j, m) \tag{2-44}$$

每个单元都有 6 个节点位移，也就是 6 个节点自由度，即

$$\boldsymbol{a}^e = \begin{bmatrix} \boldsymbol{a}_i \\ \boldsymbol{a}_j \\ \boldsymbol{a}_m \end{bmatrix} = [u_i \quad v_i \quad u_j \quad v_j \quad u_m \quad v_m]^T \tag{2-45}$$

1）单元的位移模式和广义坐标

在有限元法中单元的位移模式（有时称为位移函数）一般采用多项式作为近似函数，因为多项式运算简便，并且随着项数的增多可以逼近任何一段光滑的函数曲线。多项式的选取应由低次到高次。

3 节点三角形单元位移模式选取一次多项式，即

$$u = \beta_1 + \beta_2 x + \beta_3 y \tag{2-46}$$

$$v = \beta_4 + \beta_5 x + \beta_6 y \tag{2-47}$$

它的矩阵形式为

$$\boldsymbol{u} = \boldsymbol{\phi} \boldsymbol{\beta} \tag{2-48}$$

式中

$$u = \begin{bmatrix} u \\ v \end{bmatrix}, \quad \phi = \begin{bmatrix} \varphi & 0 \\ 0 & \varphi \end{bmatrix} \tag{2-49}$$

$$\varphi = [1 \quad x \quad y], \quad \beta = [\beta_1 \quad \beta_2 \quad \cdots \quad \beta_6]^T \tag{2-50}$$

ϕ 称为位移模式，它表示位移作为坐标 (x, y) 的函数中包含的项次。单元内的位移是坐标 (x, y) 的线性函数；$\beta_1 \sim \beta_6$ 是待定系数，称为广义坐标。6 个广义坐标可由单元的 6 个节点位移来表示。在式（2-46）中代入节点 i 的坐标 (x_i, y_i) 可得到节点 i 在 x 轴方向的位移 u_i，同理可得 u_j 和 u_m。它们表示为

$$\begin{aligned} u_i &= \beta_1 + \beta_2 x_i + \beta_3 y_i \\ u_j &= \beta_1 + \beta_2 x_j + \beta_3 y_j \\ u_m &= \beta_1 + \beta_2 x_m + \beta_3 y_m \end{aligned} \tag{2-51}$$

解式（2-51）可以得到广义坐标由节点位移表示的表达式。式（2-51）的系数行列式是

$$D = \begin{vmatrix} 1 & x_i & y_i \\ 1 & x_j & y_j \\ 1 & x_m & y_m \end{vmatrix} = 2A \tag{2-52}$$

式中，A 是三角形单元的面积。

广义坐标 $\beta_1 \sim \beta_3$ 为

$$\begin{aligned} \beta_1 &= \frac{1}{D} \begin{vmatrix} u_i & x_i & y_i \\ u_j & x_j & y_j \\ u_m & x_m & y_m \end{vmatrix} = \frac{1}{2A}(a_i u_i + a_j u_j + a_m u_m) \\ \beta_2 &= \frac{1}{D} \begin{vmatrix} 1 & u_i & y_i \\ 1 & u_j & y_j \\ 1 & u_m & y_m \end{vmatrix} = \frac{1}{2A}(b_i u_i + b_j u_j + b_m u_m) \\ \beta_3 &= \frac{1}{D} \begin{vmatrix} 1 & x_i & u_i \\ 1 & x_j & u_j \\ 1 & x_m & u_m \end{vmatrix} = \frac{1}{2A}(c_i u_i + c_j u_j + c_m u_m) \end{aligned} \tag{2-53}$$

同理，利用 3 个节点在 y 轴方向的位移，即式（2-47），可求得

$$\begin{aligned} \beta_4 &= \frac{1}{2A}(a_i v_i + a_j v_j + a_m v_m) \\ \beta_5 &= \frac{1}{2A}(b_i v_i + b_j v_j + b_m v_m) \\ \beta_6 &= \frac{1}{2A}(c_i v_i + c_j v_j + c_m v_m) \end{aligned} \tag{2-54}$$

在式（2-53）和式（2-54）中

$$a_i = \begin{vmatrix} x_j & y_j \\ x_m & y_m \end{vmatrix} = x_j y_m - x_m y_j$$

$$b_i = -\begin{vmatrix} 1 & y_j \\ 1 & y_m \end{vmatrix} = y_j - y_m \qquad (i,j,m) \tag{2-55}$$

$$c_i = \begin{vmatrix} 1 & x_j \\ 1 & x_m \end{vmatrix} = -x_j + x_m$$

式中，(i,j,m) 表示下标轮换，如 $i \to j$，$j \to m$，$m \to i$。以下同此。

2）位移插值函数

将求得的广义坐标 $\beta_1 \sim \beta_6$ 代入式（2-46）和式（2-47），可将位移函数表示成节点位移的函数，即

$$u = N_i u_i + N_j u_j + N_m u_m \tag{2-56}$$

$$v = N_i v_i + N_j v_j + N_m v_m \tag{2-57}$$

式中

$$N_i = \frac{1}{2A}(a_i + b_i x + c_i y) \, (i,j,m) \tag{2-58}$$

N_i, N_j, N_m 称为单元的插值函数或形函数，对于当前情况，它是坐标 (x,y) 的一次函数。a_j, b_j, c_j, a_m, b_m 是常数，取决于 3 节点三角形单元的坐标。

式（2-58）中的三角形单元的面积 A 可用式（2-55）的系数表示为

$$A = \frac{1}{2}D = \frac{1}{2}(a_i + a_j + a_m) = \frac{1}{2}(b_i c_j - b_j c_i) \tag{2-59}$$

式（2-56）和式（2-57）的矩阵形式为

$$\boldsymbol{u} = \begin{bmatrix} u \\ v \end{bmatrix}$$

$$= \begin{bmatrix} N_i & 0 & N_j & 0 & N_m & 0 \\ 0 & N_i & 0 & N_j & 0 & N_m \end{bmatrix} \begin{bmatrix} u_i \\ v_i \\ u_j \\ v_j \\ u_m \\ v_m \end{bmatrix}$$

$$= [\boldsymbol{IN}_i \quad \boldsymbol{IN}_j \quad \boldsymbol{IN}_m] \begin{bmatrix} \boldsymbol{a}_i \\ \boldsymbol{a}_j \\ \boldsymbol{a}_m \end{bmatrix} \tag{2-60}$$

$$= [\boldsymbol{N}_i \quad \boldsymbol{N}_j \quad \boldsymbol{N}_m] \boldsymbol{a}^e = \boldsymbol{N} \boldsymbol{a}^e$$

式中，N 称为插值函数矩阵或形函数矩阵；a^e 称为单元节点位移列阵。

插值函数具有如下性质。

在节点上插值函数的值有

$$N_i(x_j, y_j) = \delta_{ij} = \begin{cases} 1, & \text{当 } j = i \text{ 时} \\ 0, & \text{当 } j \neq i \text{ 时} \end{cases} (i, j, m) \quad (2\text{-}61)$$

即有 $N_i(x_i, y_i) = 1$，$N_i(x_j, y_j) = N_i(x_m, y_m) = 0$。也就是说在节点 i 上 $N_i = 1$，在节点 j、节点 m 上 $N_i = 0$。由式（2-56）和式（2-57）可见，当 $x = x_i$，$y = y_i$，即在节点 i 上，应有 $u = u_i$，因此必然要求 $N_i = 1$，$N_j = N_m = 0$。其他两个形函数也具有同样的性质。此性质称为 Kronecker Delta 性质。

在单元中任意一点各插值函数之和应等于 1，即

$$N_i + N_j + N_m = 1 \quad (2\text{-}62)$$

因为若单元发生刚体位移，如 z 轴方向有刚体位移 u_0，则单元内（包括节点上）到处应有位移 u_0，即 $u_i = u_j = u_m = u_0$，又由式（2-56）得到

$$u = N_i u_i + N_j u_j + N_m u_m = (N_i + N_j + N_m) u_0 = u_0 \quad (2\text{-}63)$$

因此，必然要求 $N_i + N_j + N_m = 1$。若插值函数不满足此要求，则不能反映单元的刚体位移，用来求解必然得不到正确结果。单元的各个节点位移插值函数之和等于 1 的性质称为归一性。

对于现在的单元，插值函数是线性的，单元内部及单元边界上的位移也是线性的，可由节点上的位移值唯一地确定。相邻单元公共节点的位移是相等的，这保证了相邻单元在公共边界上位移的连续性。

3）应变矩阵和应力矩阵

确定了单元位移后，可以很方便地利用几何方程和物理方程求得单元的应变和应力。

式（2-22）的几何方程中的位移用式（2-60）代入，得到单元应变为

$$\boldsymbol{\varepsilon} = \begin{bmatrix} \varepsilon_x \\ \varepsilon_y \\ \gamma_{xy} \end{bmatrix} = \boldsymbol{Lu} = \boldsymbol{LNa}^e = \boldsymbol{L}[N_i \quad N_j \quad N_m]\boldsymbol{a}^e$$

$$= [\boldsymbol{B}_i \quad \boldsymbol{B}_j \quad \boldsymbol{B}_m]\boldsymbol{a}^e = \boldsymbol{Ba}^e \quad (2\text{-}64)$$

式中，$\boldsymbol{B}$ 为应变矩阵；$\boldsymbol{L}$ 为平面问题的微分算子（见表 2-1）。

应变矩阵 $\boldsymbol{B}$ 的分块子矩阵是

$$\boldsymbol{B}_i = \boldsymbol{L}N_i = \begin{bmatrix} \dfrac{\partial}{\partial x} & 0 \\ 0 & \dfrac{\partial}{\partial y} \\ \dfrac{\partial}{\partial y} & \dfrac{\partial}{\partial x} \end{bmatrix} \begin{bmatrix} N_i & 0 \\ 0 & N_i \end{bmatrix} = \begin{bmatrix} \dfrac{\partial N_i}{\partial x} & 0 \\ 0 & \dfrac{\partial N_i}{\partial y} \\ \dfrac{\partial N_i}{\partial y} & \dfrac{\partial N_i}{\partial x} \end{bmatrix} (i, j, m) \quad (2\text{-}65)$$

对式（2-58）求导可得

$$\frac{\partial N_i}{\partial x} = \frac{1}{2A} b_i, \quad \frac{\partial N_i}{\partial y} = \frac{1}{2A} c_i \tag{2-66}$$

将式（2-66）代入式（2-65）可得

$$B_i = \frac{1}{2A} \begin{bmatrix} b_i & 0 \\ 0 & c_i \\ c_i & b_i \end{bmatrix} \quad (i,j,m) \tag{2-67}$$

3 节点三角形单元的应变矩阵是

$$B = [B_i \quad B_j \quad B_m] = \frac{1}{2A} \begin{bmatrix} b_i & 0 & b_j & 0 & b_m & 0 \\ 0 & c_i & 0 & c_j & 0 & c_m \\ c_i & b_i & c_j & b_j & c_m & b_m \end{bmatrix} \tag{2-68}$$

式中，$b_i, b_j, b_m, c_i, c_j, c_m$ 由式（2-55）确定，它们是单元形状参数。当单元的节点坐标确定后，这些参数都是常量 [与坐标变量 (x, y) 无关]，因此 B 是常量阵。当单元的节点位移 a^e 确定后，由 B 转换求得的单元应变都是常量，也就是说在载荷作用下单元中各点的 ε_x、ε_y 及 γ_{xy} 相同。因此，3 节点三角形单元称为常应变单元。在应变梯度较大（就是应力梯度较大）的部位，单元划分应适当密集，否则不能反映应变的真实变化面，从而导致较大误差。

单元应力可以根据物理方程求得，即在式（2-22）的物理方程中代入式（2-64）可得

$$\sigma = \begin{bmatrix} \sigma_x \\ \sigma_y \\ \tau_{xy} \end{bmatrix} = D\varepsilon = DBa^e = Sa^e \tag{2-69}$$

$$S = DB = D[B_i \quad B_j \quad B_m]$$
$$= [S_i \quad S_j \quad S_m] \tag{2-70}$$

式中，S 为应力矩阵。将平面应力或平面应变的弹性矩阵（见表 2.1）及式（2-68）代入式（2-70），可以得到计算平面应力或平面应变问题的单元应力矩阵。S 的分块矩阵为

$$S_i = DB_i = \frac{E_0}{2(1-v_0^2)A} \begin{bmatrix} b_i & v_0 c_i \\ v_0 b_i & c_i \\ \dfrac{1-v_0}{2} c_i & \dfrac{1-v_0}{2} b_i \end{bmatrix} \quad (i,j,m) \tag{2-71}$$

式中，E_0 和 v_0 为材料常数。

对于平面应力问题有

$$E_0 = E, \quad v_0 = v \tag{2-72}$$

对于平面应变问题有

$$E_0 = \frac{E}{1-v^2}, \quad v_0 = \frac{v}{1-v} \tag{2-73}$$

与应变矩阵 $\boldsymbol{B}$ 相同，应力矩阵 $\boldsymbol{S}$ 也是常量阵，即 3 节点三角形单元中各点的应力是相同的。在很多情况下，不单独定义应力矩阵 $\boldsymbol{S}$，而直接用 $\boldsymbol{DB}$ 进行应力计算。

2. 利用最小位能原理建立有限元方程

最小位能原理的泛函总位能 $\varPi_\mathrm{p}$ 的表达式在平面问题中的矩阵表达形式为

$$\varPi_\mathrm{p} = \int_\Omega \frac{1}{2}\boldsymbol{\varepsilon}^\mathrm{T}\boldsymbol{D}\boldsymbol{\varepsilon} t\mathrm{d}x\mathrm{d}y - \int_\Omega \boldsymbol{u}^\mathrm{T}\boldsymbol{f} t\mathrm{d}x\mathrm{d}y - \int_{S_\sigma} \boldsymbol{u}^\mathrm{T}\boldsymbol{T} t\mathrm{d}S \tag{2-74}$$

式中，t 为二维体厚度；$\boldsymbol{f}$ 为作用在二维体内的体积力；$\boldsymbol{T}$ 为作用在二维体边界上的面积力。

对于离散模型，系统位能是各单元位能的和，将式（2-60）及式（2-64）代入式（2-74），即可得到离散模型的总位能为

$$\begin{aligned}\varPi_\mathrm{p} &= \sum_e \varPi_\mathrm{p}^e \\ &= \sum_e \left(\boldsymbol{a}^{e\mathrm{T}}\int_{\Omega_e}\frac{1}{2}\boldsymbol{B}^\mathrm{T}\boldsymbol{DB} t\mathrm{d}x\mathrm{d}y\boldsymbol{a}^e\right) - \sum_e \left(\boldsymbol{a}^{e\mathrm{T}}\int_{\Omega_e}\boldsymbol{N}^\mathrm{T}\boldsymbol{f} t\mathrm{d}x\mathrm{d}y\right) - \sum_e \left(\boldsymbol{a}^{e\mathrm{T}}\int_{S_\sigma^e}\boldsymbol{N}^\mathrm{T}\boldsymbol{T} t\mathrm{d}S\right)\end{aligned} \tag{2-75}$$

将结构总位能的各项矩阵表达成各个单元总位能各项矩阵之和，要求单元各项矩阵的阶数（单元的节点自由度数）和结构各项矩阵的阶数（结构的节点自由度数）相同。为此需要引入单元节点自由度和结构节点自由度的转换矩阵 $\boldsymbol{G}$，从而将单元节点位移列阵 $\boldsymbol{a}^e$ 用结构节点位移列阵 $\boldsymbol{a}$ 表示，即

$$\boldsymbol{a}^e = \boldsymbol{G}\boldsymbol{a} \tag{2-76}$$

式中

$$\boldsymbol{a} = [u_1 \ v_1 \ u_2 \ v_2 \ \cdots \ u_i \ v_i \ \cdots \ u_n \ v_n]^\mathrm{T}$$

$$\boldsymbol{G} = \begin{bmatrix} 1 & 2 & \cdots & 2i-1 & 2i & \cdots & 2m-1 & 2m & \cdots & 2j-1 & 2j & \cdots & 2n \\ 0 & 0 & \cdots & 1 & 0 & \cdots & 0 & 0 & \cdots & 0 & 0 & \cdots & 0 \\ 0 & 0 & \cdots & 0 & 1 & \cdots & 0 & 0 & \cdots & 0 & 0 & \cdots & 0 \\ 0 & 0 & \cdots & 0 & 0 & \cdots & 0 & 0 & \cdots & 1 & 0 & \cdots & 0 \\ 0 & 0 & \cdots & 0 & 0 & \cdots & 0 & 0 & \cdots & 0 & 1 & \cdots & 0 \\ 0 & 0 & \cdots & 0 & 0 & \cdots & 1 & 0 & \cdots & 0 & 0 & \cdots & 0 \\ 0 & 0 & \cdots & 0 & 0 & \cdots & 0 & 1 & \cdots & 0 & 0 & \cdots & 0 \end{bmatrix} \tag{2-77}$$

式中，n 为结构的节点数。

令

$$\boldsymbol{K}^e = \int_{\Omega^e}\boldsymbol{B}^\mathrm{T}\boldsymbol{DB} t\mathrm{d}x\mathrm{d}y, \quad \boldsymbol{P}_f^e = \int_{\Omega^e}\boldsymbol{N}^\mathrm{T}\boldsymbol{f} t\mathrm{d}x\mathrm{d}y$$

$$P_s^e = \int_{S_\Omega^e} N^T T t dS, \quad P^e = P_f^e + P_s^e \tag{2-78}$$

式中，K^e 和 P^e 分别为单元刚度矩阵和单元等效节点载荷列阵。将式（2-76）～式（2-78）代入式（2-75），则可得离散形式的泛函总位能为

$$\Pi_p = a^T \frac{1}{2} \sum_e (G^T K^e G) a - a^T \sum_e (G^T P^e) \tag{2-79}$$

并令

$$K = \sum_e G^T K^e G, \quad P = \sum_e G^T P^e \tag{2-80}$$

式中，K 和 P 分别为结构整体刚度矩阵和结构节点载荷列阵。这样一来，式（2-79）就可以表示为

$$\Pi_p = \frac{1}{2} a^T K a - a^T P \tag{2-81}$$

由于离散形式的泛函总位能 Π_p 的未知变量是结构的节点位移 a，根据变分原理，泛函总位能 Π_p 取值的条件是它的一次变分为零，$\delta \Pi_p = 0$，即

$$\frac{\partial \Pi_p}{\partial a} = 0 \tag{2-82}$$

这样就得到有限元的求解方程为

$$Ka = P \tag{2-83}$$

式中，K 和 P 由式（2-80）求得。由式（2-80）可以看出，结构整体刚度矩阵 K 和结构节点载荷列阵 P 分别是由单元刚度矩阵 K^e 和单元等效节点载荷列阵 P^e 集合而成的。

以上表述的是基于弹性力学最小位能原理形成有限元求解方程的一般原理。在具体计算时涉及单元刚度矩阵的形成、单元等效节点载荷列阵的形成，以及分别集合单元刚度矩阵和单元等效节点载荷列阵形成的结构刚度矩阵和结构等效节点载荷列阵，还有给定位移边界条件的引入等问题。这些将在后面进行讨论。

2.1.3 单元刚度矩阵

1. 单元刚度矩阵的形成

由于对于 3 节点三角形单元，应变矩阵 B 是常量阵，因此根据式（2-78）定义的单元刚度矩阵为

$$K^e = B^T D B t A = \begin{bmatrix} K_{ii} & K_{ij} & K_{im} \\ K_{ji} & K_{jj} & K_{jm} \\ K_{mi} & K_{mj} & K_{mm} \end{bmatrix} \tag{2-84}$$

将弹性矩阵 D 和应变矩阵 B 代入式（2-84）后，它的任一分块矩阵可表示为

$$\boldsymbol{K}_{rs} = \boldsymbol{B}_r^{\mathrm{T}} \boldsymbol{D} \boldsymbol{B}_s tA = \frac{E_0 t}{4(1-v_0^2)A} \begin{bmatrix} K_1 & K_2 \\ K_3 & K_4 \end{bmatrix} \quad (r,s=i,j,m) \tag{2-85}$$

式中

$$K_1 = b_r b_s + \frac{1-v_0}{2} c_r c_s$$

$$K_2 = v_0 c_r b_s + \frac{1-v_0}{2} b_r c_s$$

$$K_3 = v_0 b_r c_s + \frac{1-v_0}{2} c_r b_s \tag{2-86}$$

$$K_4 = c_r c_s + \frac{1-v_0}{2} b_r b_s$$

由式（2-85）可以得到

$$(\boldsymbol{K}_{sr})^{\mathrm{T}} = \boldsymbol{K}_{rs} \tag{2-87}$$

由此可知，单元刚度矩阵是对称矩阵。

2. 单元刚度矩阵的力学意义和性质

为了进一步理解单元刚度矩阵的力学意义，可以利用最小位能原理建立一个单元的求解方程，从而得到

$$\boldsymbol{K}^{\mathrm{e}} \boldsymbol{a}^{\mathrm{e}} = \boldsymbol{P}^{\mathrm{e}} + \boldsymbol{F}^{\mathrm{e}} \tag{2-88}$$

式中，$\boldsymbol{P}^{\mathrm{e}}$ 为单元等效节点载荷；$\boldsymbol{F}^{\mathrm{e}}$ 为其他相邻单元对该单元的作用力；$\boldsymbol{P}^{\mathrm{e}}$ 和 $\boldsymbol{F}^{\mathrm{e}}$ 统称节点力；$\boldsymbol{a}^{\mathrm{e}}$，$\boldsymbol{P}^{\mathrm{e}}$，$\boldsymbol{F}^{\mathrm{e}}$ 依次表示为

$$\boldsymbol{a}^{\mathrm{e}} = [u_i \quad v_i \quad u_j \quad v_j \quad u_m \quad v_m]^{\mathrm{T}} \tag{2-89}$$
$$= [a_1 \quad a_2 \quad a_3 \quad a_4 \quad a_5 \quad a_6]^{\mathrm{T}}$$

$$\boldsymbol{P}^{\mathrm{e}} = [P_{ix} \quad P_{iy} \quad P_{jx} \quad P_{jy} \quad P_{mx} \quad P_{my}]^{\mathrm{T}} \tag{2-90}$$
$$= [P_1 \quad P_2 \quad P_3 \quad P_4 \quad P_5 \quad P_6]^{\mathrm{T}}$$

$$\boldsymbol{F}^{\mathrm{e}} = [F_{ix} \quad F_{iy} \quad F_{jx} \quad F_{jy} \quad F_{mx} \quad F_{my}]^{\mathrm{T}} \tag{2-91}$$
$$= [F_1 \quad F_2 \quad F_3 \quad F_4 \quad F_5 \quad F_6]^{\mathrm{T}}$$

式（2-88）的展开式为

$$\begin{bmatrix} K_{11} & K_{12} & \cdots & K_{16} \\ K_{21} & K_{22} & \cdots & K_{26} \\ \vdots & \vdots & & \vdots \\ K_{61} & K_{62} & \cdots & K_{66} \end{bmatrix} \begin{bmatrix} a_1 \\ a_2 \\ a_3 \\ a_4 \\ a_5 \\ a_6 \end{bmatrix} = \begin{bmatrix} P_1 \\ P_2 \\ P_3 \\ P_4 \\ P_5 \\ P_6 \end{bmatrix} + \begin{bmatrix} F_1 \\ F_2 \\ F_3 \\ F_4 \\ F_5 \\ F_6 \end{bmatrix} \tag{2-92}$$

这是单元节点平衡方程，每个节点在 x 轴方向和 y 轴方向上各有一个平衡方程，3 个节点共有 6 个平衡方程。方程左端是用单元节点位移表示的单元节点内力，方程右端是单元节点力（外载荷和相邻单元的作用力之和）。

令

$$a_1 = 1 \ (u_i = 1)$$
$$a_2 = a_3 = \cdots = a_6 = 0 \quad (2\text{-}93)$$

由式（2-92）可得

$$\begin{bmatrix} K_{11} \\ K_{21} \\ \vdots \\ K_{61} \end{bmatrix}_{a_1=1} = \begin{bmatrix} P_1 \\ P_2 \\ \vdots \\ P_6 \end{bmatrix} + \begin{bmatrix} F_1 \\ F_2 \\ \vdots \\ F_6 \end{bmatrix} \quad (2\text{-}94)$$

2.1.4　隐式求解与显式求解

在力学分析中常用的求解方法有两种：隐式（Implicit）和显式（Explicit）。

隐式有限元与显式有限元最大的区别在于是否迭代，所有物理量是否在同一时刻获得。通过迭代求解平衡方程（位移、速度和加速度），不管是用隐式方法，还是用显式方法（前向或后向欧拉求解方法）求解本构方程（应力和应变），都叫作隐式有限元；用显式方法——时间积分求解本构方程叫作显式有限元。

显式求解和隐式求解的递推公式一个用显函数表示，一个用隐函数表示。

隐式方法适合处理时间跨度大、需要集合整体刚度矩阵的问题，或者对线性方程组求解，但存在收敛性的问题，在时间选择方面需要考虑步长，步长太大误差偏大，步长太小浪费计算资源，耗时过长。

虽然隐式方法在某些情况下在计算效率方面具有优势，但在动力学分析中，需要取很短的时间步长来捕捉瞬时响应。对此显式动力学方法更加合适，由于该方法在时间上分别对单个单元进行连续分析，因此时间步骤可以取得非常小，容易编写程序进行并行分布式计算。因此，在动力学分析中主要采用显式方法，特别是对于响应时间很短的问题。

2.2　CAE 分析

2.2.1　CAE 分析的要点和特点

随着市场竞争的加剧，产品更新周期越来越短，企业对新技术的需求更加迫切。有限元数值模拟技术是提升产品质量、缩短产品设计周期、提高产品竞争力的有效手段。随着计算机技术和计算方法的发展，有限元法在工程设计和科研领域得到了越来越广泛的应用，成为解决复杂工程分析计算问题的有效途径。从汽车到航天飞机几乎所有设计制造都会使用有限元法，其在各个领域的广泛使用使产品设计水平发生了质的飞跃。

对于工程师，CAE分析的求解过程通常被视为一个"黑匣子"。工程师的主要任务是进行前处理，包括网格剖分和边界条件施加。工程师进行CAE分析的基本流程通常包括以下方面。

（1）几何建模：根据产品设计，使用CAD软件创建零件或装配体的三维几何模型。

（2）模型简化：对几何模型进行必要的简化，去除对分析结果影响较小的细节，如小孔、倒角等，以降低计算成本。

（3）材料属性定义：根据零件的材料类型，定义材料的物理属性，如弹性模量、泊松比、密度等。

（4）网格剖分：将简化后的几何模型剖分为有限个离散的单元，形成有限元网格。网格质量对计算精度和效率有重要影响。

（5）边界条件施加：根据实际工况，对模型施加载荷和约束条件，如力、压力、位移、固定支撑等。

（6）求解设置：选择合适的求解器（如静力学、动力学、热分析等），设置求解器参数，如收敛条件、迭代次数等。

（7）求解计算：提交模型进行求解计算。求解器根据网格、材料属性、边界条件等信息，计算单元的应力、应变、位移等。

（8）后处理分析：对计算结果进行可视化处理并对其进行分析，如生成应力云图、变形图等，评估产品的强度、刚度、稳定性等。

（9）结果验证：将计算结果与实验数据或经验公式进行对比，验证分析的准确性和可靠性。

在进行CAE分析时，工程师需要在计算成本和计算精度之间寻求平衡，尽可能完美地剖分网格，以获得准确的刚度矩阵。同时，需要考虑各种可能产生影响的载荷，并将其尽可能准确地施加到计算文件上。通过合理的网格剖分和边界条件施加，工程师可以获得更加可靠和贴近实际的计算结果，为产品设计和优化提供依据。

2.2.2 CAE分析的计算精度

CAE分析的计算精度是评估数值模拟结果可靠性的重要指标，直接影响仿真分析的可信度和实用性。在车辆结构的CAE分析中，提高计算精度可以帮助工程师更准确地预测结构的力学行为、优化设计方案、减少试验次数、缩短研发周期。本节将从误差来源、评估计算精度的方法和提高计算精度的策略三个方面，详细阐述CAE分析的计算精度的相关内容。

1. 误差来源

CAE 计算结果与真实值之间的差异称为计算误差，主要来源于以下几个方面。

（1）数学模型误差：数学模型是对物理问题的理想化和简化，忽略了一些次要因素的影响，引入了一定的误差。例如，在建立本构模型时，常采用理想弹塑性材料模型或各向同性模型，实际上材料的力学行为往往更加复杂。

（2）离散化误差：离散化误差是由连续问题离散化为有限元模型引入的误差。例如，单元类型选择不当、网格质量差、网格密度不够等，都会导致离散化误差。

（3）数值计算误差：数值计算误差包括截断误差和舍入误差。截断误差是由有限项的级数或多项式逼近无限项级数或函数引起的，如应力计算中采用低阶插值函数；舍入误差是由计算机有限的数值表示精度引起的。

（4）参数输入误差：材料参数、载荷、边界条件等输入数据的不准确导致计算结果出现的偏差。

2. 评估计算精度的方法

为了评估 CAE 分析的计算精度，可以采用以下几种方法。

（1）与解析解对比：对于某些简单的问题，可以通过理论推导得到解析解，将数值解与解析解对比，评估计算精度。

（2）与试验结果对比：通过与物理试验测量数据进行对比，评估数值模拟结果的准确性。例如，可以比较应变、位移、固有频率等量。

（3）网格收敛性分析：通过逐步加密网格，观察计算结果的变化趋势。如果网格加密到一定程度后结果不再发生明显变化，就说明数值解收敛，精度较高。

（4）与采用其他数值方法得到结果对比：采用不同的数值方法（如有限元法、边界元法、无网格法等）对同一问题求解，比较不同方法得到的结果，互相验证。

3. 提高计算精度的策略

为了提高 CAE 分析的计算精度，需要在建模过程中采取一系列措施。首先，根据问题的特点和要求，合理选择数学模型。例如，对于大变形问题，采用拉格朗日方法；对于复杂材料行为，采用更精细的本构模型。其次，生成高质量的有限元单元，以免产生畸变单元、尖锐角等不良因素。对此，可以采用自适应网格剖分技术，在应力梯度大的区域自动加密网格。再次，采用高精度数值计算方法，如高阶单元、高精度积分、高阶时间积分等方法，以减少截断误差。例如，采用二次单元代替线性单元，对材料参数进行准确测试，对载荷和边界条件进行合理简化，尽量减少输入数据的不确定性。最后，在求解过程中，通过与解析解、试验结果等进行对比，及时发现和修正错误，确保计算结果的准确性。

2.2.3　CAE 分析的计算效率

CAE 分析的计算效率是衡量数值模拟速度的重要指标，直接影响产品研发周期和成本。在车辆结构的 CAE 分析中，模型规模往往很大，计算任务繁重，提高计算效率可以帮助工程师及时获得仿真结果，加快迭代速度，缩短研发周期。本节将从影响计算效率的因素、评估计算效率的方法和提高计算效率的策略三个方面，详细阐述 CAE 分析的计算效率的相关内容。

1. 影响计算效率的因素

（1）模型规模：模型自由度数量直接决定了计算量。模型越大，计算量越大，计算时间越长。

（2）算法效率：不同的算法在时间复杂度和空间复杂度上有所差异。选择高效的算法可以显著提高计算效率。

（3）硬件性能：计算机的 CPU 频率、内存容量、I/O 速度等硬件指标直接影响计算效率。

（4）并行计算能力：采用并行计算可以充分利用多核 CPU 或集群系统的计算资源，大幅缩短计算时间。

（5）模型简化程度：通过进行合理的简化和假设，可以减小模型规模，提高计算效率。但过度的简化可能会损失关键信息，导致结果失真。

2. 评估计算效率的方法

（1）计算时间统计：记录完成一次计算需要的时间，包括前处理时间、求解时间和后处理时间。通过对比不同方案的计算时间，来评估计算效率。

（2）加速比分析：加速比是并行计算时间与串行计算时间的比值，反映了并行计算效率。在理想情况下，加速比应该等于并行核数。

（3）内存占用分析：统计计算过程中的内存占用峰值，评估内存使用效率。内存占用过大，可能会导致计算速度变慢，甚至出现内存溢出错误。

（4）算法复杂度分析：通过理论分析，评估算法的时间复杂度和空间复杂度。算法复杂度越低，计算效率越高。

3. 提高计算效率的策略

（1）模型简化：在保证关键信息不丢失的前提下，对模型进行适当简化。例如，去除不必要的小特征、采用对称性或周期性边界条件、采用壳单元代替实体单元等。

（2）算法优化：采用高效的算法，减少计算量。例如，采用多重网格法加速收敛、采用快速迭代求解器等。

（3）硬件升级：使用高性能的计算机硬件，如高频 CPU、大容量内存、固态硬盘等，以提高计算速度和 I/O 速度。

（4）并行计算：利用多核 CPU 或集群系统，进行并行计算。可以采用 OpenMP、MPI 等并行编程模型，将计算任务分配到多个核或节点上，实现并行加速。

（5）预处理优化：优化网格剖分策略，提高网格质量，减少单元数量。采用高效的几何清理和网格生成工具，缩短预处理时间。

（6）后处理优化：采用高效的可视化算法，缩短数据传输和渲染时间。采用数据压缩、分块加载等技术，提高后处理效率。

CAE 分析的计算效率受模型规模、算法效率、硬件性能、并行计算能力、模型简化程度等多个因素影响。可以采用计算时间统计、加速比分析、内存占用分析、算法复杂度分析等方法评估计算效率。提高计算效率的策略包括模型简化、算法优化、硬件升级、并行计算、预处理优化、后处理优化等。在车辆结构 CAE 分析中，工程师需要综合考虑各种因素，权衡计算效率和计算精度，选择最优的计算方案，以满足产品研发进度和成本要求。

2.3　MxSim 分析软件简介

2.3.1　MxSim.Mechanical 隐式求解器简介

MxSim.Mechanical 是迈曦软件自主研发的大型通用结构求解器，涵盖杆、梁、壳、实体、连接等单元近 100 种、各类材料本构模型 30 余种，能够进行包含多重非线性及多种连接装配关系的结构力学及热力学性能分析，支持复杂装配体的自动绑定及自动接触计算，拥有完全自主研发的大规模稀疏方程组直接法、迭代法求解器、特征方程组求解器，同时支持国产处理器及 CPU/GPU 异构并行计算（见图 2-1）。MxSim.Mechanical 支持完全自主研发的低阶高精度单元体系，可以帮助用户采用线性三角形单元和四面体单元获取高精度的计算结果。

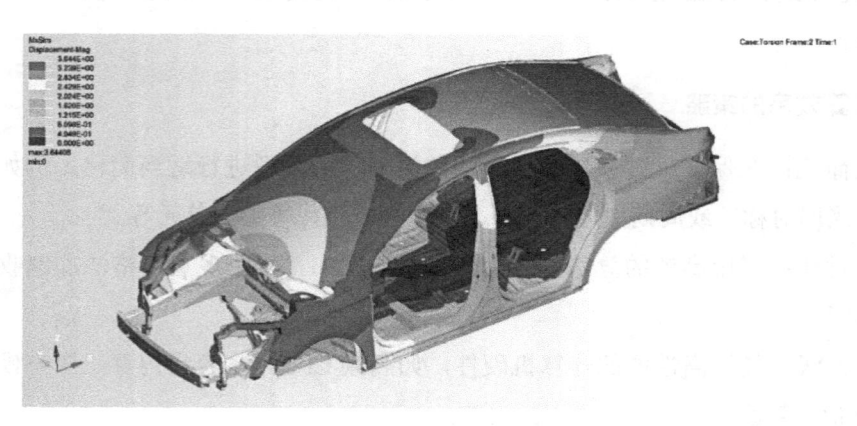

图 2-1　MxSim.Mechanical 汽车白车身刚度分析

MxSim.Mechanical 旨在为机械装备、消费电子、汽车工业、航天航空等领域复杂多变的应用场景提供快速、有效的解决方案。依托多年的技术积累和更新迭代，MxSim.Mechanical 包含前处理、求解、后处理完整的 CAE 分析流程，具备几何建模、网格剖分、静力分析、非线性分析、模态分析、线性摄动分析、热分析、后处理、二次开发等功能模块，能够处理线性及非线性结构、振动、热力耦合、接触、螺栓预紧等复杂工程问题，支持千万自由度以上的多部件、多连接问题的刚/强度分析、模态分析、强非线性分析等。

2.3.2 MxSim.Dyna 显式求解器简介

MxSim.Dyna 是迈曦软件自主研发的基于 CPU/GPU 异构并行架构的高性能非线性显式动力学有限元分析软件，包含梁、壳、实体、安全带、SPH 单元等大量单元库；包含弹性、弹塑性、超弹性、混凝土、蜂窝、炸药等多种金属和非金属材料模型及多种材料失效准则；包含刚性连接、焊接、铰接、绑定、传动等各类连接与约束关系；包含柔性体接触、柔性体与刚体接触、侵蚀接触、刚性墙接触、固连接触等多种接触类型。MxSim.Dyna 具备准确对复杂接触、超大变形及材料失效破坏等极端工况问题进行仿真的能力，被广泛用于结构刚强度、冲击响应、接触碰撞、压溃吸能、弹击破坏、侵彻损伤、断裂失效、爆炸冲击等场景。例如，整车碰撞（见图 2-2）、手机跌落（见图 2-3）、鸟撞（见图 2-4）等。MxSim.Dyna 采用先进的 CPU/GPU 异构并行计算，并行加速效果可观，在应对大规模计算时能够提供快速、有效的解决方案。

图 2-2　整车碰撞 　　　　图 2-3　手机跌落 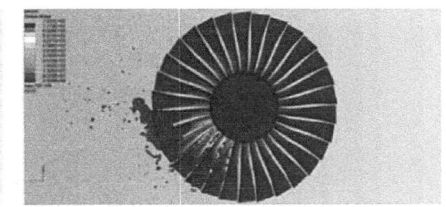　　　　图 2-4　鸟撞（SPH-FEM 耦合）

2.3.3 MxSim 用户界面简介

1. 用户界面

1）标题栏
标题栏显示的是当前 MxSim 的版本号、正在进行的工作的所属模块，如图 2-5 所示。

2）菜单栏
菜单栏包含 MxSim 所有可用菜单，如图 2-6 所示。

图 2-5　标题栏

图 2-6　菜单栏

3）快捷工具栏

快捷工具栏为常用功能提供快捷操作工具，如文件、几何模型选择等，便于用户使用，如图 2-7 所示。

图 2-7　快捷工具栏

4）模型树

模型树提供模型及其所包含的对象的图形概述，按照完整的分析流程进行分层。例如，"前处理"标签页中包含模型、连接、材料、截面属性、分析工况、载荷、边界条件、输出等内容，"后处理"标签页中包含所计算的工作内容，如图 2-8 所示。

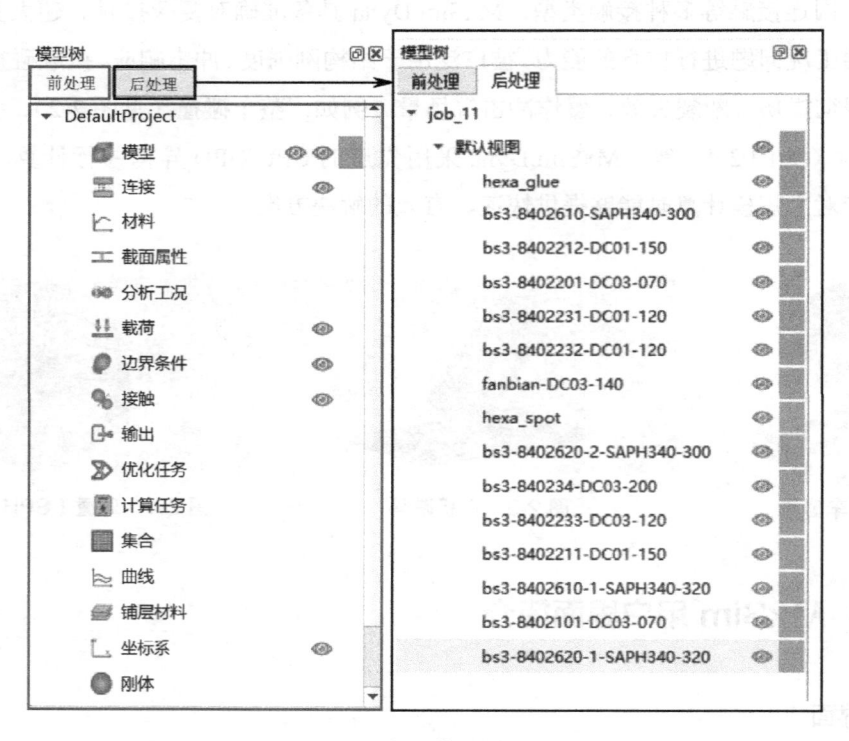

图 2-8　模型树

此外，模型树是一种便捷的集中式工具，用于直接管理各分析流程中的对象。

5）参数栏

参数栏直接且细致地显示了当前对象的属性信息，如图 2-9 所示。

参数	
名称	值
当前帧	1
总帧数	20
节点总数	101232
单元总数	314549
离散阶数	18
默认最大值	108.747
默认最小值	0

图 2-9　参数栏

6）图形区

图形区用于对当前分析的模型进行展示，同时在图形区中可对模型进行一系列分析操作，如图 2-10 所示。

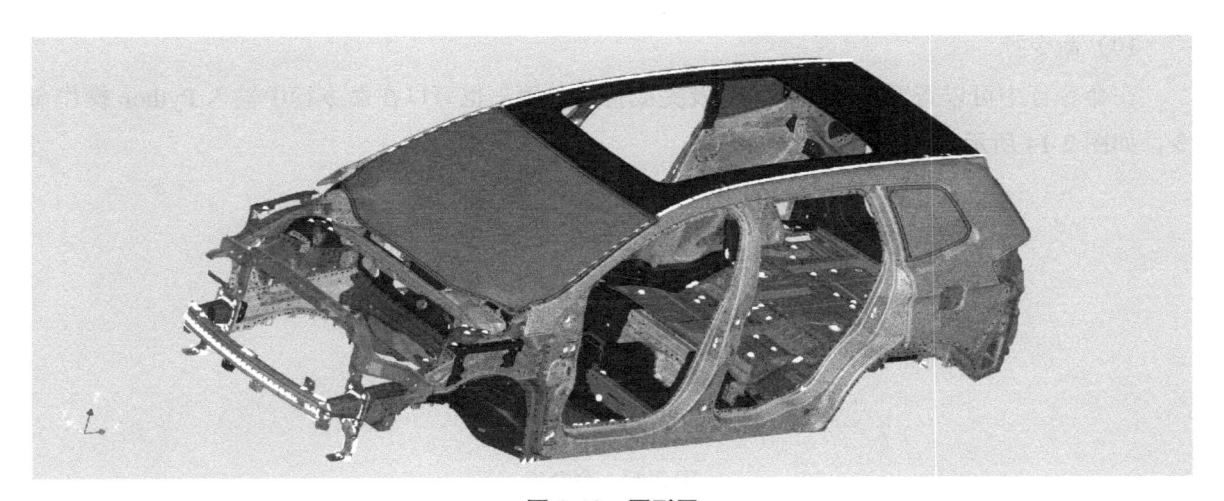

图 2-10　图形区

7）主面板工具栏

主面板工具栏按照基本分析流程将分析工具按顺序排列，单击主面板工具栏中的工具，即可打开相应面板，如图 2-11 所示。

图 2-11　主面板工具栏

8）主面板工具菜单

主面板工具菜单是选中主面板工具栏中的工具后展开的面板，包括详细的操作选项，如图 2-12 所示。

图 2-12 主面板工具菜单

9）信息栏

信息栏显示了分析求解过程中具体进程的相关信息（如进程、警告、错误等），如图 2-13 所示。

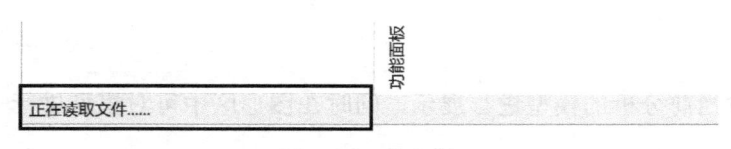

图 2-13 信息栏

10）命令行

在命令行中可以查看具体操作步骤及完成情况，用户也可以在命令行中输入 Python 操作命令，如图 2-14 所示。

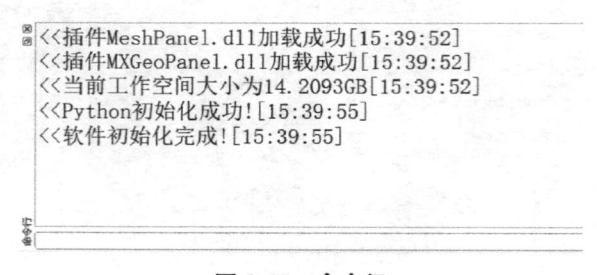

图 2-14 命令行

2. 基础操作

1）模型操作

（1）旋转模型：按住鼠标左键并拖动鼠标。

（2）平移模型：按住鼠标右键并拖动鼠标。

（3）缩放模型：滚动鼠标中键。

2）模型拾取

（1）点选：按住 Ctrl 键的同时按住鼠标左 / 右键并拖动鼠标。

（2）框选：按住 Shift 键的同时按住鼠标左 / 右键并拖动鼠标。

3）网格拾取

（1）拾取对象：节点、网格、网格边、网格面、零件。

(2) 拾取方式：鼠标拾取、通过边拾取、通过面拾取、通过零件拾取、通过 ID 号拾取、全部拾取。

3. 统一单位

统一单位如表 2-2 所示。

表 2-2　统一单位

单位类别	国际单位制（以 m 为基准）	国际单位制（以 mm 为基准）	美制（以 ft 为基准）	美制（以 in 为基准）
长度	m	mm	ft	in
力	N	N	lbf	lbf
质量	kg	ton	slug	lbf s²/in
时间	s	s	s	s
压力	Pa（N/m²）	MPa（N/mm²）	lbf/ft²	psi（lbf/in²）
密度	kg/m³	ton/mm³	slug/ft³	lbf s²/in⁴

4. 模型的管理

MxSim 的模型分为几何模型、有限元模型和后处理模型。

MxSim 支持新建简单几何模型、导入外部几何模型和有限元模型、导出为常用格式的外部有限元模型。

目前仅支持同时打开一个 MxSim 工程，一个工程包含一个几何/有限元模型窗口和一个后处理界面。在一个 MxSim 工程中，导入的外部几何模型（支持导入多个）和导入的有限元模型（支持导入多个）（计算文件）会在几何/有限元模型窗口中显示，导入的后处理文件直接在后处理界面中显示。

1）几何模型

MxSim 支持简单几何的建模，如简单的点、线、面、体等，目前仅支持创建简单的几何形状。MxSim 支持导入第三方 CAD 软件创建好的模型，目前支持 .step 格式文件和 .iges 格式文件，这些格式文件可以直接导入 MxSim 使用，如图 2-15 所示。

2）有限元模型

有限元模型一般包含网格信息、材料属性、连接关系、边界条件等信息。除导入 MxSim 自身的有限元文件（.mx）外，MxSim 还支持导入当前主流的第三方有限元模型，目前支持的第三方模型有 Nastran（.bdf）、

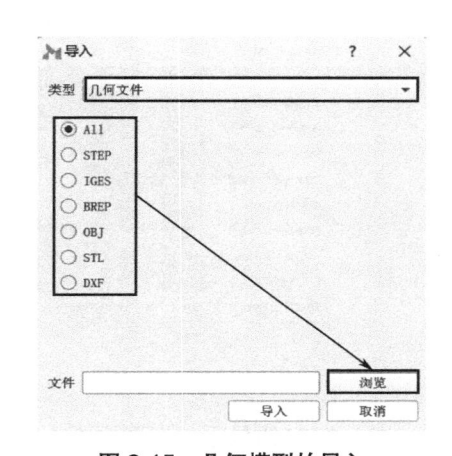

图 2-15　几何模型的导入

OptiStruct（.fem）、Ansys（.cdb）、Abaqus（.inp）。

3）结果文件

目前 MxSim 仅支持导入 MxSim 的计算结果文件（.mxdb）。文件导入后可以使用 MxSim 进行后处理。

4）网格模型

MxSim 在前处理阶段可对线、面、体等对象进行网格剖分，也支持导入第三方网格模型，目前支持的第三方模型有 Nastran（.bdf）、OptiStruct（.fem）、Ansys（.cdb）、Abaqus（.inp）、LsDyna（.k）、Mesh File（.msh）等。

5. 窗口与显示

1）窗口

为了明确区分操作对象模型，MxSim 分别采用不同的窗口来显示几何模型、有限元模型和后处理模型，成功求解后，会自动跳至后处理界面，也可以通过单击模型树顶端的"前处理"标签页和"后处理"标签页切换显示窗口，如图 2-16 所示。

图 2-16　切换显示窗口

2）隐藏/显示控制

通过单击模型树中模型右侧的隐藏/显示图标，可以实现模型的隐藏及显示，如图 2-17 所示。

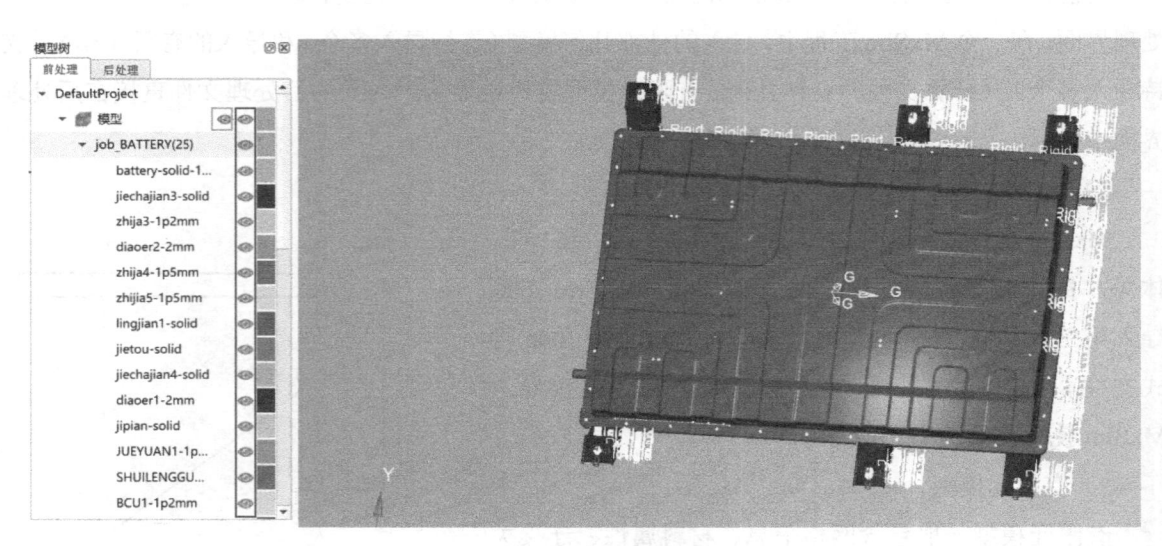

图 2-17　隐藏/显示控制

3）窗口的显示/隐藏面板

在工具栏、模型树、参数栏等处右击可调出窗口的显示/隐藏面板，通过勾选或取消勾选各窗口名称左侧的复选框，可以实现对应窗口的显示或隐藏，如图 2-18 所示。

☑ 功能面板
☑ 模型树
☑ 参数
☑ 命令行
☑ 文件
☐ 鼠标操作
☑ 视图操作
☑ 模型样式
☑ 视图投影
☑ 标签控制
☑ 视图符号
☑ 视口

图 2-18　窗口的显示 / 隐藏面板

第 3 章　基于 MxSim 的车辆结构 CAE 分析

【本章导读】

本章着重介绍基于 MxSim 的车辆结构 CAE 分析。MxSim 作为专业的有限元仿真软件，通过对车辆结构进行 CAE 分析，可以为汽车设计与工程优化提供重要参考和支持。通过学习本章，读者将会了解到基于 MxSim 的车辆结构 CAE 分析的基本原理、方法和实际应用。

【效果预览】

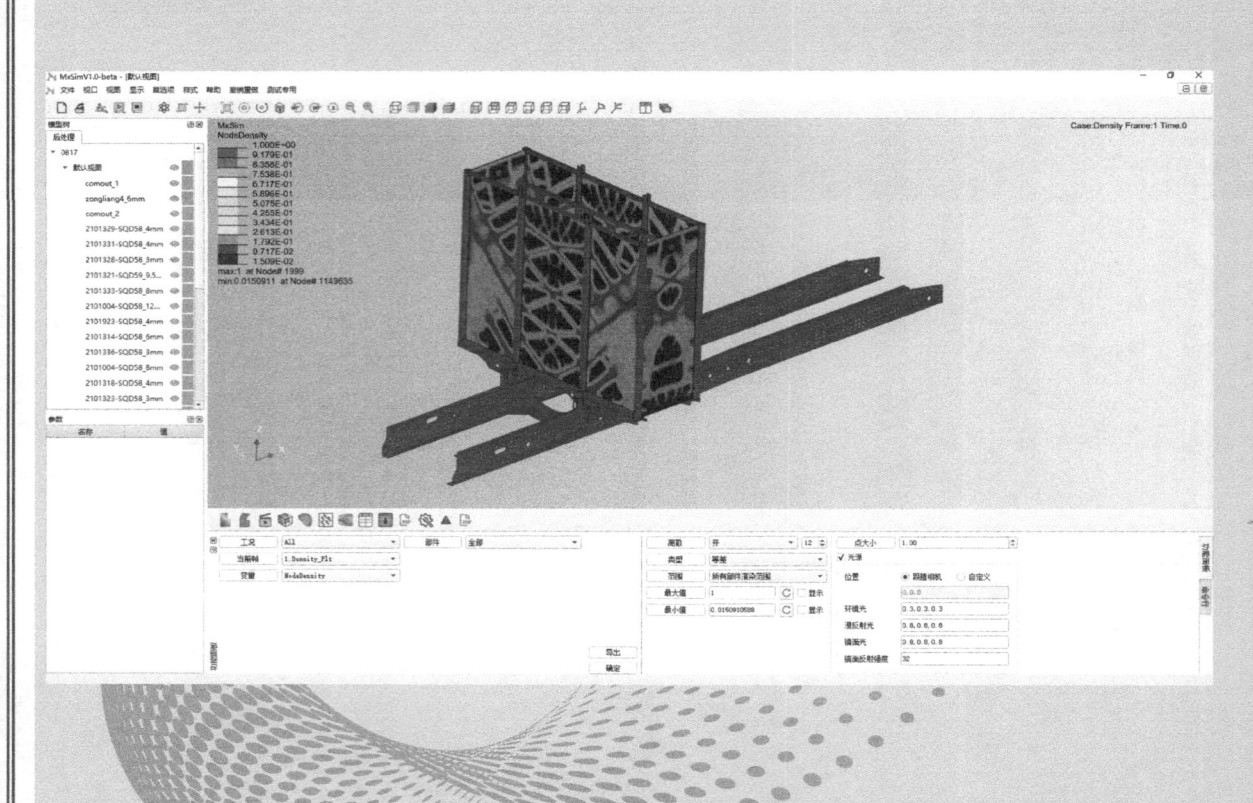

3.1 概述

CAE 技术在汽车行业的应用从最初的线弹性部件分析到车辆结构中大量的非线性问题分析，再到现在的汽车疲劳寿命分析、NVH 分析、碰撞模拟等，几乎涵盖了汽车性能的所有方面。随着计算机硬件和软件技术的飞速发展，CAE 技术在车辆工程中的应用变得更加广泛和深入。常见的 CAE 仿真流程如图 3-1 所示。

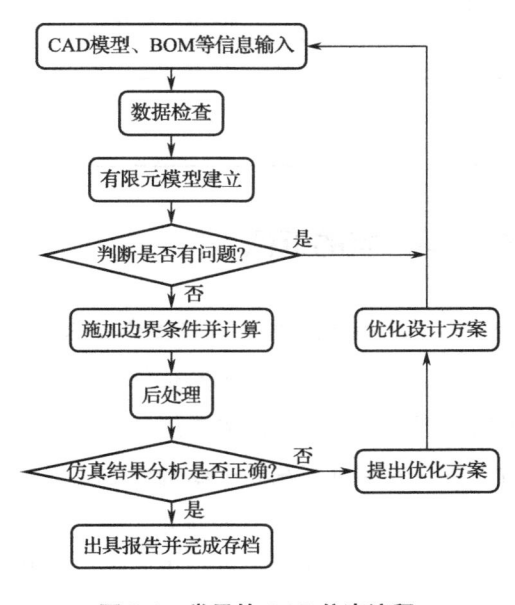

图 3-1 常见的 CAE 仿真流程

3.2 几何建模与简化

几何模型是网格剖分的基础，包括几何形状与几何尺寸。在确定几何形状时，要进行降维处理、细节简化与几何形状的近似。在确定几何尺寸时，应利用结构对称性、只考虑局部结构等方法来减小计算规模。

3.2.1 降维处理

任何构件或零部件都是三维实体的，当其几何形状具有某种特殊性时，简化为一维杆件或二维板件等，称这种简化操作为降维处理。降维处理既能使求解问题得到简化，减小计算规模，降低计算成本，又能保证足够的计算精度。在有限元建模时，应根据分析问题类型进行降维处理，从而确定有限元分析所对应的几何模型，常见的几何模型的简化形式如表 3-1 所示。

表 3-1　常见的几何模型的简化形式

结构类型		几何模型形式	有限元建模对应的几何模型
平面问题	平面应力问题	平面	中面
	平面应变问题		横截面
空间轴对称问题			子午面
薄板弯曲问题			中面
杆系结构		线框	轴线
轴对称薄壳问题			子午面内线框
空间问题		实体	实体
薄壳问题		曲面	中面

3.2.2　细节简化与几何形状的近似

在构建有限元模型的过程中，实际结构通常存在许多微小的特征，如小孔、浅槽、微小凸台、倒角、过渡圆角等。为了简化几何模型，这些微小的特征常常被忽略。在进行有限元网格剖分时，曲线边界常用直线单元边界来近似表示，曲面边界常用平面单元边界来近似表示。确定是否忽略某些特征，需要综合评估分析目的及特征在整个结构中的位置等因素。而是否进行几何形状的近似，则取决于对分析精度的要求。通常在进行静力和动力响应分析时，结构内部的位移、应力和应变是主要关注点，删除特征会对分析结果产生影响，因此应当尽可能地保留结构中的特征。相比之下，在进行模态分析时，整体结构特性才是关键所在，忽略一些特征对分析结果的影响微乎其微，此时可以考虑删除这些特征，以简化几何模型。

3.2.3　结构对称性的利用

在实际工程中，很多结构具有对称性，这一特性如能被恰当地加以利用，可以使结构的有限元模型及相应的计算规模得到缩减，从而使数据准备和计算的工作量大幅降低。在静力分析中，利用结构对称性可取结构的一部分建立有限元模型，同时可根据载荷的对称情况分析对称面（轴）上的位移状态，进而确定对称面（轴）上节点的位移约束条件。在计算结束后，可由此部分计算结果推断出整个结构的计算结果，从而达到简化分析的目的。当结构与载荷系统存在 2 个对称面（轴）时，可取 1/4 建模；当结构与载荷系统存在 3 个对称面时，可取 1/8 建模。在进行动力分析时，也可利用对称性简化模型。在进行动力响应分析时，动态激励可分为对称的动态激励、反对称的动态激励、一般的动态激励，处理方法与静力分析完全相同。在进行模态分析时，由于对称结构的固有振型有 2 种形式：一种是对称于对称面的振型，另一种是反对称于对称面的振型，因此在利用对称性进行简化分析时，必须根据 2 种振型的特点，确定对称面上节点的位移约束条件，确定方法与静力分析相同，分别进行计算，将这 2 种形式的振型按各自的固有频率从小到大排列起来，就是原结构的固有频率和振型。对于具有 1 个对称面的结构，可取 1/2 建模，按对称和反对称 2 种情况分别进行计算。对于具有 2 个对称面的结构，由于每个对称面均按对称和反对称考虑，因此具有 4 种形式的振型，可取 1/4 建模，经 4 次计算即可求得结构的固有频率与振型。在进行模态分析时，对称性的利用比较复杂，稍不注意就会丢掉某阶固有频率与相应模态，因此若结构规模不大，运算空间足够，建议取整体进行模态分析。

3.2.4 MxSim 建模

MxSim 支持简单几何零件的建模，也支持导入第三方几何模型。在使用第三方 CAD 软件建好模型后，将其另存为 .step 或 .iges 等格式，就可以在 MxSim 中直接导入几何模型了。

使用 MxSim 可以创建简单几何，如几何点、线、面、实体等，如图 3-2 所示。

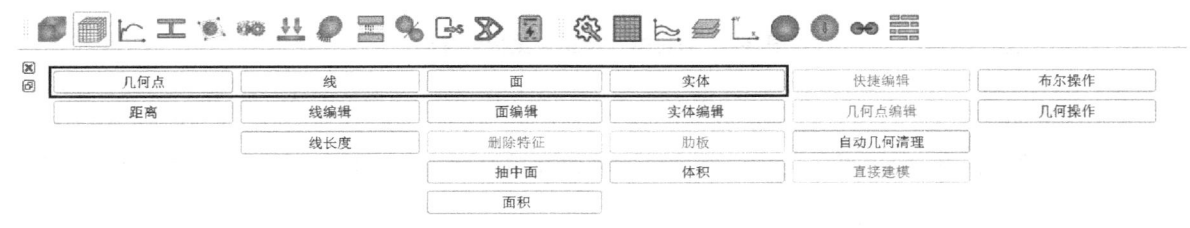

图 3-2 几何建模

1）创建几何点

可以通过输入坐标、拾取已有的圆 / 弧线 /3 节点、几何线 U 参数等方式创建几何点。通过输入坐标创建几何点如图 3-3 所示。

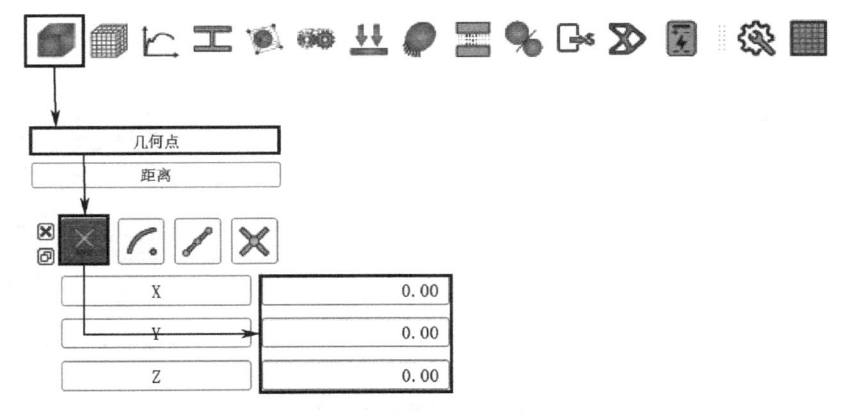

图 3-3 通过输入坐标创建几何点

2）创建线

MxSim 支持通过输入起止点坐标选取实体/面的边、偏置已有线来创建线，通过已有节点可以创建多线段，通过拉伸点可以创建线段，通过圆心/半径/3节点可以创建圆/弧线。通过输入起止点坐标创建线如图 3-4 所示。

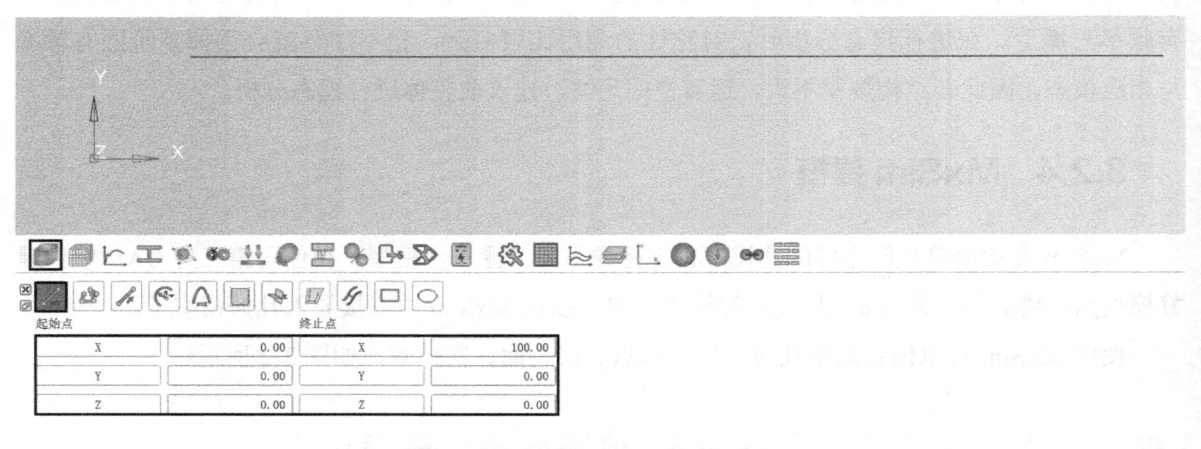

图 3-4　通过输入起止点坐标创建线

3）创建面

可以通过已有点、已有线、坐标等参数快速创建简单几何面，如平面、圆柱面、圆台面、球面、圆环面等；也可以通过拉伸或扫掠方式生成几何面。

（1）平面。

通过正方形几何中心、边长和法向来创建正方向面，如图 3-5 所示。

基准点：正多边形的几何中心点坐标，默认为 (0,0,0)。

自定义：通过设置 P1、P2、P3 3 个节点（分别输入坐标或在窗口中点选已有节点）来自定义平面法向。

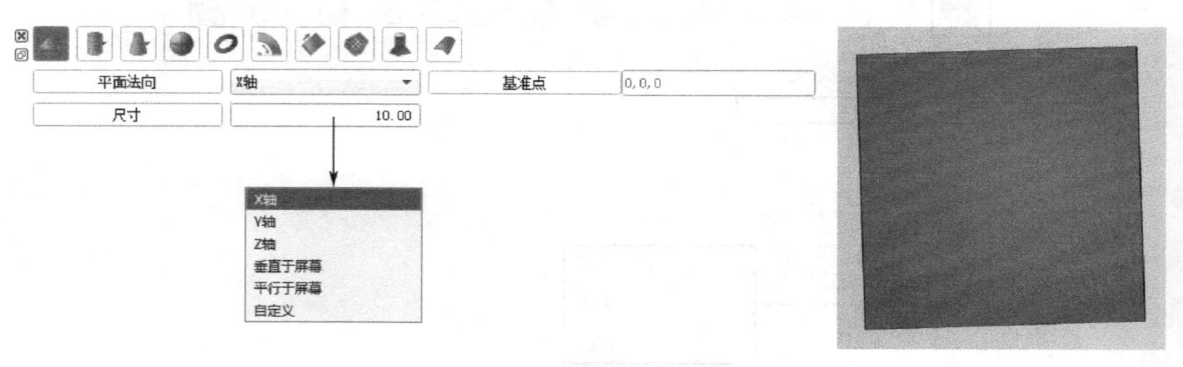

图 3-5　创建正方向面

（2）球面。

通过球心坐标和球半径创建球面，如图3-6所示。

球心坐标默认为(0,0,0)。

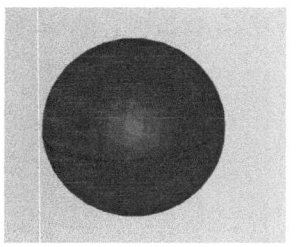

图3-6 创建球面

4）创建实体

类似面的创建，可以通过已有点或坐标等参数快速创建简单几何体，如长方体、圆柱体、圆台体、球体、圆环体等；也可以通过拉伸面的方式生成几何体。

通过选择或输入长方体的起始点（基准点）坐标和长方体的长、宽、高（另外3个顶点的坐标）创建长方体，如图3-7所示。基准点坐标默认为(0,0,0)。

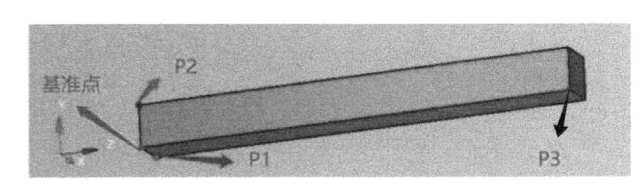

图3-7 创建长方体（立方体）

5）导入几何模型

MxSim支持导入第三方几何模型，可以直接导入外部几何模型（对应文件为*.step格式、*.iges格式），如图3-8所示。

6）导入计算文件

MxSim支持导入第三方计算文件，并且在导入后可以使用MxSim进行求解及后处理。目前支持导入MxSim（*.mx）、Nastran（*.bdf）、OptiStruct（*.fem）、Ansys（*.cdb）、Abaqus（*.inp）等计算文件，如图3-9所示。

图 3-8　导入外部几何模型

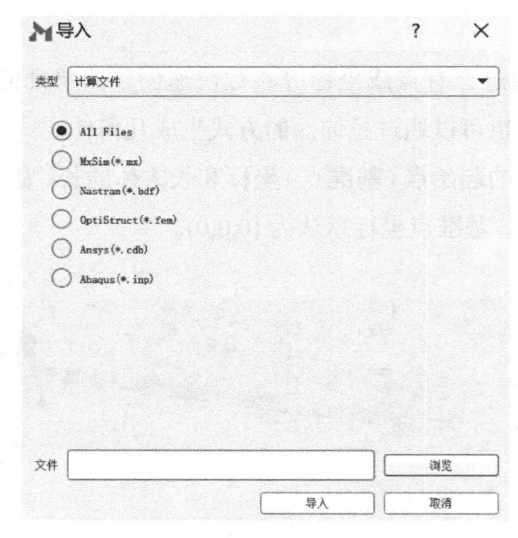

图 3-9　导入计算文件

3.3　网格剖分

网格剖分是有限元分析中至关重要的步骤，其质量对计算结果的准确性、收敛速度和计算效率有着直接影响。一个优秀的网格需要在计算精度和计算成本之间寻求平衡。通常来说，网格单元尺寸越小、数量越多，计算精度就越高，但计算量也越大。此外，网格单元的形状、尺寸、光顺性等因素也会影响求解性能。

有限元分析常用的网格单元包括三角形、四边形、四面体、六面体等。

工程师需要根据具体问题的特点，选择合适的单元类型和网格密度，并对关键区域进行必要的加密处理，以获得满足工程计算的网格剖分。一个高质量的网格模型，能够在保证计算精度的同时最大限度地提高计算效率，这是每位 CAE 工程师的追求。

随着计算机硬件性能的不断提升和算法的持续进步，自适应网格剖分、高阶单元等新技术不断涌现。这些技术有利于进一步提升有限元法的分析能力和实际应用价值。合理运用这些技术，可以帮助工程师更高效、更精准地进行产品设计和性能分析，推动科学研究和工程实践的发展。

3.3.1 常见的网格种类

1. 三角形网格（Triangular Mesh）

三角形网格（见图 3-10）适用于离散化复杂几何形状。自动网格剖分算法通常生成三角形网格，线性三角形单元是最简单、最常用的二维单元类型。三角形网格具有良好的适应性和灵活性，能够处理不规则边界和复杂拓扑结构。然而，三角形网格的精度和收敛性通常低于四边形网格。

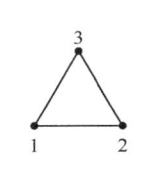

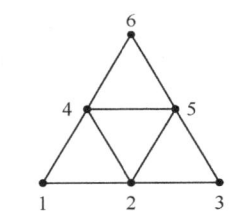

图 3-10 三角形网格

2. 四边形网格（Quadrilateral Mesh）

四边形网格（见图 3-11）适用于规则几何形状。四边形单元具有更好的精度和收敛性，尤其在求解场梯度较大的区域时。结构化网格通常采用四边形单元，以便实现高阶单元和各向异性适应性。然而，对于复杂几何形状，自动算法难以生成高质量的四边形网格，需要采用混合网格或人工剖分。

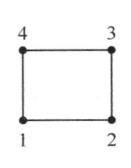

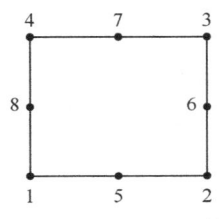

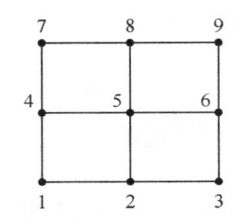

图 3-11 四边形网格

3. 四面体网格（Tetrahedral Mesh）

四面体网格（见图 3-12）适用于离散化复杂三维部件。自动网格剖分算法也常生成四面体网格，线性四面体单元是最简单、最常用的三维单元类型。四面体网格具有良好的适应性和灵活性，能够处理不规则边界和复杂拓扑结构。然而，四面体网格的精度和收敛性通常低于六面体网格。

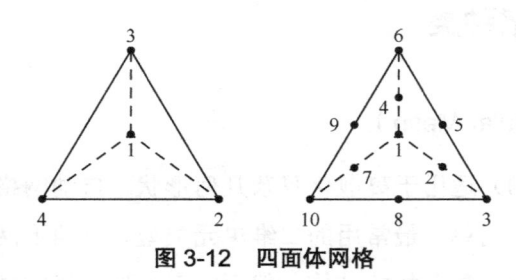

图 3-12 四面体网格

4. 六面体网格（Hexahedral Mesh）

六面体网格（见图 3-13）由六面体单元组成，是求解三维问题的理想网格类型。规则的六面体网格具有最优的数值性能，能够获得高精度的计算结果。但六面体网格的生成难度较大，尤其是对于复杂的非规则几何体，自动算法难以生成高质量的六面体网格，往往需要人工剖分。

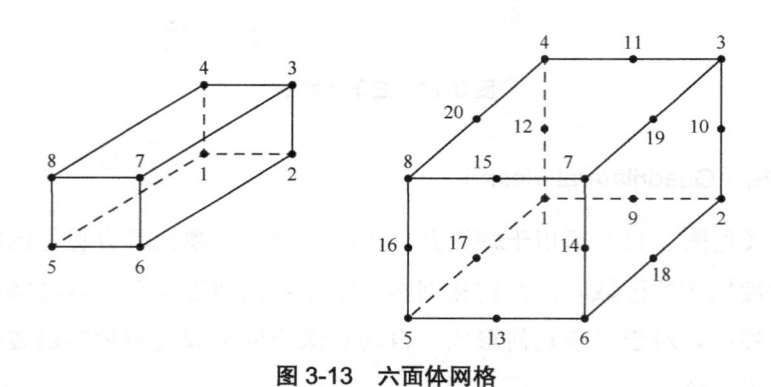

图 3-13 六面体网格

5. 混合网格（Hybrid Mesh）

混合网格由不同单元类型组成，如三角形单元和四边形单元混合，四面体单元和六面体单元混合等。混合网格能够兼顾不同类型单元的优点，在复杂模型的网格剖分中具有重要应用价值。

3.3.2 网格剖分原则

网格剖分没有定式，常根据经验进行，有限元相关知识和丰富的经验是剖分良好网格的前提。

汽车行业仿真分析发展得已经非常成熟，有明确的仿真规范，其中包括网格尺寸的规范，这些规范都是经过严格测试才确定的，一般都能满足当前分析精度的要求。

1. 网格数量

从理论上来说，在其他设置正确的情况下，网格越密，计算精度越高；但网格越密，网格数量越多，求解时间越长。因此，需要在计算效率和计算精度间进行权衡。

2. 网格疏密

网格疏密是指在部件的不同部位采用不同尺寸的网格，这是为了适应计算数据的分布特点。在计算数据变化梯度较大的部位（如应力集中处，几何形状、厚度变化处）时，为了较好地反映数据变化规律，需要采用相对密集的网格；在计算数据变化梯度较小的部位时，为了减小模型规模，应采用相对稀疏的网格。这样，整个结构便表现出疏密不同的网格剖分形式。

3. 单元阶次

很多单元都具有线性、二次和三次等形式，其中二次和三次形式的单元称为高阶单元。用高阶单元可进一步提高计算精度。由于高阶单元的曲线或曲面边界能够更好地逼近结构的曲线或曲面边界，所以当结构外形不规则、应力分布或变形很复杂时可以选用高阶单元。高阶单元的节点数较多，在网格数量相同的情况下由高阶单元组成的模型规模要大得多，因此在使用高阶单元时应考虑计算精度和时间。

增加网格数量和单元阶次都可以提高计算精度。在精度一定的情况下，用高阶单元离散结构时应选择适当数量的网格，太多的网格并不能明显提高计算精度，反而会使计算时间大大增加。为了兼顾计算精度和计算量，同一结构可以采用不同阶次的单元，即精度要求高的重要部位用高阶单元，精度要求低的次要部位用低阶单元。不同阶次的单元间或采用特殊的过渡单元连接，或采用多点约束等式连接。

4. 网格质量

网格质量是指网格几何形状的合理性，影响着计算精度，质量太差的网格甚至会中止计算。直观上看，网格各边或各内角相差不大、网格面不过于扭曲、边节点位于边界等分点四周的网格质量较高。网格质量可用细长比、锥度比、内角、翘曲量、拉伸值、边节点位置偏差等指标度量。剖分网格时一般要求网格质量能达到某些指标要求。

在结构重要部位，应保证剖分的网格具有高质量，因为极少数质量很低的网格也会引起很大的局部误差。而在结构次要部位，网格质量可适当降低。当模型中存在质量很低的网格（称为畸形网格）时，计算过程将无法进行。

3.3.3 选择网格类型

1. 一维网格单元

对于长度远大于横截面尺寸的结构，如长度除以宽度大于 20 的结构，可使用一维网格单元进行模拟。

材料力学和结构力学重点研究的杆梁结构，一般使用一维网格单元进行模拟。桁架结构、弹簧、细长管等结构都可以使用一维网格单元进行模拟。

使用一维网格单元进行模拟时，其截面一般无法变形（伯努利梁截面无法变形，铁摩辛柯梁截面可以变形），因此比实际结构更刚硬，无法得到非常准确的表面应力仿真结果。如果只是想知道该结构传递的载荷大小，一维网格单元完全满足精度要求；如果要关注该结构具体的应力分布，则需要使用二维网格单元或三维网格单元进行模拟。

2. 二维网格单元

对于一个方向尺寸远小于另外两个方向尺寸的结构，如长度除以厚度大于 20，最少大于 10 的结构，可以使用二维网格单元进行模拟。

汽车表面覆盖件，如发动机罩、车门、车顶盖，都是典型的薄壁件，一般使用二维网格单元进行模拟，典型的二维网格模型——汽车表面覆盖件如图 3-14 所示。

图 3-14 典型的二维网格模型——汽车表面覆盖件

3. 三维网格单元

对于 3 个方向尺寸相当的结构，一般使用三维网格单元进行模拟，典型的结构是发动机、变速箱、减速器壳体，其表面结构复杂，有大量倒角、筋等结构，无法使用一维网格单元和二维网格单元进行模拟。发动机温度场如图 3-15 所示。

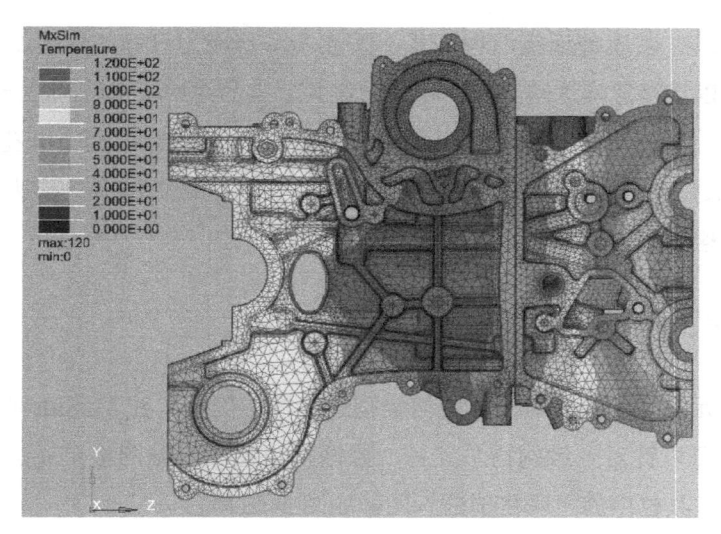

图 3-15 发动机温度场

对于剖分实体网格的模型，在有条件的情况下，建议尽量使用一阶六面体网格，在网格尺寸相同的条件下，一阶六面体网格数量少，计算效率高，而且其精度远高于一阶四面体网格；如果六面体网格剖分困难，那么可直接使用二阶四面体网格，虽然二阶四面体网格的数量和节点远多于一阶六面体网格，但计算精度略高于一阶六面体网格。

3.3.4　特殊结构处理

网格模型与几何模型越贴合，仿真分析得到的变形和应力结果越准确；网格与几何存在明显偏差，仿真分析得到的变形和应力结果与实际情况的偏差就越大。因此，网格模型越贴合几何模型越好。但因为网格是规则的三角形、四边形、四面体和六面体，无法100%贴合圆弧、倒角和圆孔等特征，所以网格模型只能近似地贴合实际的几何模型。

几何模型中较难处理的是倒角、圆孔、法兰、接触区等特征上的网格，对于这些特征，网格模型要求如下。

（1）倒角区域至少需要剖分3层网格才能较为准确地捕捉应力变化，重点区域的过渡圆角不能简化为直角，因为直角可能导致应力奇异；变速箱、发动机壳体上的加强筋及类似结构至少需要剖分6层网格才能比较准确地捕捉应力梯度。

（2）建议圆孔在圆周方向的网格数量为4的倍数，对于不重要的小孔，直接忽略或在圆周方向剖分4层网格；对于重要的圆孔，在圆周方向剖分8层及以上网格，因为CAD软件中圆柱面一般会分为2份或4份。

（3）法兰面至少需要剖分3层网格，若网格层数太少，将无法捕捉应变的变形梯度。

（4）在接触区域节点重合更容易收敛，建议将高度非线性模型的接触区域的网格剖分成节点重合的形式，以有效提高接触收敛性。

（5）焊点、焊缝、黏胶等连接结构：若不关注其本身应力分布，这些结构在模型中只起传递力的作用，则可以直接忽略这些结构，将其做成共节点的结构或进行刚性连接。

（6）螺栓结构：若不关心其具体受力，只用于传递力，则可抓取两个圆孔圆周一圈的节点，中间用一个梁单元进行模拟。若希望得到螺头与零件接触区域更准确的应力分布，则可以去掉螺纹，做成实体螺栓。

3.3.5 MxSim 中的网格剖分

针对不同的单元类型，选择对应的网格类型进行网格剖分，在 MxSim 中，不仅可以直接创建节点、网格，还可以针对一维网格单元、二维网格单元和三维网格单元进行线剖分、面剖分和实体剖分。快捷工具栏中的"网格剖分"图标如图 3-16 所示。

图 3-16 快捷工具栏中的"网格剖分"图标

1. 线剖分

一维网格单元是针对线结构进行剖分的，如图 3-17 所示。

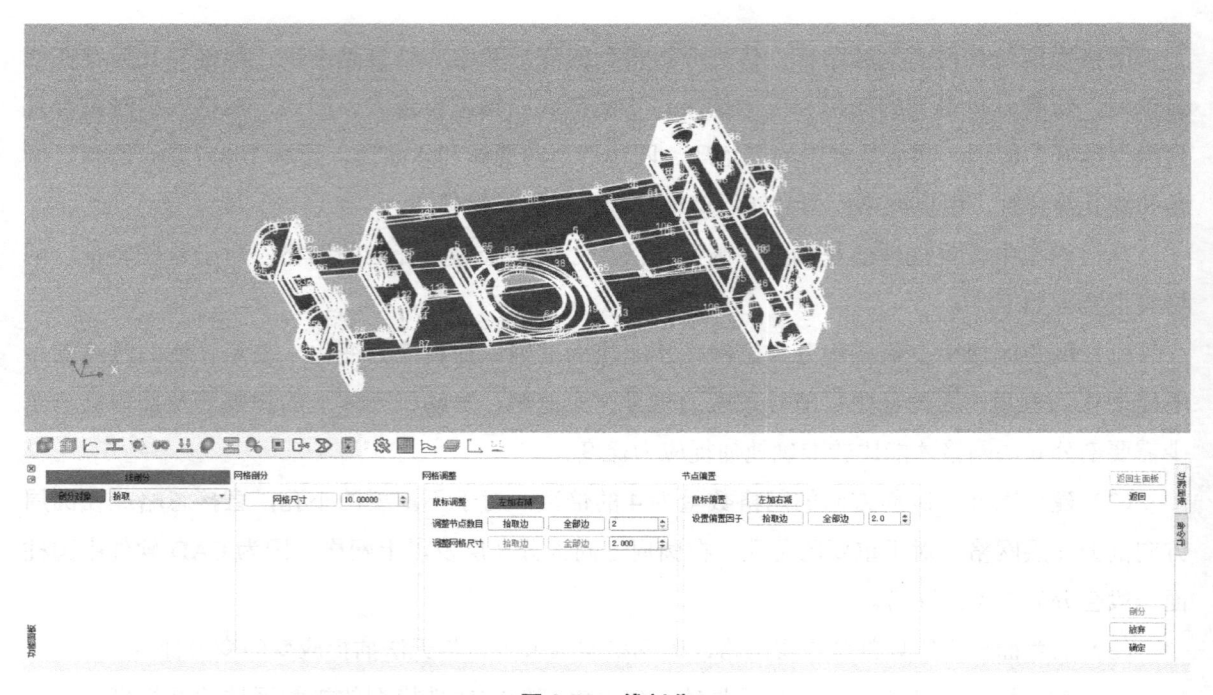

图 3-17 线剖分

2. 面剖分

二维平面单元是针对面进行剖分的,以分析平面问题,如图 3-18 所示。

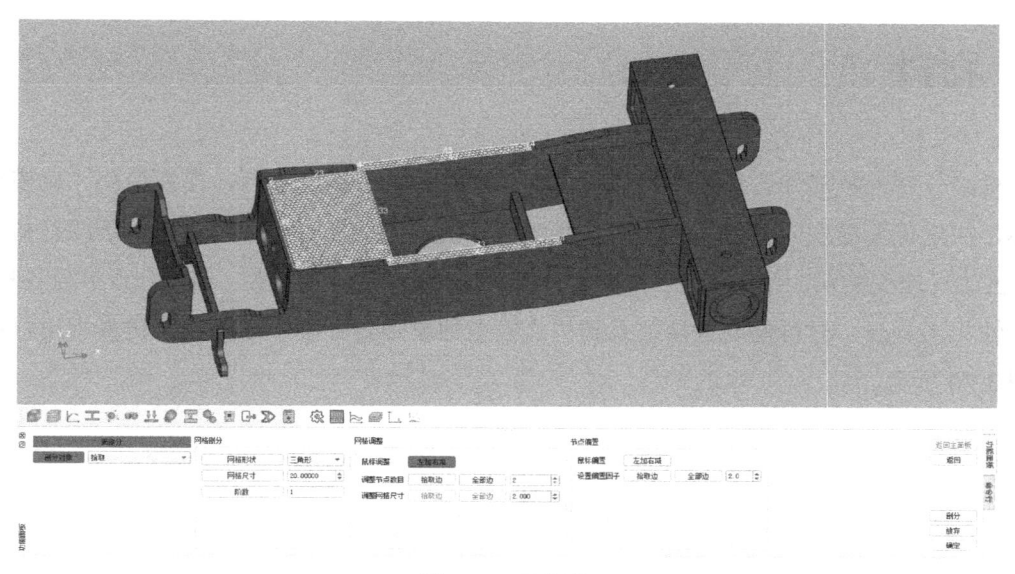

图 3-18　面剖分

3. 实体剖分

三维实体或已有的三维实体网格是针对实体进行剖分的,生成或修改实体单元,如图 3-19 所示。

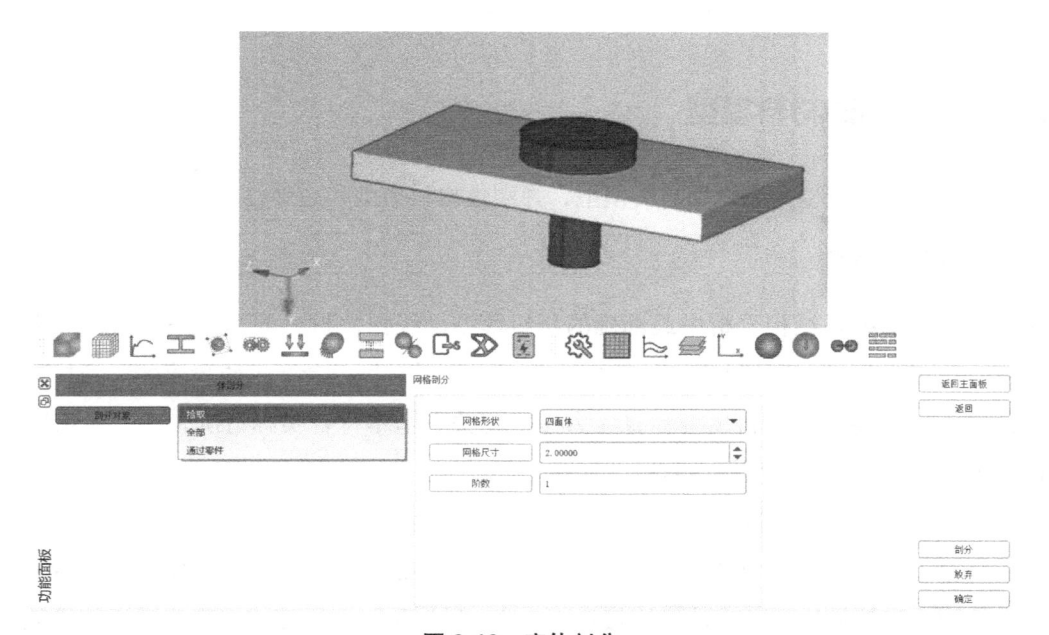

图 3-19　实体剖分

除基础的网格生成功能外，目前 MxSim 还支持提取表面网格、粒子生成、线拉伸、旋转、拉伸等辅助功能。

3.4 材料

网格剖分后为各部件选择合适的材料模型。随着仿真分析的进行，模型简化、建模流程都已成熟，决定仿真精度的主要因素变成材料参数。由于工业界材料种类众多，不同材料表现出复杂的应力-应变关系，所以产生了种类繁多、解析式繁杂的材料模型。结构分析涉及各种材料，材料特性相当复杂，材料模型直接关系到仿真模型抽象是否正确。结构力学仿真常用材料的分类如图 3-20 所示。

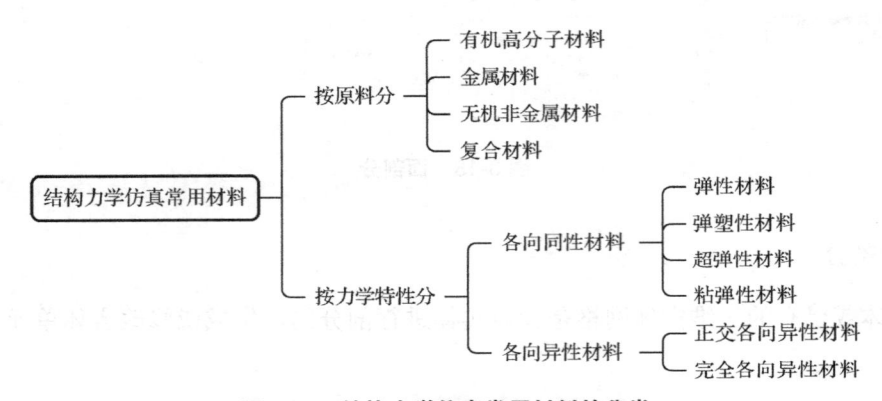

图 3-20 结构力学仿真常用材料的分类

3.4.1 常用的材料模型

三种常用的材料模型为线弹性材料模型、弹塑性材料模型和超弹性材料模型。

1. 线弹性材料模型

线弹性材料模型是结构分析中最基础的材料模型，线弹性材料的本构关系服从广义胡克定律，即应力与应变在加/卸载过程中呈线性关系，卸载后材料不会产生残余应变。当材料的应力水平较低时，采用线弹性材料模型计算应力-应变关系基本符合实际情况。在一般情况下，认为该模型仅在小的弹性应变范围内有效，通常不超过 5%。

材料可分为各向同性材料、正交各向异性材料或完全各向异性几类（属于弹性材料）。

对于完全不具有方向敏感性的各向同性材料，只需要 3 个独立材料参数即可描述，即质量密度、弹性模量和泊松比。但当泊松比接近 0.5 时，材料是不可压缩的，需要进行特殊处理。橡胶等材料几乎都是不可压缩的。

在一般情况下，线弹性材料具有方向敏感性，称此性质为各向异性。其中完全各向异性材料（属于弹性材料）需要用 21 个独立材料参数来描述，正交各向异性材料需要用 9 个独立材料参数来描述，各向同性材料需要用 5 个独立材料参数来描述。

常见的各向异性材料有木材、纤维板、酚醛层压板、树脂基复合材料、硅钢片等。玻璃纤维增强树脂基复合材料为正交各向异性材料，许多复合材料的井盖是由其制成的。木材是各向同性材料，沿着木材纤维方向是其生长方向，横截面各方向模量相等。一般认为水晶、方解石是完全各向异性材料。

定义线弹性材料模型如图 3-21 所示。

图 3-21　定义线弹性材料模型

2. 弹塑性材料模型

在高应力（应变）情况下，金属开始表现出的非线性、非弹性行为，称为塑性。弹塑性是最常见的、研究透彻的材料非线性行为。采用屈服面、塑性势和流动定律的弹塑性力学模型及弹塑性有限元法，已在金属、土壤等领域得到广泛应用。

目前使用较多的弹塑性材料模型如下。

1）理想弹塑性材料模型

在进行压力容器分析时，往往忽略材料的强化作用，将材料视为一旦屈服就可以无限变形的理想弹塑性材料。理想弹塑性材料模型需要输入 4 个材料参数——质量密度、弹性模量、泊松比、屈服应力。

2）线性强化弹塑性材料模型

（1）等向强化模型：此模型采用各向同性（von Mises）屈服准则，对金属、高分子多聚物及饱和地质材料都有很好的近似度，适用于金属材料、岩土材料变形不大的情况。

（2）随动强化模型：此模型采用各向异性屈服准则，适用于微观结构和具有塑性膨胀性质的材料，如宏观金属的锻造过程。在使用此模型时需要输入 5 个材料参数——质量密度、弹性模量、泊松比、屈服应力、切线模量。

（3）多线性等向强化模型：此模型常用于钢筋混凝土材料。

定义弹塑性材料模型如图 3-22 所示。

图 3-22　定义弹塑性材料模型

3. 超弹性材料模型

超弹性材料是一类具有大变形能力的材料，在卸载后能恢复到原始状态且不产生永久变形。超弹性材料的应力-应变关系是非线性的，且加载曲线和卸载曲线不重合，有明显的滞后现象。超弹性材料的本构关系一般采用 Neo-Hookean 模型、Mooney-Rivlin 模型、Ogden 模型、Yeoh 模型等。Neo-Hookean 模型是 Mooney-Rivlin 模型的一种简化形式，适用于描述各向同性超弹性材料的力学行为；Mooney-Rivlin 模型是一种基于应变能密度函数的超弹性材料模型，适用于描述橡胶材料的大变形行为；Ogden 模型是一种基于主伸长比的超弹性材料模型，适用于描述各向同性超弹性材料的力学行为；Yeoh 模型是一种基于第一不变量的超弹性材料模型，适用于描述各向同性超弹性材料的力学行为。

超弹性材料的应用领域包括橡胶、生物材料、高分子材料等。橡胶在汽车轮胎、减震器、密封件等领域有广泛应用；生物材料，如血管、肌腱等，表现出超弹性行为；高分子材料，如聚氨酯、聚乙烯等，具有超弹性特性。

定义超弹性材料模型如图 3-23 所示。

图 3-23　定义超弹性材料模型

3.4.2　其他材料模型

1. 刚体模型

刚体是假定其变形可以忽略不计的材料。在 CAE 分析中，刚体不会因为外部载荷而变形，也不会分析其内部的应力。刚体材料的设置通常用来简化模型和降低计算成本，特别是在与其他可变形体相互作用的情况下。刚性分析忽略了材料的任何弹性和塑性属性，定义刚体模型如图 3-24 所示。

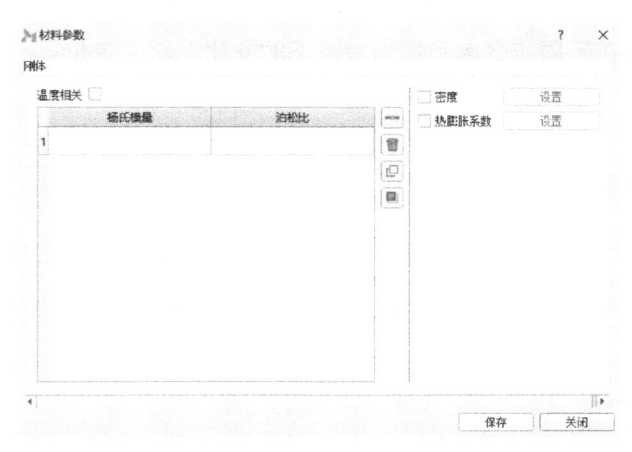

图 3-24　定义刚体模型

2. 压电模型

压电材料是指在机械应力作用下产生电荷，并且在外加电场作用下产生机械应变的材料，在传感器、驱动器和能量采集设备中特别有用，定义压电模型如图 3-25 所示。

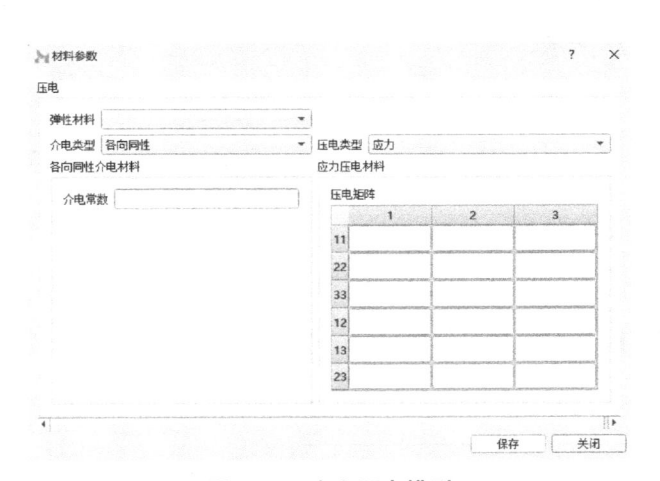

图 3-25　定义压电模型

3. 混凝土模型

混凝土模型用于描述混凝土这种多向复合材料的复杂行为，包括混凝土的非线性、各向异性（不同方向上的性质不同），以及在不同类型的载荷下的破坏模式。混凝土模型通常会考虑混凝土在受压和受拉过程中的不同响应，并模拟裂缝生成和传播。

1) Johnson-Holmquist-Cook 模型

Johnson-Holmquist-Cook 模型是专为高应变率、高压力下混凝土和岩石等脆性材料响应特性开发的，可以用来模拟冲击波和弹药穿透等效应。该模型综合了混凝土的弹性模量、极限强度、软化行为及破碎后的碎屑行为，将材料的强度划分为与压缩强度、拉伸强度和压缩损伤有关的不同部分，并考虑材料在不同应变率和压力状态下的变化。定义 Johnson-Holmquist-Cook 模型如图 3-26 所示。

图 3-26 定义 Johnson-Holmquist-Cook 模型

2) 伪张量模型

伪张量模型是一种多轴损伤塑性模型，它能很好地描述混凝土这类准脆性材料在不同加载力下的行为。该模型包含一个屈服面，这个屈服面能展现材料在压缩和拉伸条件下的不同表现，并且随着损伤的累积，屈服面会呈现出退化特性。在定义该模型时必须勾选"状态方程"复选框。定义伪张量模型如图 3-27 所示。

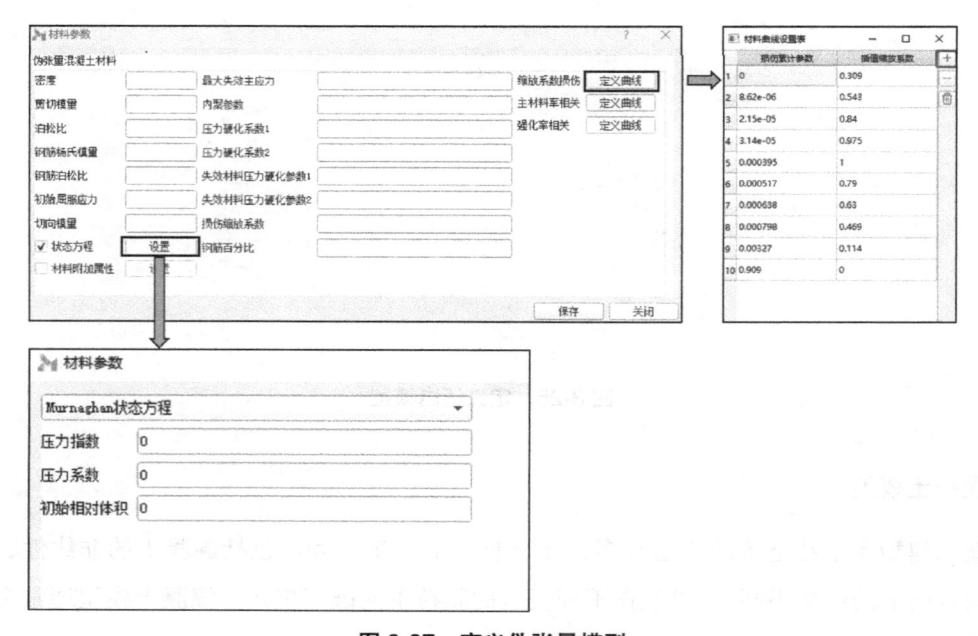

图 3-27 定义伪张量模型

3）混凝土损伤模型

混凝土损伤模型通常基于连续损伤力学理论开发，用于描述材料从裂缝产生到裂缝扩展直至失效的过程。该模型通常会引入一个损伤变量来表征材料的损伤状态，通过调整该变量与应力间的关系可以调整材料的刚度。在定义该模型时必须勾选"状态方程"复选框。定义混凝土损伤模型如图 3-28 所示。

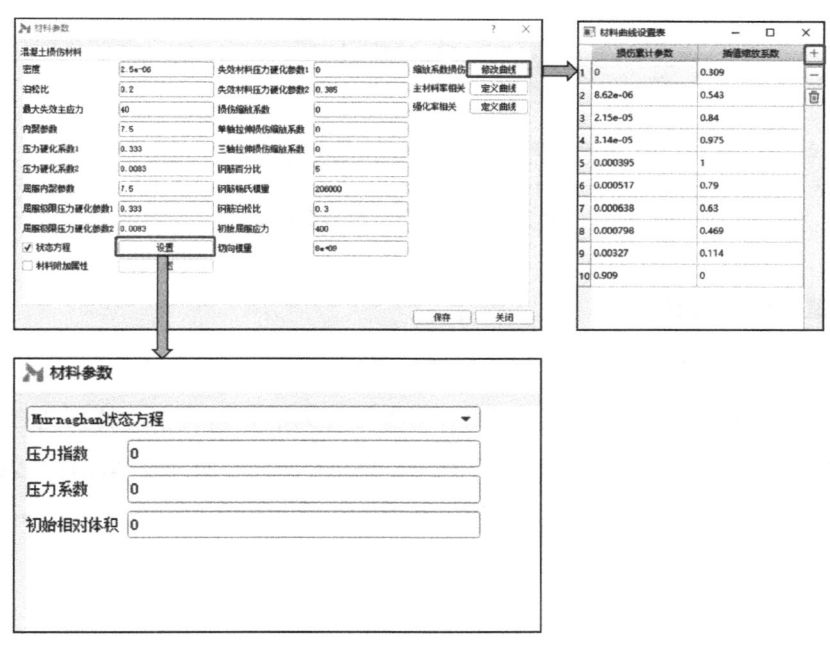

图 3-28　定义混凝土损伤模型

4）Johnson-Holmquist 塑性损伤模型

Johnson-Holmquist 塑性损伤模型主要用于描述陶瓷和混凝土等脆性材料在高速撞击下的行为。该模型考虑了应力状态和应变率对材料强度的影响，并引入了损伤积累的概念。通过引进一个损伤参数来描述材料的损伤状态，该参数会影响材料的屈服强度和失效特性。定义 Johnson-Holmquist 塑性损伤模型如图 3-29 所示。

图 3-29　定义 Johnson-Holmquist 塑性损伤模型

4. 气、液体模型

在定义气、液体模型时，可勾选"状态方程"复选框。定义气、液体模型如图 3-30 所示。

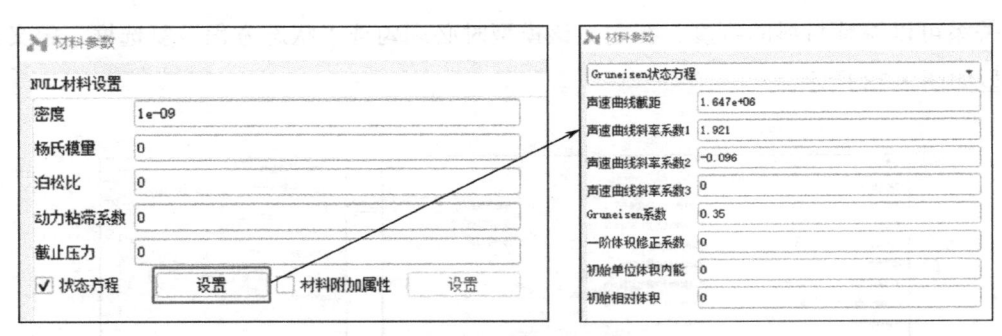

图 3-30　定义气、液体模型

5. 非常规塑性材料模型

1）Johnson-Cook 模型

Johnson-Cook 模型是一个广泛用于描述金属塑性行为的材料模型，特别适合在高应变率和高温场景中应用。该模型考虑了应变率效应和温度效应对材料屈服强度和硬化行为的影响。

在定义该模型时，可以勾选"状态方程"复选框，也可以不勾选。定义 Johnson-Cook 模型如图 3-31 所示。

图 3-31　定义 Johnson-Cook 模型

2）蜂窝模型

蜂窝模型用于模拟结构中的蜂窝型防护材料，如车辆的碰撞吸能区域。这些材料具有低密度和高吸能性，且其在压缩载荷下行为相当复杂，通常包含弹性、塑性变形，以及压溃。通过适用的材料模型，可以捕捉蜂窝结构的特定压缩行为。定义蜂窝模型如图 3-32 所示。

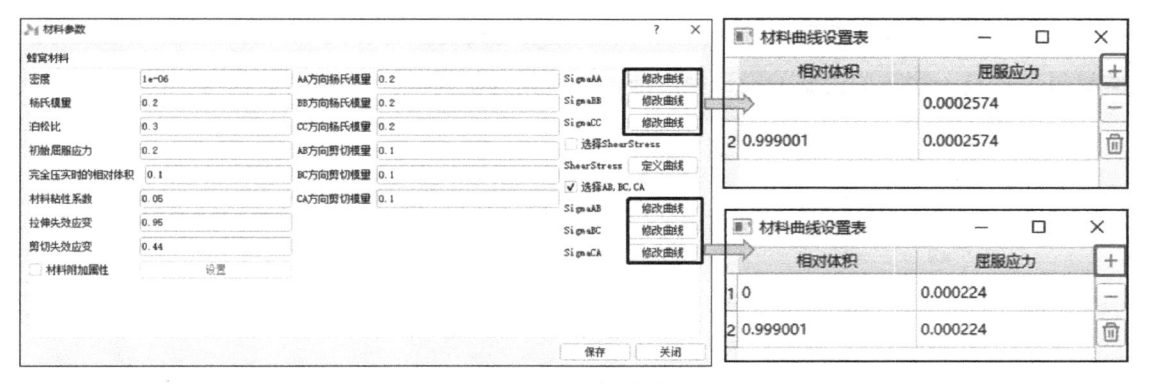

图 3-32 定义蜂窝模型

3）金属蜂窝模型

金属蜂窝材料是一种特殊类型的蜂窝材料，由金属制成，较蜂窝材料具有更强的强度和刚度，用在要求更高机械强度和稳定性的场合。对应的金属蜂窝模型可以模拟金属蜂窝材料压缩、剪切及其他类型的变形行为，常用于模拟吸能器和冲击保护组件的行为。定义金属蜂窝模型如图 3-33 所示。

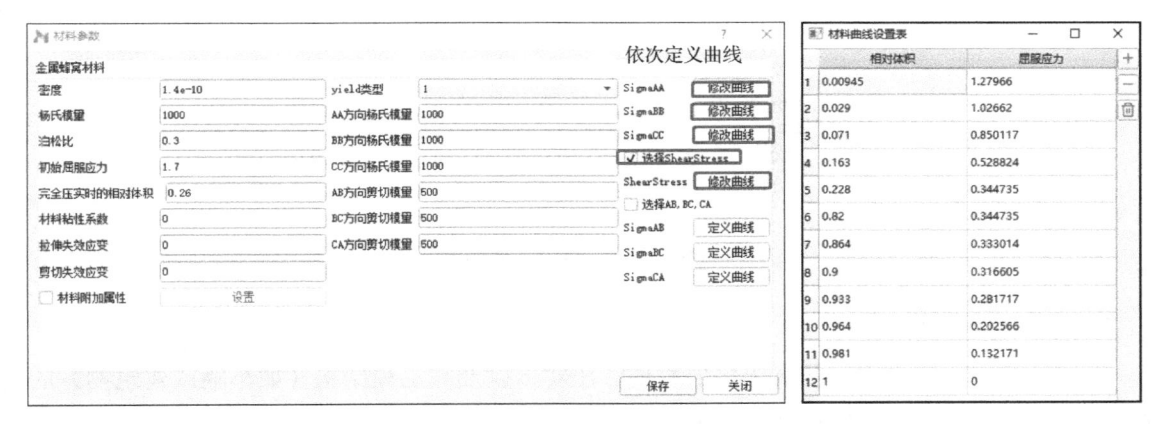

图 3-33 定义金属蜂窝模型

4）简化 Johnson-Cook 模型

简化 Johnson-Cook 模型用于在不需要完整考虑应变率效应和温度效应的情况下模拟金属材料。在某些情况下，为了降低计算的复杂性、缩短计算时间，可以使用简化 Johnson-Cook 模型得到大致的工程应答结果。简化 Johnson-Cook 模型通常不考虑温度对材料流变学性能的影响，可能还会忽略或简化应变率的影响。定义简化 Johnson-Cook 模型如图 3-34 所示。

6. 泡棉模型

泡棉模型通常模拟为一种低密度的多孔材料，具有吸收能量和提供缓冲的特性。泡棉模型在被压缩时会显现出非线性、压缩率依赖和速率依赖的行为。泡棉模型能够捕捉其在压缩时的变形行为、在一定加载转换后的永久变形，以及密度与应力-应变关系间的关联。在车辆冲撞、包装材料设计及一些防护设施的设计中，泡棉模型尤为重要。

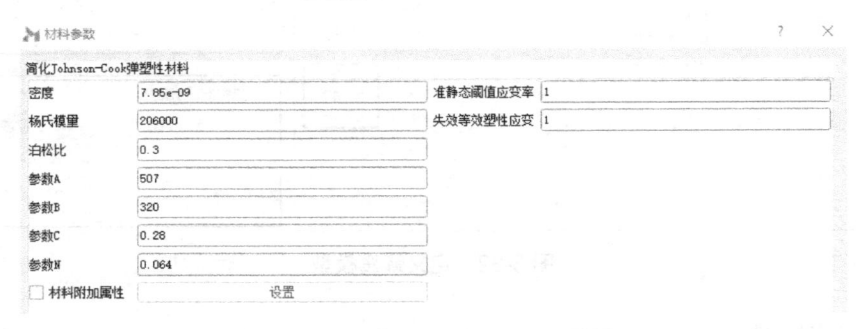

图 3-34　定义简化 Johnson-Cook 模型

1）blatzko 泡棉模型

blatzko 泡棉模型是专为闭孔泡棉设计的。blatzko 泡棉材料能够在大变形下展现几乎完全的体积守恒特性。闭孔泡棉由于其内部气泡具有封闭性，在压缩时体现出明显的超弹性行为。定义 blatzko 泡棉模型如图 3-35 所示。

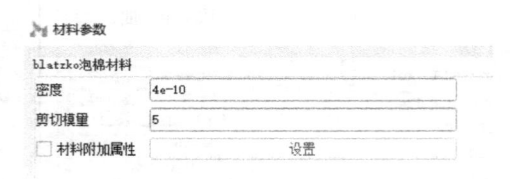

图 3-35　定义 blatzko 泡棉模型

2）土壤泡棉模型

土壤泡棉模型通常用于仿真土壤的损伤、压实，以及与工程结构（如车辆或建筑物）的相互作用。定义土壤泡棉模型如图 3-36 所示。

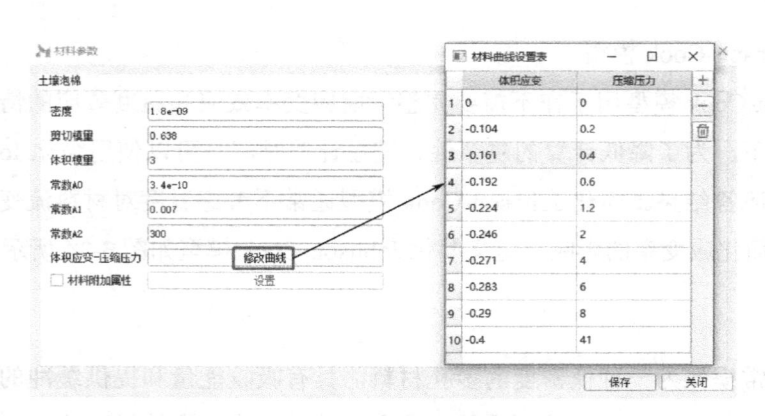

图 3-36　定义土壤泡棉模型

7. 复合材料模型

复合材料是由两种或两种以上不同物质（通常是纤维和基体）组合而成的材料，它们在性能上互相补充。复合材料的模拟需要能够捕捉这些复杂的异质材料的属性，包括各向异性、层合板性能及不同方向的强度差异。常见的复合材料模型包括弹性材料模型、渐进损伤模型、断裂模型。定义复合材料模型如图 3-37 所示。

图 3-37　定义复合材料模型

8. 黏弹性材料模型

黏弹性材料表现出同时具有黏性（流体特性）和弹性（固体特性）的行为，这种材料会因时间依赖的变形和应力松弛现象而在力学行为上复杂化。黏弹性材料的响应会因应力变化的速率、加载历史及温度的变化而改变。定义黏弹性材料模型如图 3-38 所示。

图 3-38　定义黏弹性材料模型[①]

---

① "材料参数"对话框中的"小应变粘弹性"应为"小应变黏弹性"。

9. 高爆燃材料模型

高爆燃材料用来模拟爆炸物质起爆、燃烧和爆炸过程。炸药模型通常采用化学动力学理论和流体动力学原理结合的方法。炸药模型需要考虑化学反应中高温高压气体的生成，以及反应过程中的冲击波传递和材料破坏等现象。定义高爆燃材料模型如图 3-39 所示。

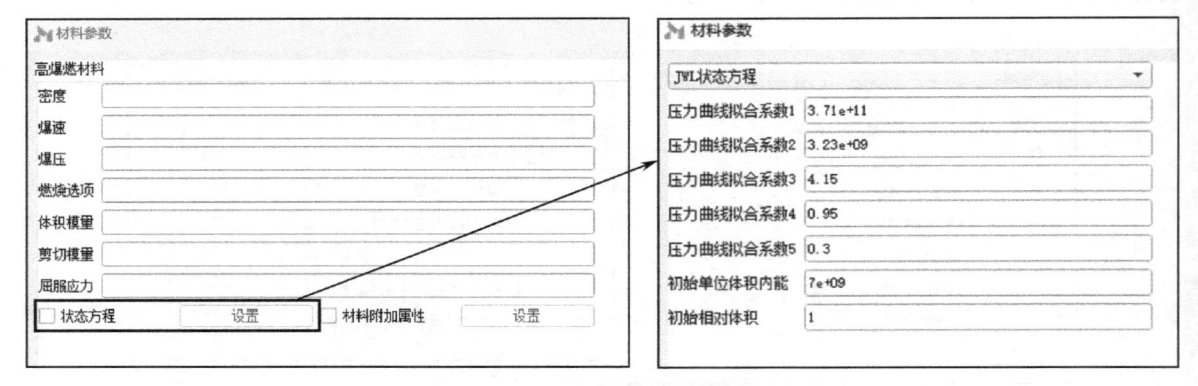

图 3-39　定义高爆燃材料模型

10. 弹簧 / 阻尼模型

弹簧 / 阻尼模型用来描述同时有弹性恢复力和阻尼行为的部件。

1）弹性弹簧模型

弹性弹簧模型是简单模型，仅包含弹性行为。弹性弹簧模型在达到其设计极限之前不会发生永久变形，定义弹性弹簧模型如图 3-40 所示。

2）阻尼模型

阻尼模型用来模拟能量耗散，定义阻尼模型如图 3-41 所示。

图 3-40　定义弹性弹簧模型

图 3-41　定义阻尼模型

3）非弹性弹簧模型

非弹性弹簧模型除弹性行为外，还能够模拟非弹性行为（如塑性行为），即在某些负载下会出现永久变形，定义非弹性弹簧模型如图 3-42 所示。

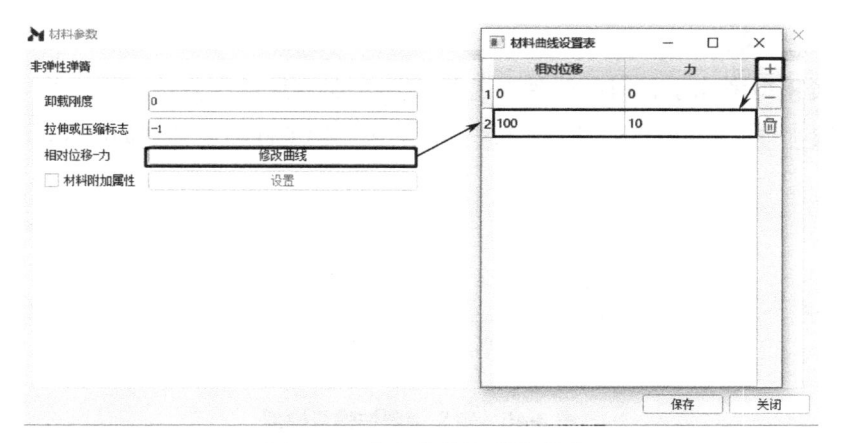

图 3-42 定义非弹性弹簧模型

4) 广义非线性弹簧模型

广义非线性弹簧模型可以用来描述复杂的非线性力-位移关系，定义广义非线性弹簧模型如图 3-43 所示。

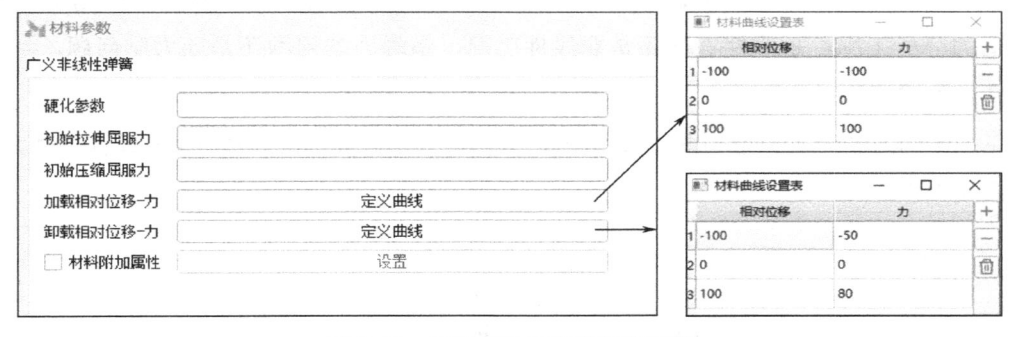

图 3-43 定义广义非线性弹簧模型

5) Maxwell 弹簧模型

Maxwell 弹簧模型是一种描述黏弹性行为的经典模型，由一个纯弹性部件（弹簧）和一个纯黏性部件（阻尼器）串联而成，定义 Maxwell 弹簧模型如图 3-44 所示。

图 3-44 定义 Maxwell 弹簧模型

6）弹塑性弹簧模型

弹塑性弹簧模型考虑了材料的弹性及塑性变形。在弹性范围内，它表现为一个胡克弹簧；当应力超过屈服强度时，材料进入塑性变形状态，定义弹塑性弹簧模型如图 3-45 所示。

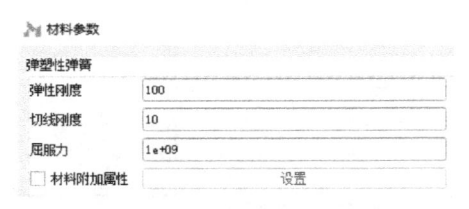

图 3-45　定义弹塑性弹簧模型

3.5　分析工况定义

在进行仿真分析时，从结构设计工程师处拿到需求，很重要的一步是对物理现象进行分析，确定合适的分析工况，是线性工况还是非线性工况，是静力学问题还是动力学问题，是用显式算法还是用隐式算法。

常见的结构力学分析类型如图 3-46 所示，主要有三个分类标准：线性 / 非线性、静力学 / 动力学、显式 / 隐式。

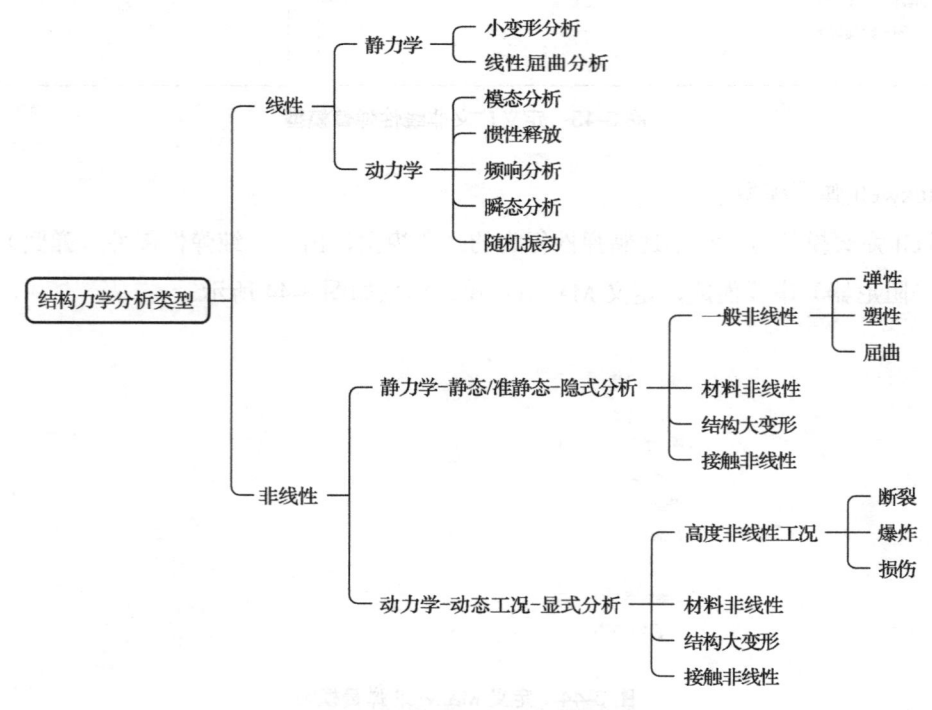

图 3-46　常见的结构力学分析类型

3.5.1 线性工况和非线性工况

1. 线性工况

在平衡方程 $F = [K]\{U\}$ 中，刚度 $[K]$ 一直是常数，激励和响应呈线性关系。线性工况的分析结果可以叠加。

2. 非线性工况

在平衡方程 $F = [K]\{U\}$ 中，刚度 $[K]$ 在分析过程中是变化的，激励和响应呈非线性关系。非线性工况的分析结果不能叠加。

三种常见的非线性工况为材料非线性、几何非线性、状态非线性。材料本身非线性的应力-应变关系（应力与应变不满足线性方程）导致的结构响应的非线性叫作材料非线性。除了材料本身固有的应力-应变关系，加载过程的不同及结构所处环境的变化（如温度的变化）均可导致材料的应力-应变的非线性。结构几何形状的变化引起的结构响应的非线性叫作几何非线性。结构所处状态的不同引起的响应的非线性叫作状态非线性，状态非线性的刚度随状态的变化而变化，接触问题是最典型的状态非线性问题。

3.5.2 静力学问题和动力学问题

1. 静力学问题

对于静力学问题，惯性效应（惯性力）可忽略，时间历程不影响结果，可使用方程进行描述。可模拟静态问题和准静态问题，如静止不动的产品问题、匀速直线运动的部件问题、匀速旋转问题，以及运动非常缓慢的问题。

2. 动力学问题

对于动力学问题，惯性效应（惯性力）对结果影响很大，时间历程对结果有影响，需要进行描述。

3.5.3 显式分析和隐式分析

假如已经确定是非线性工况，用显式分析还是隐式分析呢？

显式分析和隐式分析并没有明确的分界线，在某些情况下，如准静态工况，既可以用显式算法来求解，又可以用隐式算法来求解。但总体来说，速度快且高度非线性问题用显式算法。

3.5.4　MxSim 中的分析工况

1. 线性静态分析

线性静态分析假定材料的行为遵守胡克定律，即应力和应变间呈线性关系，没有大位移或大转动，且载荷是静态的（时间不变），用于计算材料或结构在给定载荷和边界条件下的应力、应变和位移。MxSim.Mechanical 的线性静态分析功能支持机械结构件的刚/强度分析、无约束的惯性释放、温度载荷加载等工况，其中，惯性释放支持手动释放与自动释放两种方式，可以对千万级规模的复杂结构件的仿真问题进行高效且稳定的求解，并且支持多工况载荷边界的施加与求解。线性静态分析如图 3-47 所示。

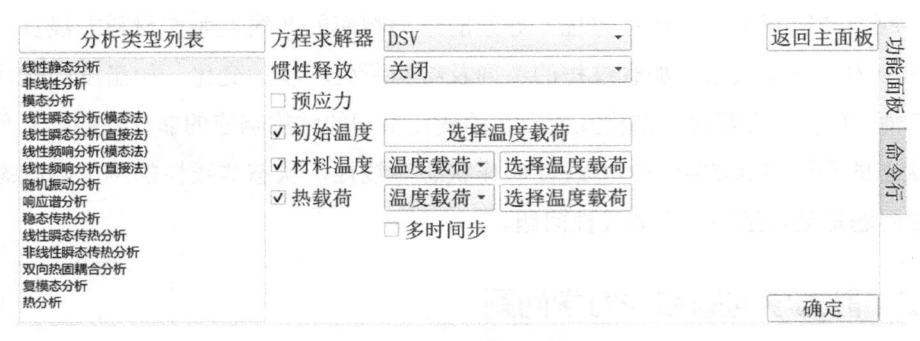

图 3-47　线性静态分析

2. 非线性静态分析

当涉及材料非线性（如塑性变形）、几何非线性（大位移/转动导致刚度变化）或边界条件非线性（接触问题）时，需要进行非线性静态分析。这类分析可以处理弹性后行为、时间无关的材料行为、接触或摩擦等问题。

MxSim.Mechanical 的非线性静态分析功能支持常用几何非线性分析，能处理大变形、大应变、应力强化、压力载荷强化等多种几何非线性问题，支持杆、梁、壳、实体等单元的几何大变形分析。MxSim.Mechanical 还支持材料非线性分析，可以有效模拟金属、橡胶、复合材料和泡棉等的力学行为，其中仅描述橡胶的材料模型就有十多种，并且可以考虑弹性、塑形、松弛、蠕变等力学现象，完全可以满足机械行业不同类型问题的分析要求。针对接触非线性，MxSim.Mechanical 可以处理柔-柔、刚-柔、大滑移摩擦等场景的接触问题，支持四面体、六面体和三棱柱类的线性和二阶单元；提供点对面、面对面等多种积分算法，以及罚函数法和增广拉格朗日法两种约束执行方式；提供丰富的法向行为选择，以及初始位置修整和过盈配合的几何功能。非线性静态分析如图 3-48 所示。

图 3-48 非线性静态分析

3. 模态分析

模态分析用于确定结构的自然频率（固有频率）和振型（形态），是一种线性分析，且假定没有阻尼和外力作用。

MxSim.Mechanical 的模态分析功能支持机械结构件的约束模态及无约束模态工况下的求解计算，可快速提取上百阶模态特征值与响应位移；MxSim 底层使用的是自主研发的高效鲁棒的方程组求解器，在计算模态方程时基于子空间投影迭代技术思想，将有限元离散所得的刚度矩阵与质量矩阵向一系列低维数的子空间投影，开发了可使用专用于结构模态对称矩阵的 Lanczos、Block Lanczo 求解器。在算法实现上，基于独有的 Krylov 子空间扩展并行计算流程及 CPU-GPU 异构并行模式，满足各种单元、复杂设备、计算工况下的高效率、精确计算需求。在求解器可扩展性上，MxSim. Mechanical 可实现单台计算机上百万规模、主流集群上千万规模的计算，无论是计算规模、内存消耗，还是可扩展 CPU 核数，MxSim 特征求解器都拥有极大优势。模态分析如图 3-49 所示。

图 3-49 模态分析

4. 线性瞬态分析

线性瞬态分析用于研究时域载荷作用下的结构动力学响应问题。计算时主要有两类不同的数值分析算法——模态叠加法（模态法）和直接积分法（直接法）。

MxSim.Mechanical 的线性瞬态分析功能可用于分析计算机械结构件在任意随时间变化载荷下的动态响应。线性瞬态分析功能支持动态变化的力、位移、速度、加速度,并以单点或多点方式施加;求解方法包含模态法和直接法,并且支持模态修正减少模态法的截断误差。响应结果支持位移、速度、加速度和应力应变等变量的云图分布输出,以及时间历程曲线输出。目前,MxSim.Mechanical 的线性瞬态分析功能已用于汽车模型、建筑桥梁、地面移动装置等承受随时间变化载荷的结构分析。线性瞬态分析功能清单如表 3-2 所示。

表 3-2 线性瞬态分析功能清单

求解方法	直接法	Newmark
		Wilson-xita
		欧拉法
	模态法	
阻尼模型	黏性阻尼	
	结构阻尼	
	比例阻尼	
	模态阻尼	
激励形式	力	
	位移	
	速度	
	加速度	
边界条件	初始条件	
	位移边界	

1)模态法

模态法利用模态计算结果,通过模态坐标变换或解耦的运动方程计算结构响应,模态法(线性瞬态分析)如图 3-50 所示。

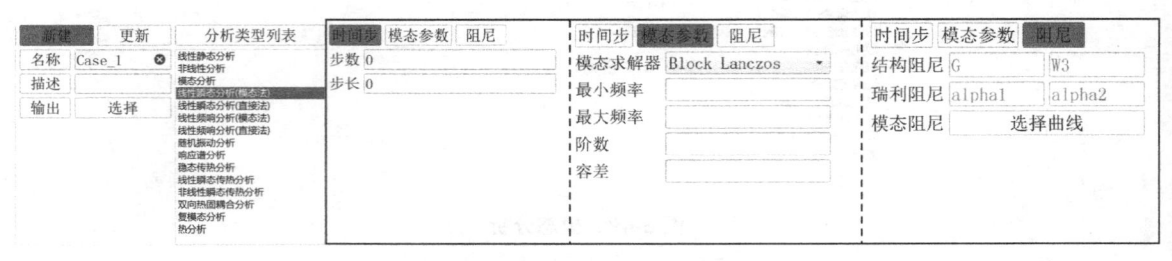

图 3-50 模态法(线性瞬态分析)

2)直接法

直接法对运动微分方程进行直接积分,求解耦合方程,计算结构响应,直接法(线性瞬态分析)如图 3-51 所示。

图 3-51 直接法（线性瞬态分析）

5. 线性频响分析

线性频响分析是用于确定线性结构在承受随已知正弦（简谐）规律变化的载荷时的稳态响应的一种技术。输入载荷可以是已知幅值和频率的力、压力和位移，输出值包括节点位移，也可以是导出的值，如应力、应变等。线性频响分析按照求解方法分为模态法和直接法。目前 MxSim 默认采用模态法。

MxSim.Mechanical 的线性频响分析功能可用于计算机械结构件在任意随时间变化载荷下的动态响应，支持随时间变化的力、位移、速度和加速度的激励形式，定义方式支持幅值－相位曲线和实部－虚部曲线，可以单点施加也可以多点施加；求解方法包含模态法和直接法，支持模态修正减少模态法的截断误差；响应结果支持位移、速度、加速度和应力应变等变量的云图分布输出，以及幅值相位、实部虚部曲线输出。目前，MxSim.Mechanical 的线性频响分析功能已用于航空航天装备、汽车车身、重型设备等的频率特性的计算，对标正弦扫频振动实验。线性频响分析功能清单如表 3-3 所示。

表 3-3 线性频响分析功能清单

求解方法	直接法
	模态法
阻尼模型	黏性阻尼
	结构阻尼
	比例阻尼
	模态阻尼
激励形式	力
	位移
	速度
	加速度

续表

边界条件	位移边界
采样方式	散点
	均布点
	对数坐标点
	共振区加密

1）模态法

模态法将模态分析得到的振型（特征向量）进行一个有系数的叠加，模态法（线性频响分析）如图 3-52 所示。

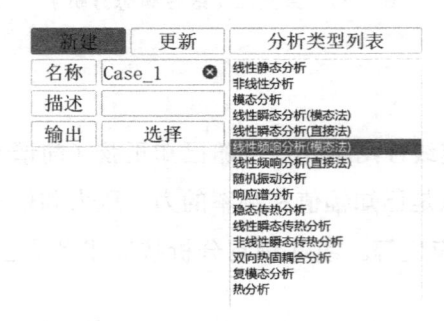

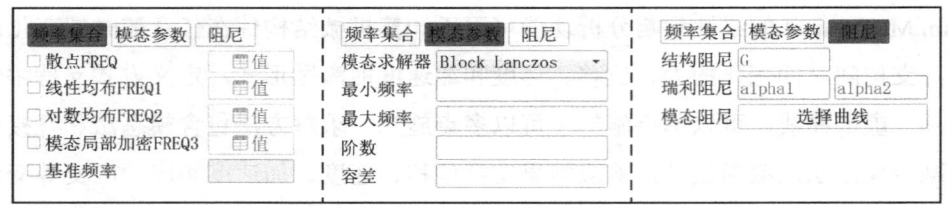

图 3-52　模态法（线性频响分析）

2）直接法

直接法对运动微分方程进行直接积分，求解耦合方程，计算结构响应，直接法（线性频响分析）如图 3-53 所示。

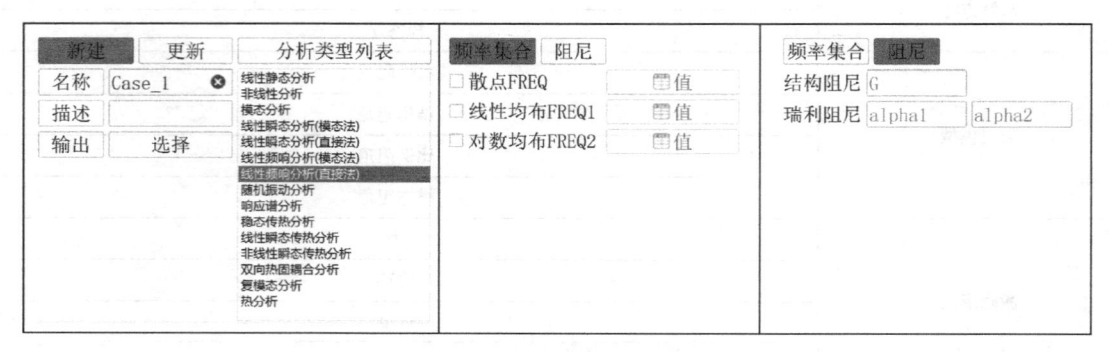

图 3-53　直接法（线性频响分析）

6. 随机振动分析

随机振动分析是指在机械结构的随机激励作用下，计算物理量（如位移、应力等）的概率分布状况，如图 3-54 所示。目前，随机振动分析在机载电子设备、声学装载部件、抖动的光学对准设备等的设计上有广泛应用。

图 3-54 随机振动分析

MxSim.Mechanical 的随机振动分析功能可用于机械结构件在受到随机激励时的无穷多次的时间历程的响应计算，支持力、位移、速度、加速度单位激励形式，并包含单点激励、多点激励，可以进行多个激励间的相关性计算；响应组合方法支持 SRSS 和 CQC,响应结果支持相关函数（该过程时域内的幅值统计信息）、谱密度函数（该过程频域内的幅值统计信息）计算输出。目前，MxSim.Mechanical 的随机振动分析功能已成功在机械结构、车辆工程等领域用于可靠性设计、抗震分析等。在进行随机振动分析前，需要对分析对象进行线性频响分析。随机振动分析功能清单如表 3-4 所示。

表 3-4 随机振动分析功能清单

求解方法	模态叠加法
	SRSS
	CQC
单位激励形式	力
	位移
	速度
	加速度
计算频率点	离散
	线性
	双对数
	局部加密
载荷 PSD 曲线	线性
	双对数

组合频响分析工况	多个力激励工况（相关、无关）
	单个、多个（无关）基础激励工况
响应曲线输出	指定节点自由度响应（位移、速度、加速度）
	PSD 曲线及其 RMS 值
	自相关函数曲线
应力应变输出	各计算频率点下 3σ 应力应变 PSD 分量云图
	计算频率范围内 Von Mises 应力 RMS 云图

7. 响应谱分析

响应谱分析用于分析计算当结构受到瞬态载荷作用时产生的最大响应，如图 3-55 所示。

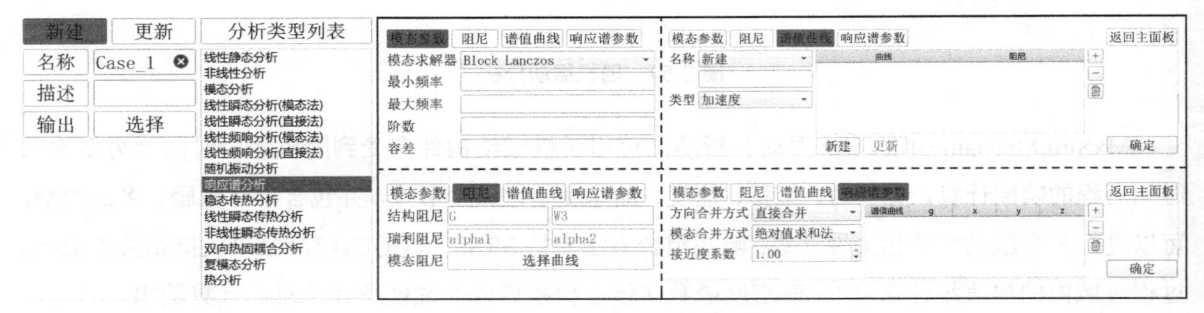

图 3-55 响应谱分析

MxSim.Mechanical 的响应谱分析功能支持单点、多点基础频谱的输入工况方式，其中加速度频谱可考虑设置零周期加速度计算损失质量响应；振型组合方法支持 SRSS、CQC、ROSE 等多种方法，可根据模态频率分布疏密情况选用合适的方法；支持变形结果、应力应变输出。响应谱分析功能清单如表 3-5 所示。

表 3-5 响应谱分析功能清单

初始输入	加速度时间历程	
	速度时间历程	
	位移时间历程	
	给定响应谱	
求解方法	模态法	
阻尼	阻尼比	
模态响应	周期振动分量	SRSS
		CQC
		ROSE
	刚性相应分量	线性求和
损失质量响应	—	

8. 稳态传热分析

稳态传热分析用于计算达到热平衡状态时的温度分布，假设边界条件和热源是恒定的，不随时间变化，如图 3-56 所示。

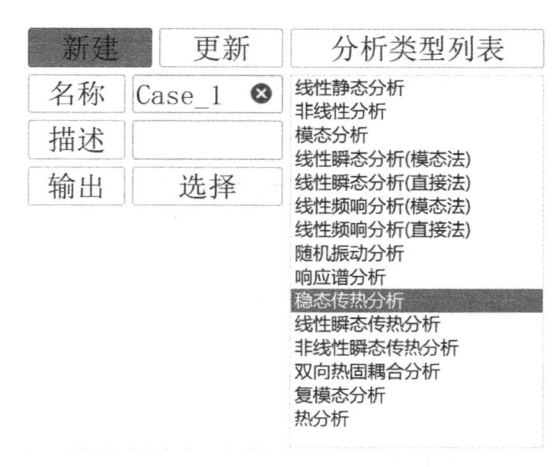

图 3-56　稳态传热分析

9. 线性瞬态传热分析

与稳态传热分析相比，线性瞬态传热分析考虑随时间变化的热源或边界条件，用于预测结构随时间变化的温度分布，如图 3-57 所示。

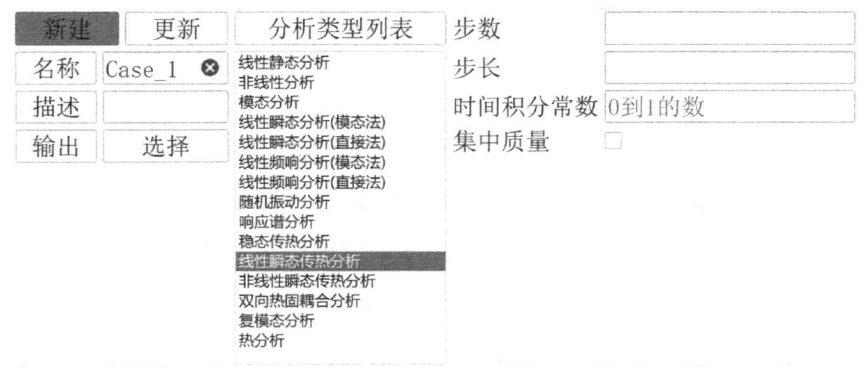

图 3-57　线性瞬态传热分析

10. 非线性瞬态传热分析

非线性瞬态传热分析考虑材料属性（如导热系数、比热容）随温度变化的情况，以及相变等非线性效应，用于更精确的温度预测，尤其是在温度变化很大的情况下，如图 3-58 所示。

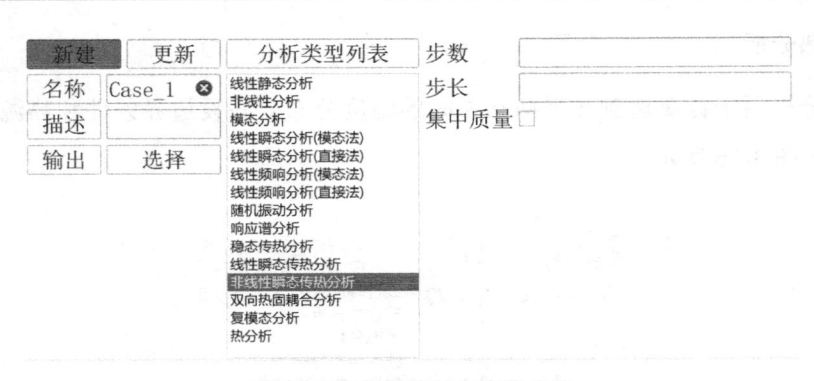

图 3-58　非线性瞬态传热分析

3.6　连接

在实际工程问题中除了对简单的单独构件进行仿真，还需要对复杂的多部件装配体模型进行仿真。能否正确模拟多部件之间的连接关系决定了仿真的合理性和准确性。

为应对工程中常见的焊接、铆接、铰接、螺栓连接、衬套连接等不同的连接方式，MxSim开发了多种连接关系，如焊接、铰接、耦合、绑定、刚性连接、特殊连接等，可以满足实际工程问题的连接模拟需求。

3.7　接触

接触是指两个或多个物体之间相互作用并传递力和位移的现象。在实际工程问题中，接触非常普遍，如齿轮啮合、轮胎与地面的接触、铆钉连接等。接触问题的准确建模和求解对获得可靠的仿真结果而言至关重要。为了在有限元模型中实现接触，需要定义接触对和接触属性。接触对定义的是可能发生接触的两个表面；接触属性定义的是接触面之间的行为，如摩擦系数、接触刚度等。在求解过程中，MxSim 会自动检测接触状态，并根据接触属性计算接触力和位移。

接触问题的求解通常比较耗时，并且可能出现收敛困难的情况。常用的提高计算效率和稳定性的方法包括加入接触刚度、使用罚函数法、采用增量迭代求解等。此外，还需要对接触区域的网格进行适当加密，以获得更准确的接触应力和变形结果。

MxSim 支持快速搜寻复杂装配体的接触对，支持设置搜寻容差、角度等参数，支持部件内快速搜寻，还支持对搜寻好的接触对进行快速的接触定义和绑定信息设置。MxSim.Mechanical 中的接触定义如图 3-59 所示。

图 3-59　MxSim.Mechanical 中的接触定义

MxSim 中的全局搜寻接触能够自动检测和处理模型中所有可能接触体之间的互相作用，无须用户定义具体的接触对，如图 3-60 所示。这种接触类型在复杂场景中非常适用，当有大量动体和可能的接触对时，能省去大量的预处理工作。

图 3-60　MxSim 中的全局搜寻接触

3.8　边界条件与载荷

边界条件反映了分析对象与外界的相互作用，是实际工况在有限元模型上的表现形式。只有定义了完整的边界条件，才能计算出需要的结果。

边界条件有很多类型，针对不同的分析问题需要定义相应的边界条件。在结构分析中，边界条件主要包括位移约束条件和载荷类型。

3.8.1　位移约束条件

位移约束条件是有限元分析中非常重要的一个概念，它对结构的位移和相互关系进行限制，以消除结构的刚体位移。整体刚度矩阵是奇异矩阵，若不施加足够的位移约束，结构将发生刚体位移，导致无法求解变形位移。

对于平面结构，需要施加至少三个位移约束来限制两个平动和一个转动的刚体位移；对于空间结构，则需要施加至少六个位移约束来限制三个平动和三个转动的刚体位移。在建立位移约束条件时，应先考虑结构的自然约束条件和对称性，如果这些约束不足以限制刚体位移，则需要人为增加约束。

MxSim 支持的边界条件类型有固定/对称/反对称约束、位移/转角约束、虚拟约束、初始边界条件等。

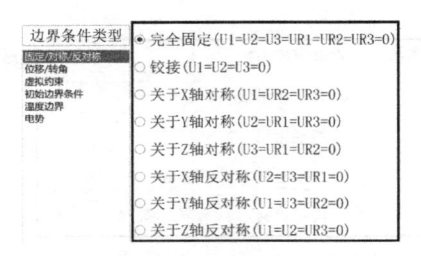

1）固定/对称/反对称约束

固定/对称/反对称约束通过约束节点相应坐标分量的自由度来约束分析对象。固定约束完全限制了结构在约束点或面上的所有自由度。在实际工程中，此类约束可能代表连接到墙面或其他固定在地面上的结构，如图 3-61 所示。

2）位移/转角约束

位移/转角约束通过设置节点的平动、转动自由度来施加边界条件，如图 3-62 所示。

图 3-61　固定/对称/反对称约束　　　　图 3-62　位移/转角约束

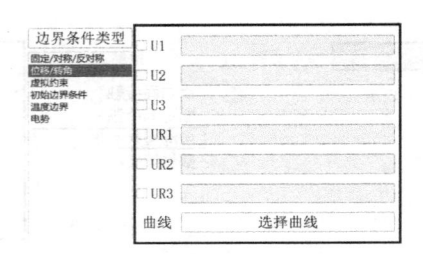

3）虚拟约束

在手动开启惯性释放时使用虚拟约束，对约束对象单元的六个自由度进行开启/关闭设置，如图 3-63 所示。虚拟约束并不代表现实中的物理约束，它们通常用于数值方法中保持结构稳定或引入数学上的约束条件。

4）初始边界条件

通过设置节点的初始速度或位移等来施加边界条件，一般用于动力学分析的初始条件设置，可以指定初始的位移、速度、温度等状态，如图 3-64 所示。

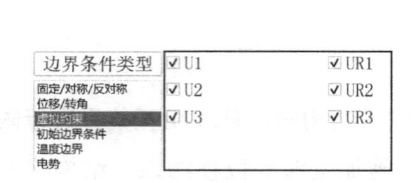

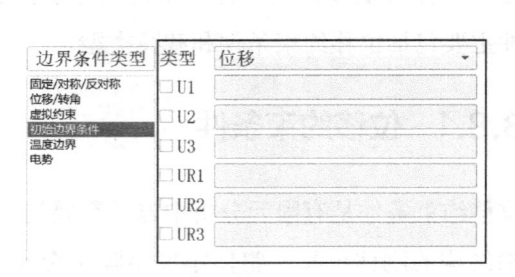

图 3-63　虚拟约束　　　　图 3-64　初始边界条件

3.8.2 载荷类型

在进行结构分析时，有限元模型上的载荷包括集中载荷、分布面力、分布体力。

MxSim 中的载荷包含集中力、力矩、重力、压强、瞬态载荷、频域载荷、线载荷、预紧力、热流密度、对流换热载荷、热辐射载荷、温度载荷、内部热源等。快捷工具栏中的"载荷"图标如图 3-65 所示。

图 3-65　快捷工具栏中的"载荷"图标

1）集中力

集中力是指施加并作用在节点上的力。在 CAE 分析中，它被认为集中在一个无限小的点上，不考虑其分布面积。定义集中力如图 3-66 所示。

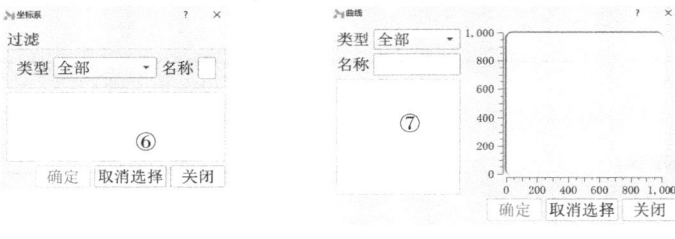

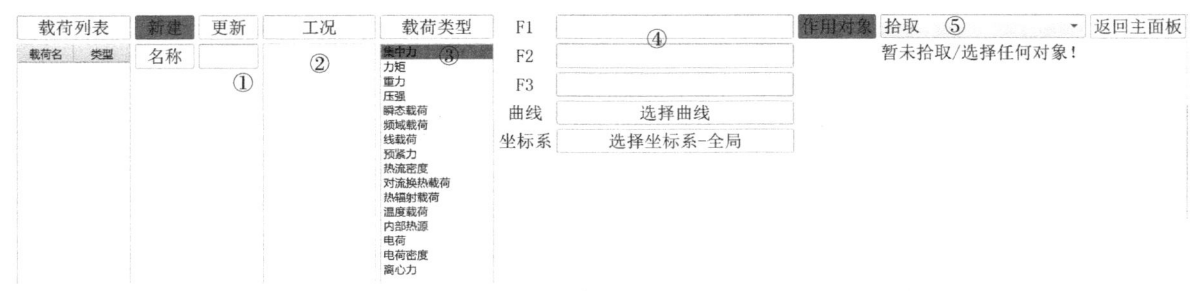

图 3-66　定义集中力

2）力矩

力矩是指施加的力矩或弯矩载荷。定义力矩如图 3-67 所示。

3）重力

重力是指结构的自重载荷，在定义时需要输入材料密度。定义重力如图 3-68 所示。

4）压强

压强是指均匀作用在面上的分布载荷。定义压强如图 3-69 所示。

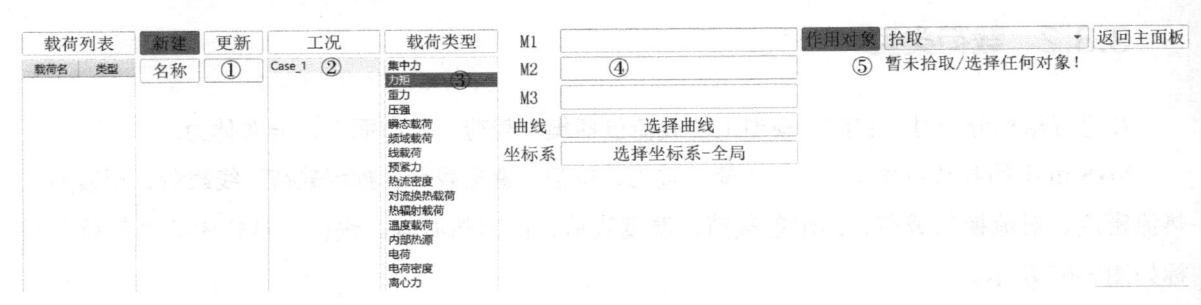

图 3-67　定义力矩

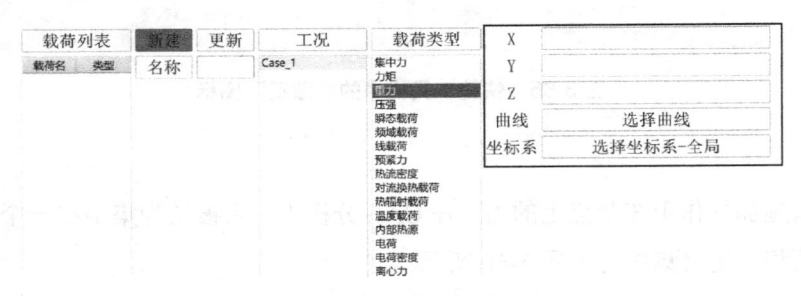

图 3-68　定义重力

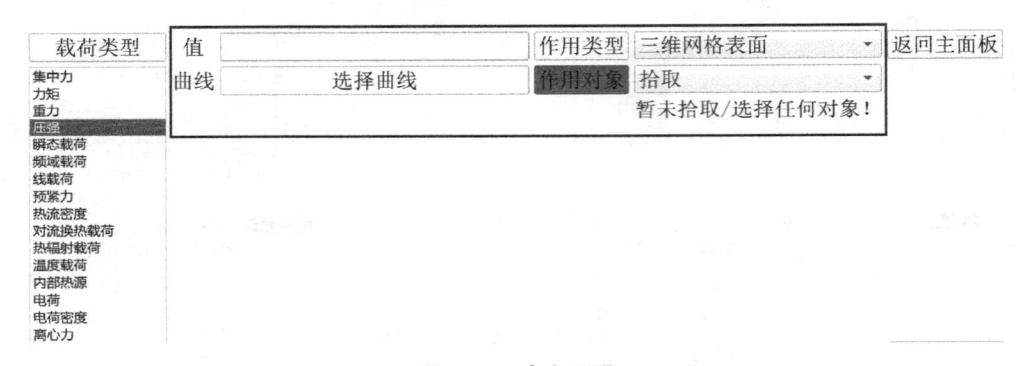

图 3-69　定义压强

5）瞬态载荷

瞬态载荷会随时间变化，一般用于瞬态动力学分析。定义瞬态载荷如图 3-70 所示。

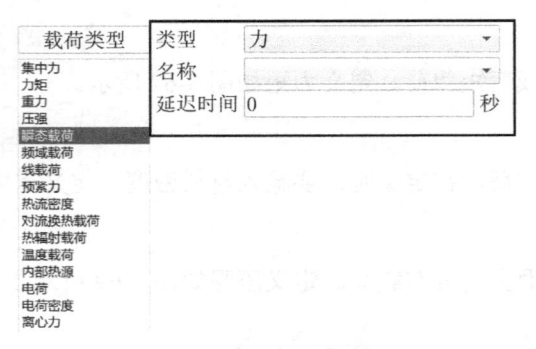

图 3-70　定义瞬态载荷

6）频域载荷

频域载荷是指在频域范围内变化的载荷，一般用于瞬态动力学或频响分析。定义频域载荷如图3-71所示。

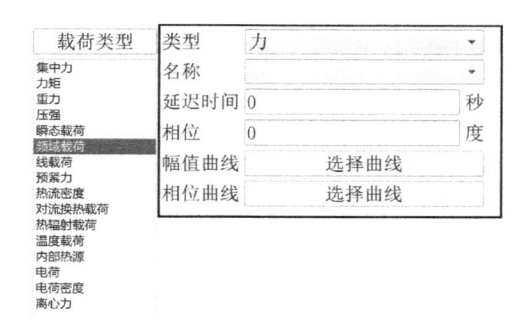

图 3-71 定义频域载荷

7）线载荷

线载荷是指施加在线节点上的均匀分布的力。定义线载荷如图3-72所示。

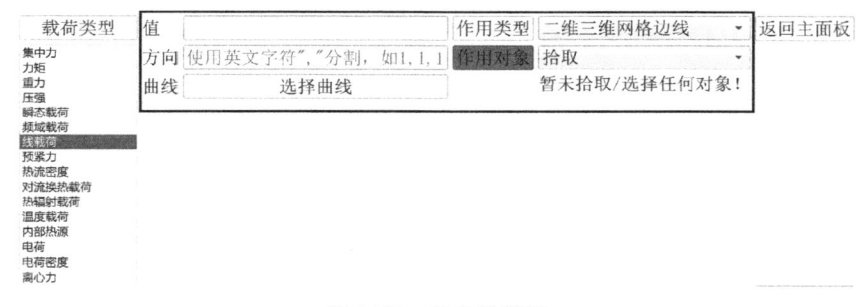

图 3-72 定义线载荷

8）预紧力

通过定义预紧力或预位移来施加螺栓的预紧力。定义预紧力如图3-73所示。

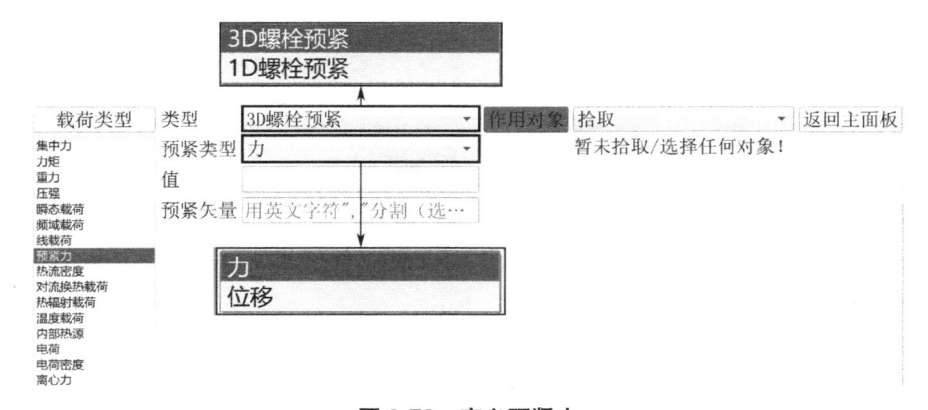

图 3-73 定义预紧力

9）热流密度

热流密度是指单位时间内通过单位面积传递的热量，施加在面或边上的热载荷。定义热流密度如图 3-74 所示。

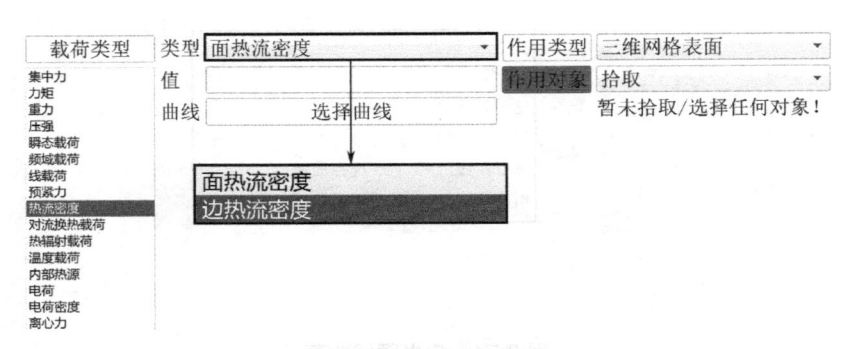

图 3-74　定义热流密度

10）对流换热载荷

通过在单元面或单元边线上施加对流换热系数和环境温度来定义对流换热载荷，如图 3-75 所示。

图 3-75　定义对流换热载荷

11）热辐射载荷

定义热辐射载荷如图 3-76 所示。

图 3-76　定义热辐射载荷

12）温度载荷

定义温度载荷如图 3-77 所示。

图 3-77　定义温度载荷

13）内部热源

通过定义合适的热流密度来定义内部热源，如图 3-78 所示。

图 3-78　定义内部热源

3.9　拓扑优化

拓扑优化（Topology Optimization）是一种根据给定的负载情况、约束条件和性能指标，在给定区域内对材料分布进行优化的数学方法，是结构优化的一种。MxSim 支持对结构进行拓扑优化。

经过拓扑优化，得到的模型常常具有复杂的几何形状，可能包含很多不规则的空洞和连通通道。这些形状在传统的制造方法中是难以实现甚至无法实现的，但是随着 3D 打印等先进制造技术的发展，拓扑优化设计的结构已经可以被制造出来了。

拓扑优化的应用范围非常广泛，包括航空航天、汽车工业、建筑工程、生物医学、材料科学等领域。拓扑优化可以大幅提高材料使用效率和结构性能，同时减轻结构质量、降低材料成本，是现代设计工程中不可或缺的一环。

MxSim.Mechanical 的拓扑优化功能支持柔度、频率、节点位移、热柔度、温度等十多种优化响应，同时支持模式组约束、模式重复约束、拔模约束、挤出约束、无孔约束、增材制造约束等多种常见的制造工艺约束，可以用于在设计阶段寻找结构最优的材料分布，获取具有更高力学性能和更小结构质量的构型设计。快捷工具栏中的"拓扑优化"图标如图 3-79 所示。图 3-80 所示为重卡电池支架结构拓扑优化。

图 3-79　快捷工具栏中的"拓扑优化"图标

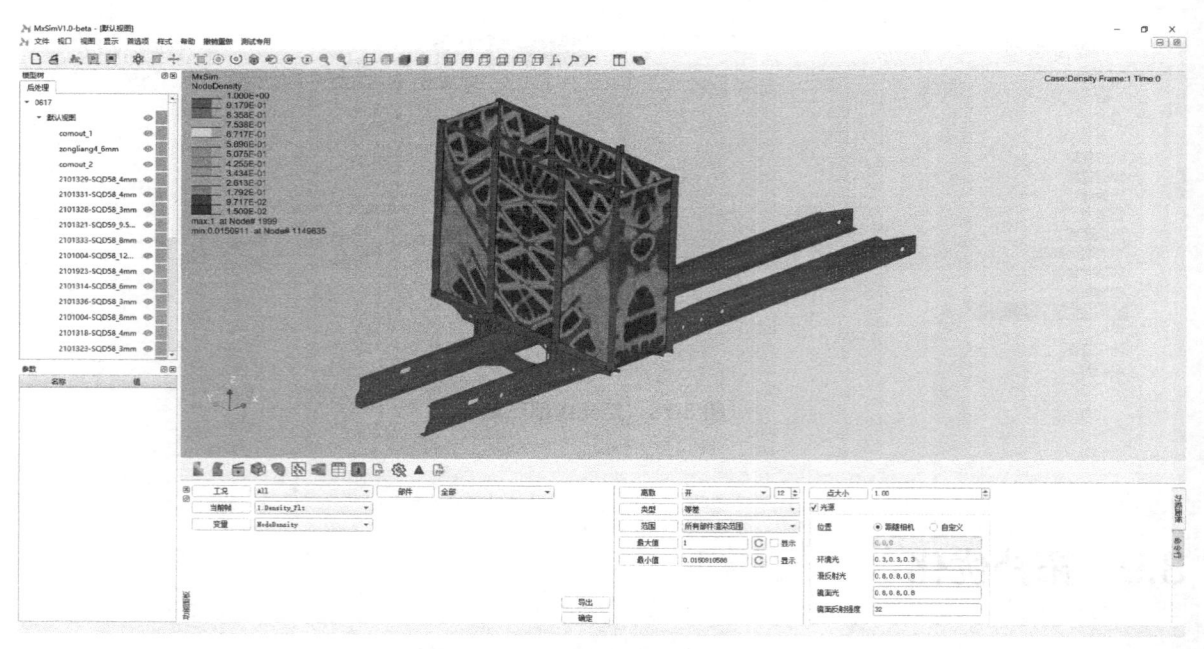

图 3-80　重卡电池支架结构拓扑优化

3.10 疲劳分析

疲劳是指材料在循环应力和应变作用下,在一处或几处逐渐产生局部永久性累积损伤,经一定循环次数产生裂纹或突然发生完全断裂的过程。

疲劳最早可以追溯到 19 世纪,德国工程师 Wöhler 首次发现了材料疲劳寿命与应力之间的关系,并提出了著名的 S-N 曲线,用来描述两者之间的关系。在此之后,疲劳作为一门学科吸引了众多工程师和学者的关注,并发展了多种疲劳分析方法,如高周、低周、多轴、随机振动、焊点焊缝等。

根据循环载荷的幅值和频率,疲劳可以分为等幅疲劳、变幅疲劳和随机疲劳;根据材料破坏前所经历的循环次数(寿命)及疲劳载荷的应力水平,疲劳可以分为高周疲劳和低周疲劳。

在 20 世纪后期,随着计算机技术的不断发展,工程师开始在计算机上编写代码进行结构疲劳寿命计算。

车辆结构疲劳寿命分析流程主要包括以下四大步骤:路谱数据采集、多体动力学分析、刚/强度分析及疲劳寿命分析。首先,通过在汽车上安装的传感器采集汽车在典型路况下的路谱数据,基于这些数据进行多体动力学仿真,得到汽车连接处的力和力矩载荷谱。此外,路谱数据也可用于台架试验,将试验结果与仿真分析结果进行对比。其次,在有限元软件中建立汽车在各受力状态下的有限元模型,施加单位载荷进行强度分析,得到相应的强度分析结果。最后,将多体动力学仿真得到的接口点载荷谱和接口点单位载荷下的强度分析结果组合输入疲劳分析软件,根据车辆结构不同部位的疲劳破坏特性采用不同的疲劳分析方法进行寿命分析。车辆结构疲劳寿命分析流程如图 3-81 所示。

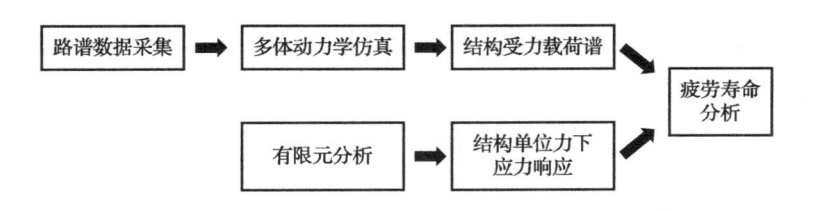

图 3-81 车辆结构疲劳寿命分析流程

MxSim 疲劳分析模块能够根据有限元分析结果中结构材料的名称在材料数据库中进行查找,并匹配结构材料的疲劳参数,结合对应的疲劳载荷谱即可进行结构疲劳寿命分析。图 3-82 所示为结构疲劳寿命云图。

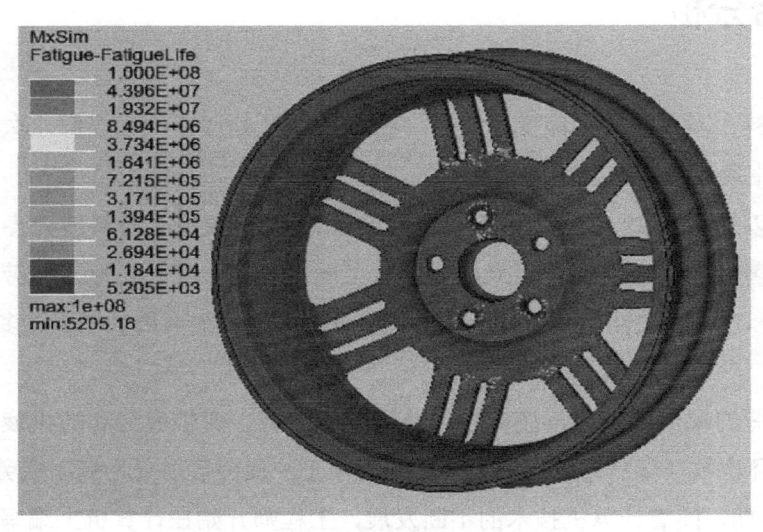

图 3-82　结构疲劳寿命云图

3.11　计算求解

将单元总装成整个离散域的总矩阵方程（联立方程组）并求解。总装是在相邻单元节点处进行的。状态变量及其导数（如果可能）连续性建立在节点处。联立方程组的求解可使用直接法、迭代法。求解结果是单元节点处状态变量的近似值。

3.11.1　输出设置

MxSim 中可定义两种类型的输出数据：场输出和历史输出。场输出描述的是某个量随空间位置的变化，如模型绘图（变形图、云图等）；历史输出描述的是某个量随时间的变化，如 X-Y 绘图。

3.11.2　计算任务

创建计算任务，并在设置求解选项后进行求解，如图 3-83 所示。

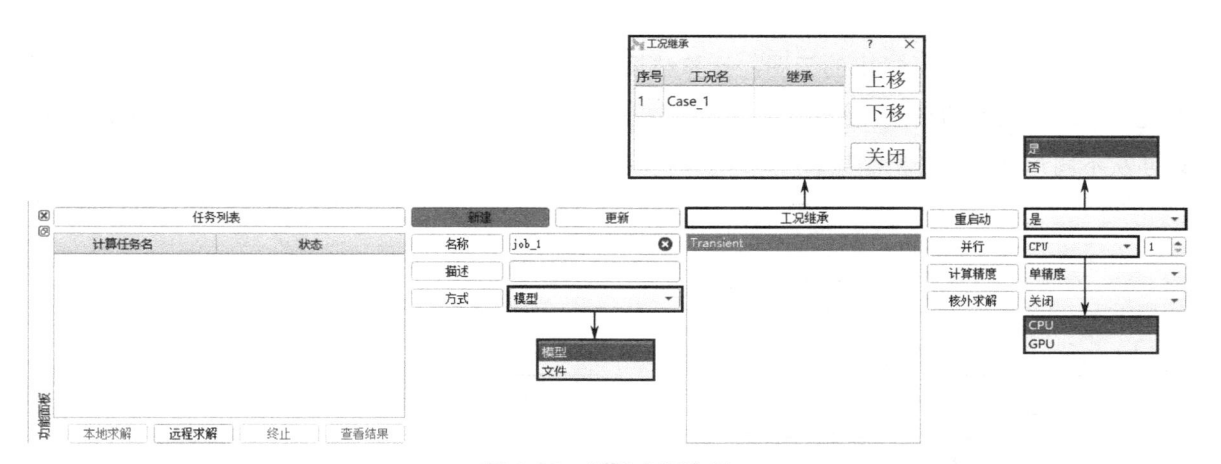

图 3-83 设置求解选项

3.12 后处理

根据模型与设计要求，对 CAE 分析结果进行用户要求的加工、检查，并以图形方式提供给用户，辅助用户判定计算结果与设计方案的合理性。

求解成功后，MxSim 会自动跳至后处理界面，如图 3-84 所示。

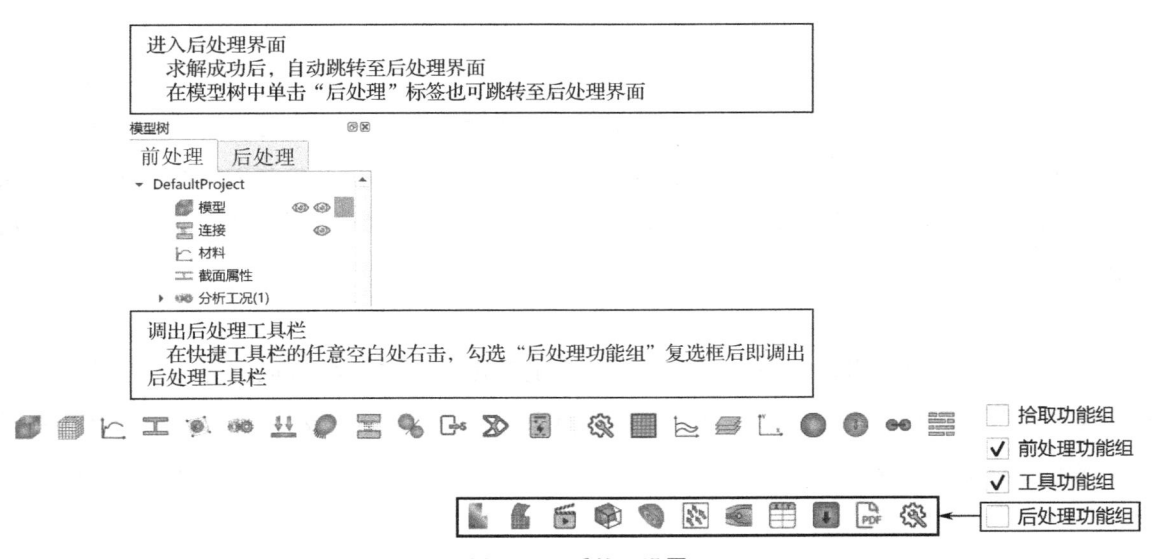

图 3-84 后处理设置

3.12.1 云图窗口

云图窗口用于显示输出的云图，计算结果以颜色编码的形式覆盖在有限元模型上，颜色的变化通常表示数值的高低，如图 3-85 所示。在云图窗口中可以对模型进行放大、缩小、旋转操作，以便从不同角度观察分析结果。

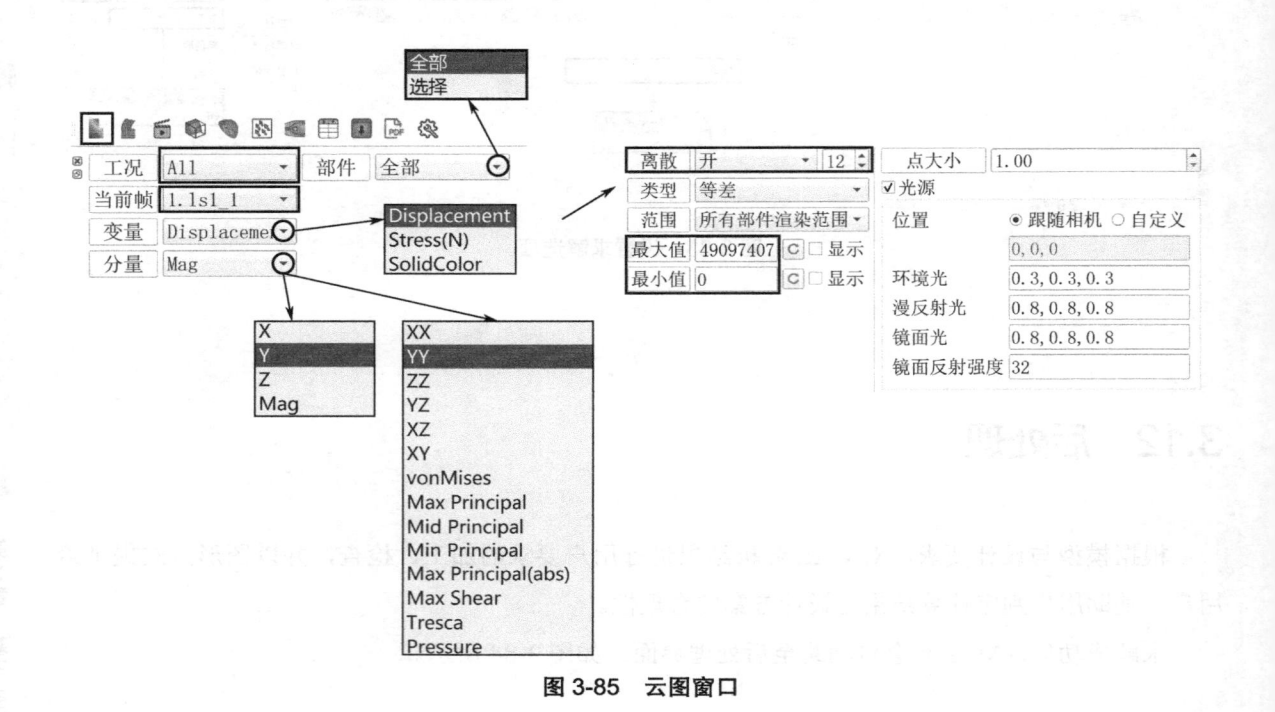

图 3-85 云图窗口

1）位移变量

位移变量是指结构在受到外力作用后，相对于其初始位置的移动距离，包括沿 X 轴、Y 轴、Z 轴方向的位移或总位移（矢量和）。在云图中，不同颜色表示不同位移的大小，可以使结构在受力后的变形情况可视化，以便分析结构的刚度和可能的变形问题。位移变量设置如图 3-86 所示。

2）应力变量

应力变量是指结构内部由外力引起的内部力的强度，反映了材料抵抗变形的能力。应力变量包括正应力、剪应力、等效应力（如 von Mises 应力）。应力云图显示了整个结构或部分结构中应力分布的情况，对于评估结构强度和寿命预测非常重要。应力变量设置如图 3-87 所示。

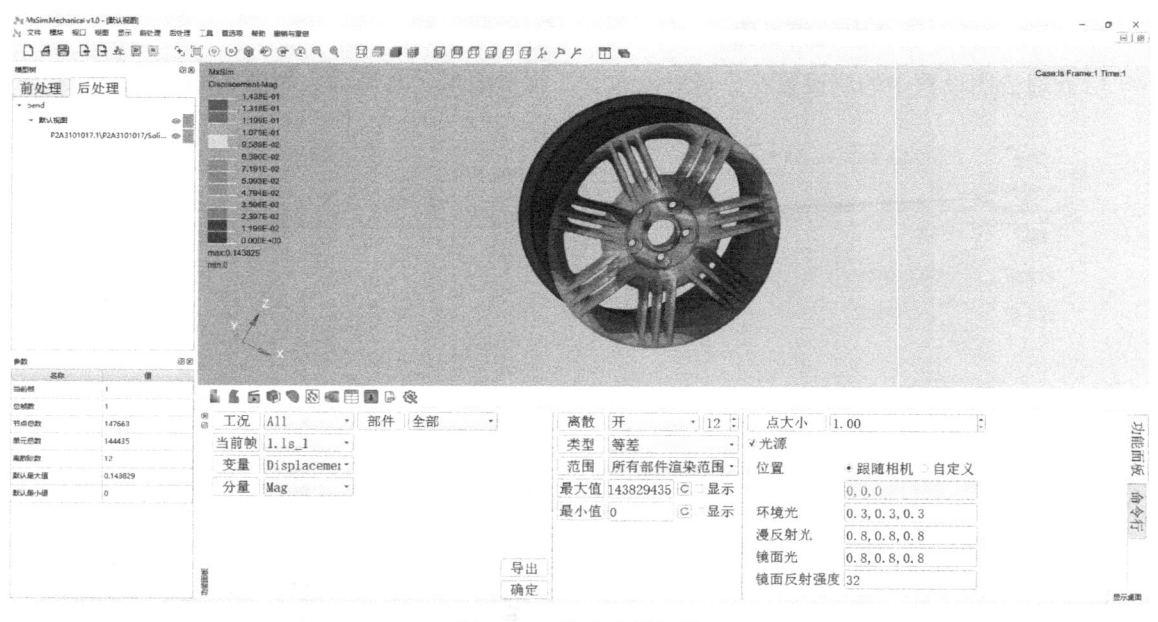

图 3-86 位移变量设置

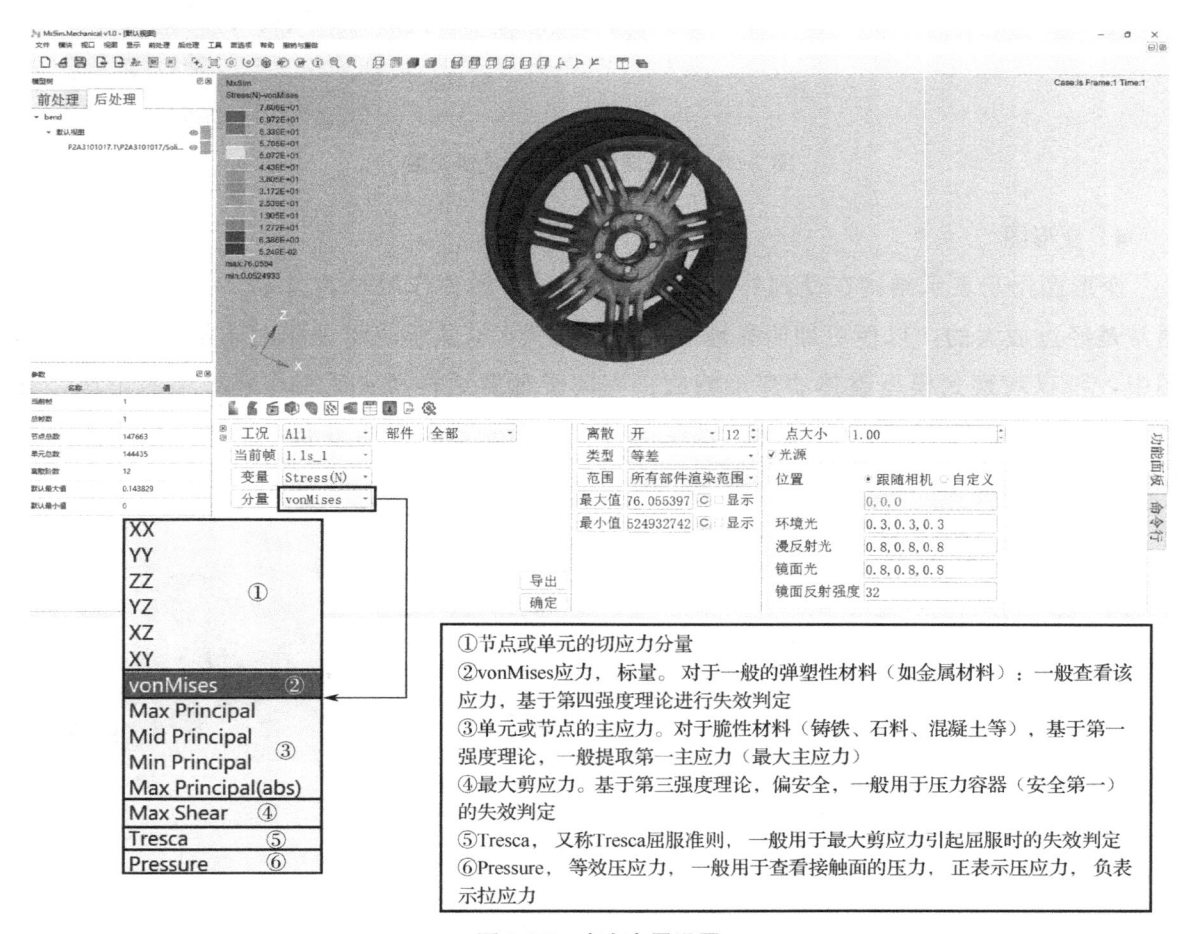

① 节点或单元的切应力分量
② vonMises应力，标量。对于一般的弹塑性材料（如金属材料）：一般查看该应力，基于第四强度理论进行失效判定
③ 单元或节点的主应力。对于脆性材料（铸铁、石料、混凝土等），基于第一强度理论，一般提取第一主应力（最大主应力）
④ 最大剪应力。基于第三强度理论，偏安全，一般用于压力容器（安全第一）的失效判定
⑤ Tresca，又称Tresca屈服准则，一般用于最大剪应力引起屈服时的失效判定
⑥ Pressure，等效压应力，一般用于查看接触面的压力，正表示压应力，负表示拉应力

图 3-87 应力变量设置

3）后处理云图设置中的层设置

后处理云图设置中的层设置在分析对象包含二维平面单元时可用，如图 3-88 所示。

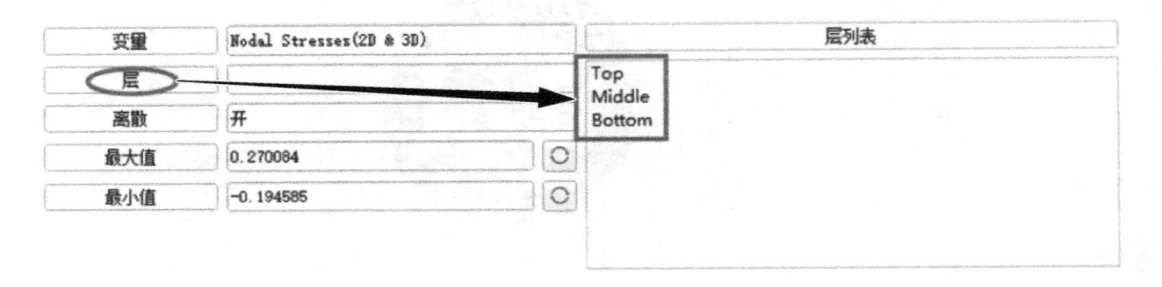

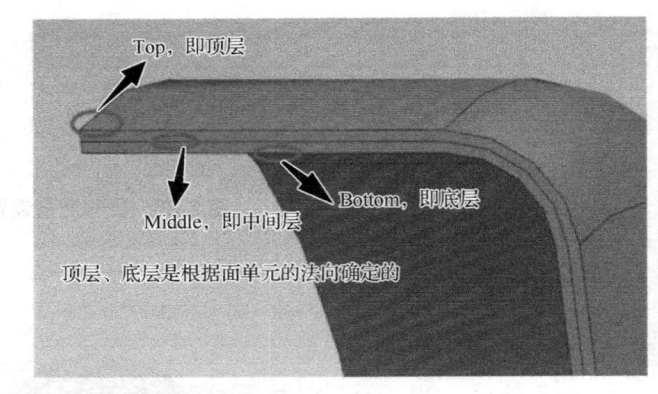

图 3-88　后处理云图设置中的层设置

4）变形图

变形图用于表示结构在受到外部载荷或其他边界条件作用时的实际形状变化。变形图通常是经过放大的，以便更加明显地观察到这些变形（实际上可能相对非常小）。在变形图中，可以观察到模型整体的变形响应，有助于理解结构在实际工作环境中的表现。变形图有时会与云图结合起来显示，以便同时观察到变形和应力分布等信息。变形图设置如图 3-89 所示。

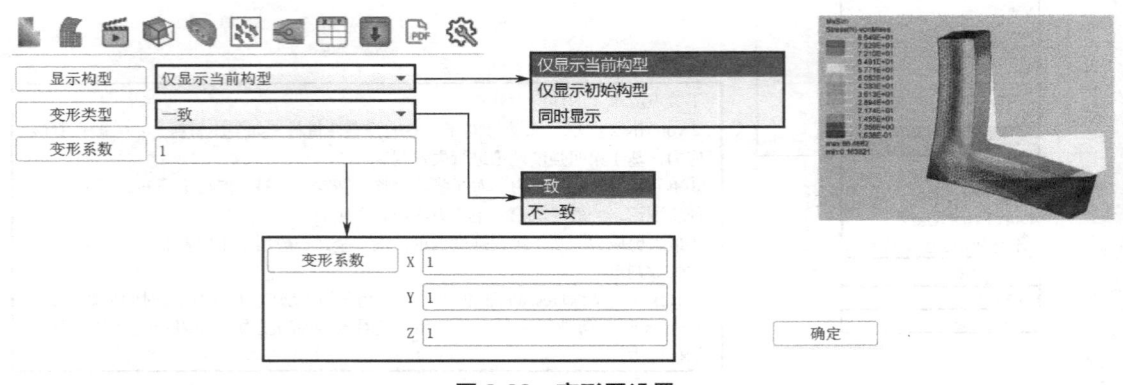

图 3-89　变形图设置

3.12.2 动态效果查看

定义动态效果查看，如图 3-90 所示。

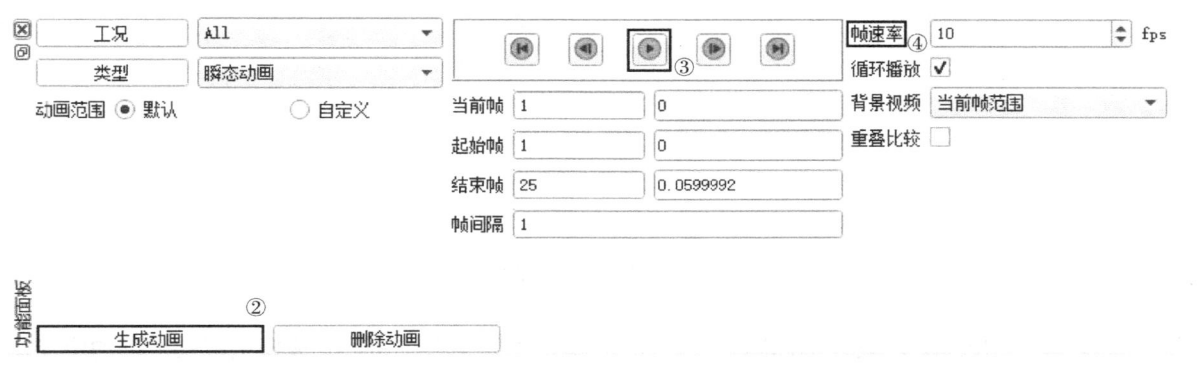

图 3-90 定义动态效果查看

3.12.3 时程曲线查看

定义时程曲线查看，如图 3-91 所示。

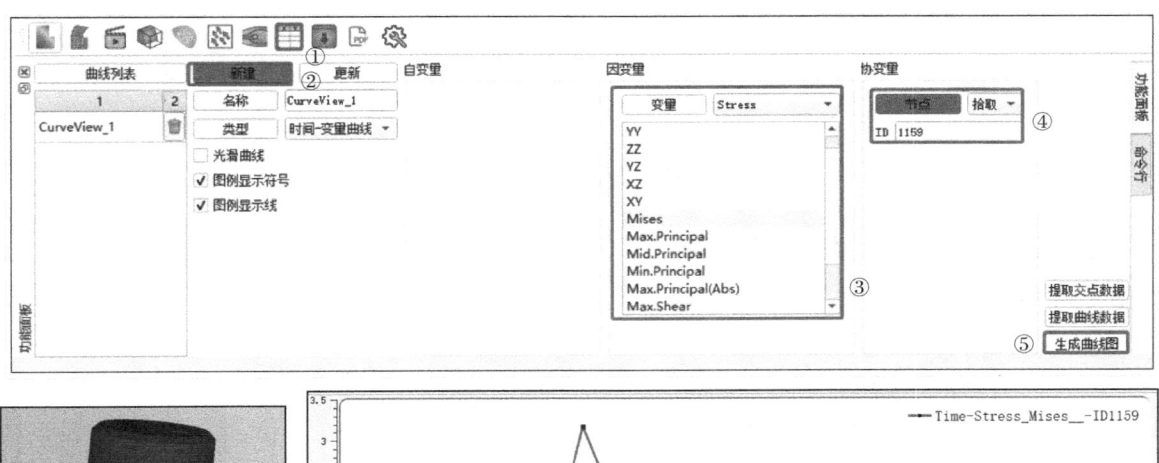

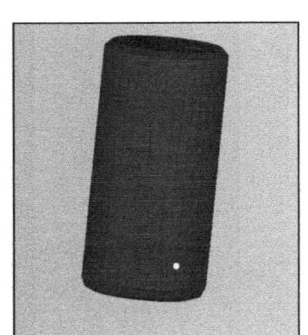

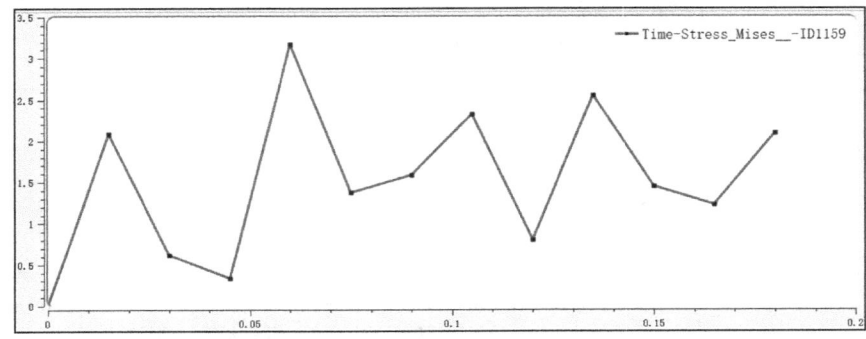

图 3-91 定义时程曲线查看

增加栅格，如图 3-92 所示。

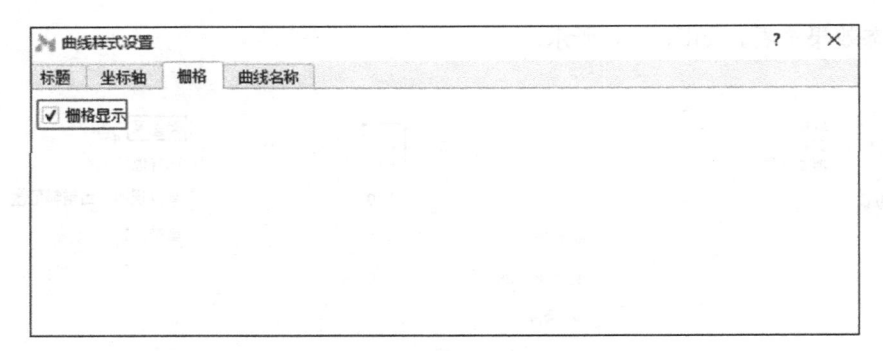

图 3-92　增加栅格

将轴设为"X 轴"，设置轴标题为"时间"，单击"确定"按钮，完成横坐标轴名称的定义，如图 3-93 所示。

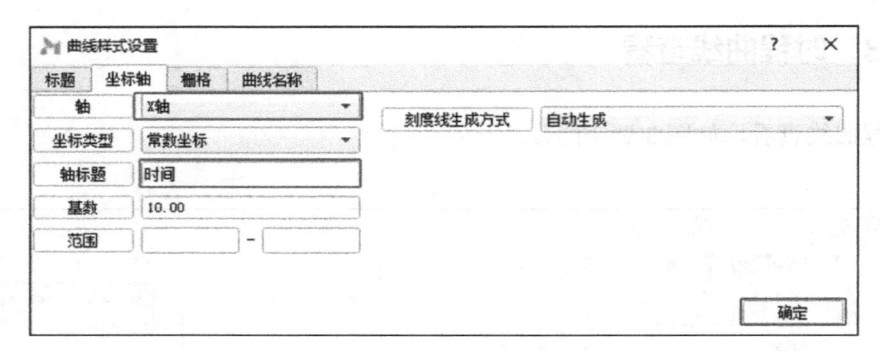

图 3-93　定义横坐标轴名称

将轴设为"Y 轴"，设置轴标题为"等效应力"，单击"确定"按钮，完成纵坐标轴名称的定义，如图 3-94 所示。

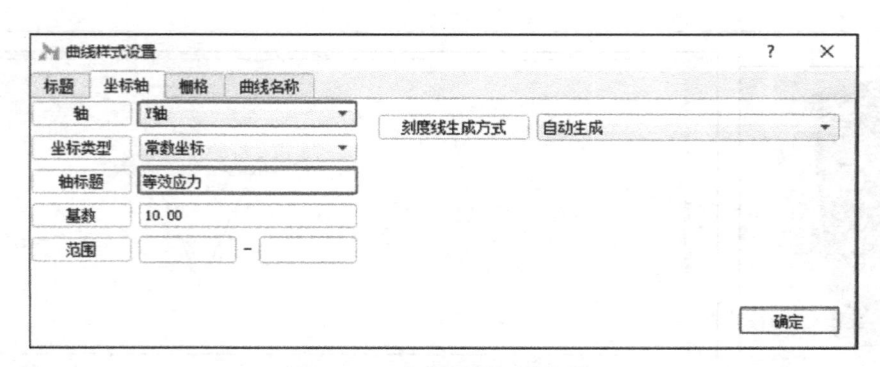

图 3-94　定义纵坐标轴名称

最终生成的时程曲线如图 3-95 所示。

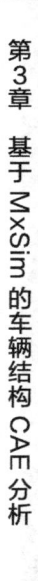

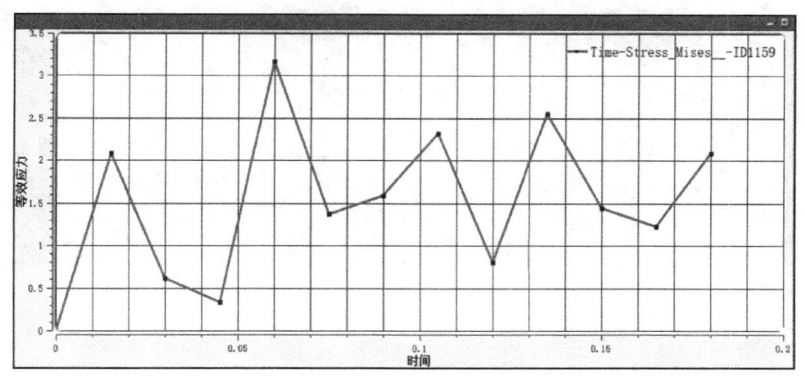

图 3-95　最终生成的时程曲线

第4章 车辆结构静力分析

【本章导读】

结构静力分析是结构设计和强度校核的基础，主要目标是在固定载荷的作用下计算结构的响应，包括位移、应力、应变、力，同时考虑定常加速度引起的平衡惯性载荷。该分析方法不考虑惯性和阻尼的影响，假设载荷和结构的响应变化非常缓慢。在结构静力分析中，假设结构中的工作应力小于结构材料的屈服应力，应力－应变关系服从胡克定律，呈线性关系；同时，假设结构的变形（位移）相对于结构的整体尺寸来说很小，因此可以采用线性方程进行计算。从应用的角度来看，结构的静力分析通常是评估许多结构设计问题的有效方法。在车辆结构设计中，静力分析被广泛应用，如对车架和车桥的强度与刚度进行分析，对轴类零件和传动零件进行强度校核等。

【效果预览】

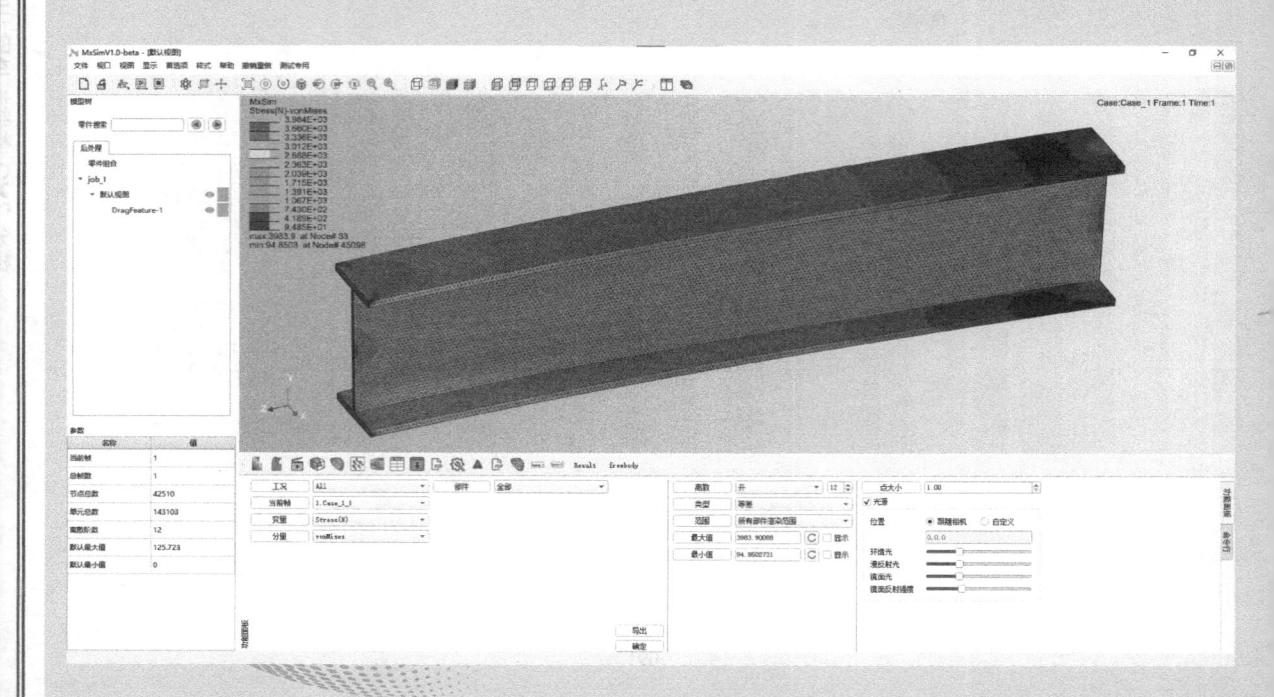

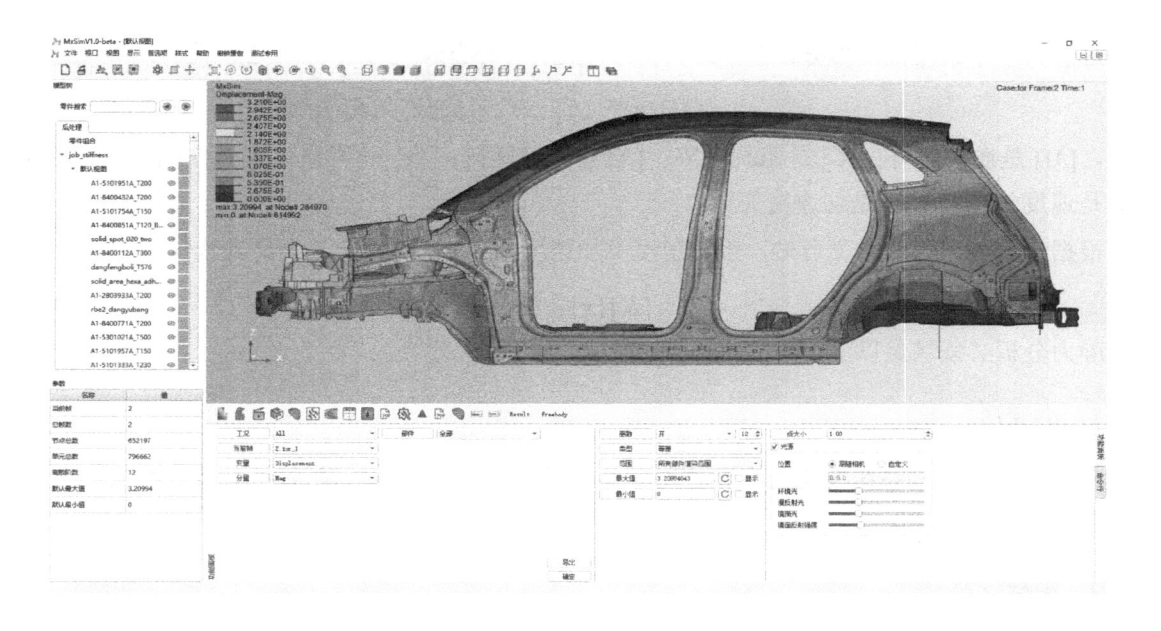

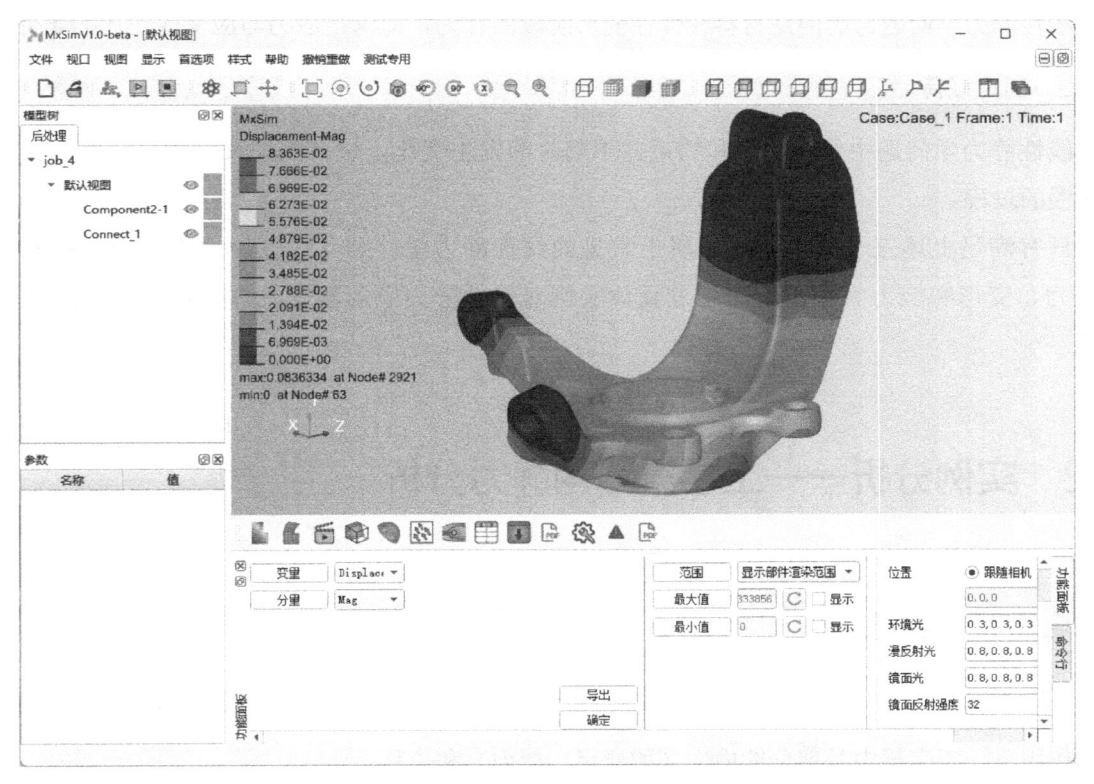

4.1 静力分析概述

静力学主要用于分析固定载荷作用下的结构响应，不考虑系统的惯性及阻尼，其中线性静力学是静力学中最基础的部分。基于经典力学理论，系统的动力学方程可通过式（4-1）来描述：

$$[M]\{x\}''+[C]\{x\}'+[K]\{x\}=\{F(t)\} \tag{4-1}$$

式中，$[M]$ 是质量矩阵；$[C]$ 是阻尼矩阵；$[K]$ 是刚度矩阵；$\{x\}$ 是位移矢量；$\{F(t)\}$ 是力矢量；$\{x\}'$ 是速度矢量；$\{x\}''$ 是加速度矢量。

根据线性静力学的定义可知，系统速度及加速度为 0，载荷恒定，因此其物理方程可表示为

$$[K]\{x\}=\{F\} \tag{4-2}$$

静力分析必须满足以下三个基本假设。

1. 小变形

在静力分析中，系统发生的变形相对于系统整体尺寸非常小，变形并不显著影响整个系统的刚度。

2. 线性材料

线性静力学问题考虑的是材料在弹性变形阶段的行为，即满足应力与应变成正比的条件。

3. 固定载荷

线性静力学问题中假设载荷和约束并不随时间发生变化，载荷的加载过程是一个非常均匀且缓慢的过程。

只有满足上述三个基本假设才属于常见的线性静力学问题，线性静力学比较关注系统的支反力、变形和应力大小。下面通过具体实例对线性静力学问题的具体操作和分析进行详细介绍。

4.2 实例分析——工字梁结构静力分析

4.2.1 实例描述

工字梁是一种常用的结构型材，经常用在建筑和桥梁工程中。静力分析是为了确定在静态荷载作用下，工字梁中各部分的内力（如弯矩、剪力）和位移。

4.2.2 分析步骤

1. 创建几何模型

单击快捷工具栏中的"几何"图标，打开几何面板，如图 4-1 所示。

图 4-1 几何面板

注：本实例中工字梁尺寸使用 mm 单位制。

1）创建工字梁轮廓几何点

（1）在几何面板中单击"几何点"按钮。

（2）在框内输入工字梁轮廓几何点的空间位置，如（0,0,0）。

（3）单击"确定"按钮，如图 4-2 所示。

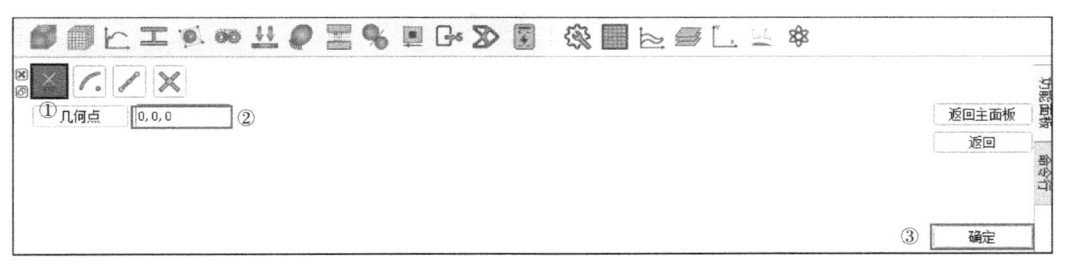

图 4-2 创建几何点

（4）按照同样的方法完成（200,0,0）、（0,20,0）、（200,20,0）、（95,20,0）、（105,20,0）、（95,380,0）、（105,380,0）、（0,380,0）、（200,380,0）、（0,400,0）、（200,400,0）几何点的创建。创建完成的工字梁轮廓几何点如图 4-3 所示。

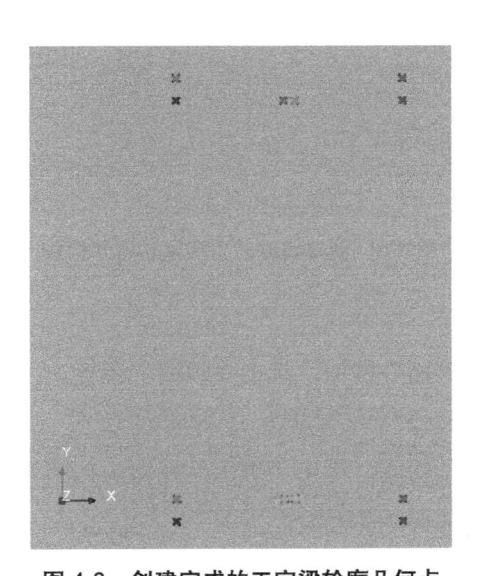

图 4-3 创建完成的工字梁轮廓几何点

2）创建工字梁轮廓几何线

（1）在几何面板中先单击"线"按钮，再单击"多段线"图标。

（2）将拾取特征设为"几何点"。

（3）勾选"闭合线框"复选框，依次点选工字梁轮廓几何点。

（4）单击"确定"按钮，如图 4-4 所示。

创建完成的工字梁轮廓几何线如图 4-5 所示。

图 4-4　创建工字梁轮廓几何线

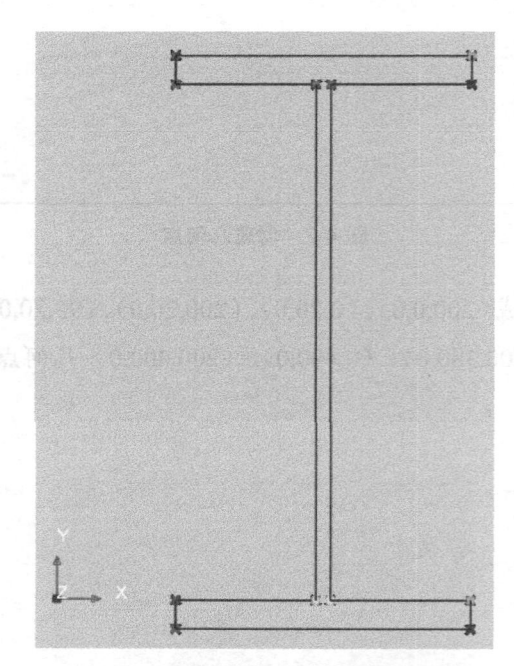

图 4-5　创建完成的工字梁轮廓几何线

3）创建工字梁横截面

（1）在几何面板中先单击"面"按钮，单击"填充"图标。

（2）将拾取特征设为"几何线"。

（3）依次点选工字梁轮廓几何线，单击"确定"按钮，如图 4-6 所示。

创建完成的工字梁横截面如图 4-7 所示。

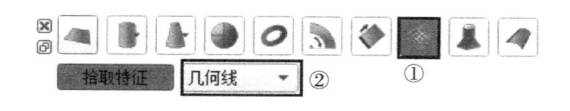

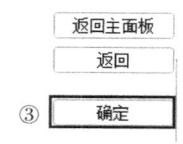

图 4-6 创建工字梁横截面

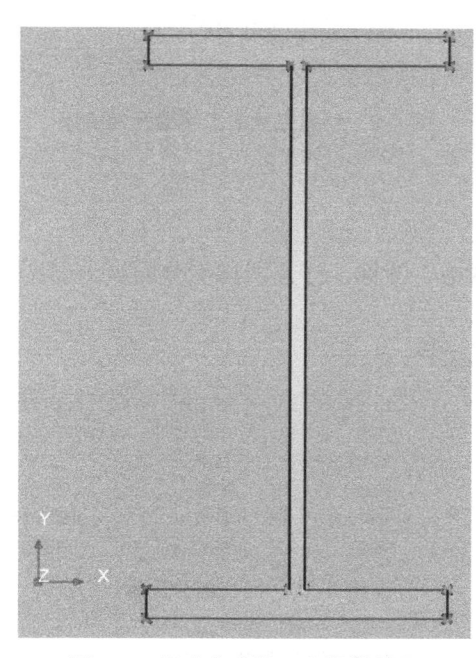

图 4-7 创建完成的工字梁横截面

4)创建工字梁几何实体

(1)在几何面板中先单击"实体"按钮,再单击"拉伸"图标。

(2)将拾取特征设为"几何面",点选工字梁横截面。

(3)将拉伸方向设为"Z轴"。

(4)将拉伸距离设为"2000.00"。

(5)勾选"反向"复选框。

(6)单击"确定"按钮,如图4-8所示。

图 4-8 创建工字梁几何实体

创建完成的工字梁几何实体如图 4-9 所示。

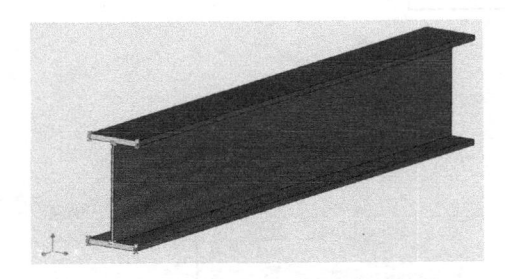

图 4-9 创建完成的工字梁几何实体

2. 网格剖分

单击快捷工具栏中的"网格"图标，打开网格剖分面板，如图 4-10 所示。

图 4-10 网格剖分面板

（1）单击"实体剖分"按钮，在"体剖分"选项卡中将剖分对象设置为"拾取"，点选工字梁几何实体。

（2）将网格形状设置为"四面体"。

（3）将网格尺寸设置为"10"。

（4）将阶数设置为"1"。

（5）单击"剖分"按钮。

（6）单击"确定"按钮，如图 4-11 所示。

图 4-11 实体网格剖分

3. 材料定义

（1）单击快捷工具栏中的"材料"图标，进入材料定义面板。

（2）在"材料名"框中输入材料名，初始材料名为"Material_1"。

（3）将材料类型设置为"弹性"。

（4）将弹性设置为"各向同性"。

（5）在弹出的"材料参数"对话框中，将杨氏模量设为"2.1e5"，将泊松比设为"0.3"。

（6）单击"保存"按钮，完成材料定义，如图4-12所示。

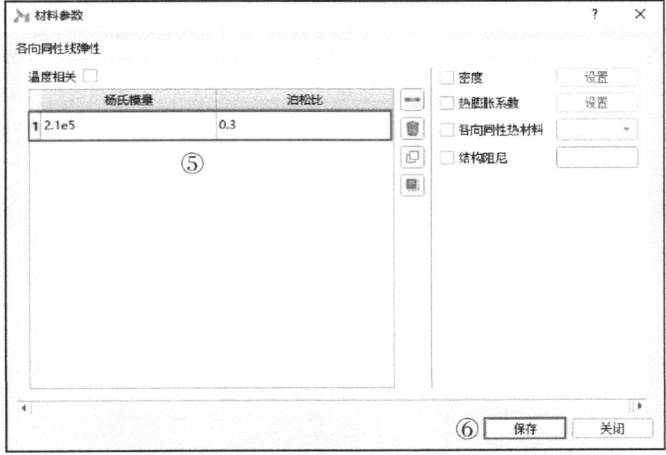

图4-12 材料定义

4. 截面属性的创建与赋予

（1）单击快捷工具栏中的"截面"图标。

（2）将属性名称设置为"Property_1"。

（3）将属性分类设置为"三维实体"。

（4）将属性类型设置为"均质"。

（5）在材料列表中单击"Material_1"选项。

（6）单击"确定并赋予"按钮，完成截面属性的创建与赋予，如图4-13所示。

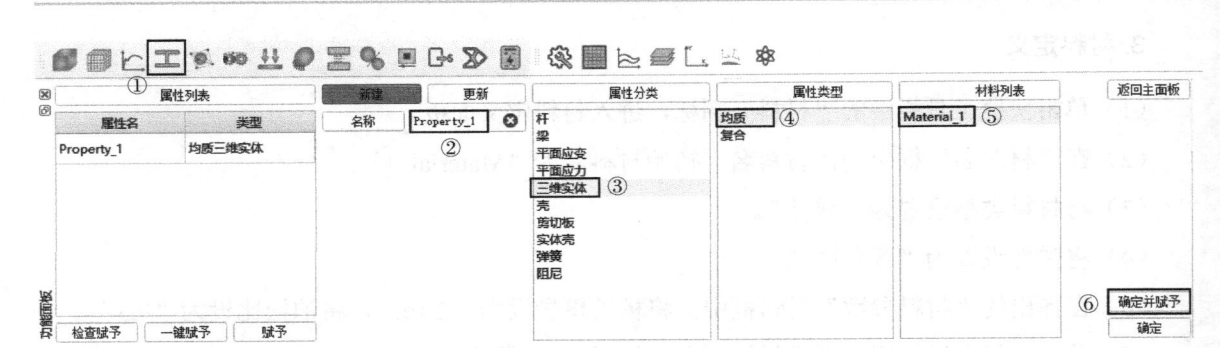

图 4-13　截面属性的创建与赋予

5. 单元类型的定义与关联

（1）单击"单元类型"图标。

（2）此项默认为一阶四面体（D3T4）单元，如图 4-14 所示。

（3）本实例无须更换单元类型，单击"返回"按钮。

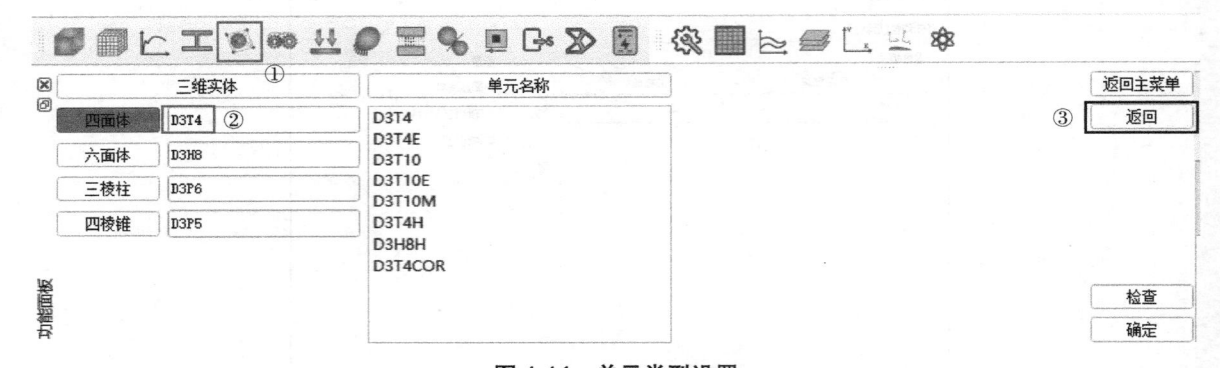

图 4-14　单元类型设置

6. 创建分析工况

（1）单击快捷工具栏中的"分析工况"图标，进入分析工况创建栏。

（2）将工况名设置为"Case_1"（默认值）。

（3）在"分析类型列表"中单击"线性静态分析"选项，其余选项保持默认设置。

（4）单击"确定"按钮，完成分析工况的创建，如图 4-15 所示。

7. 施加载荷

（1）单击快捷工具栏中的"载荷"图标，进入载荷条件创建栏。

（2）在"名称"框中输入载荷名称，初始名称为"Load_1"。

（3）工况默认为已经创建的"Case_1"工况。

（4）将载荷类型设置为"集中力"。

图 4-15　创建分析工况

(5) 在"F2"框中输入"-10000"。

(6) 将作用对象设置为"拾取"，在窗口中点选拾取梁右端的节点。

(7) 单击"确定"按钮，如图 4-16 所示。

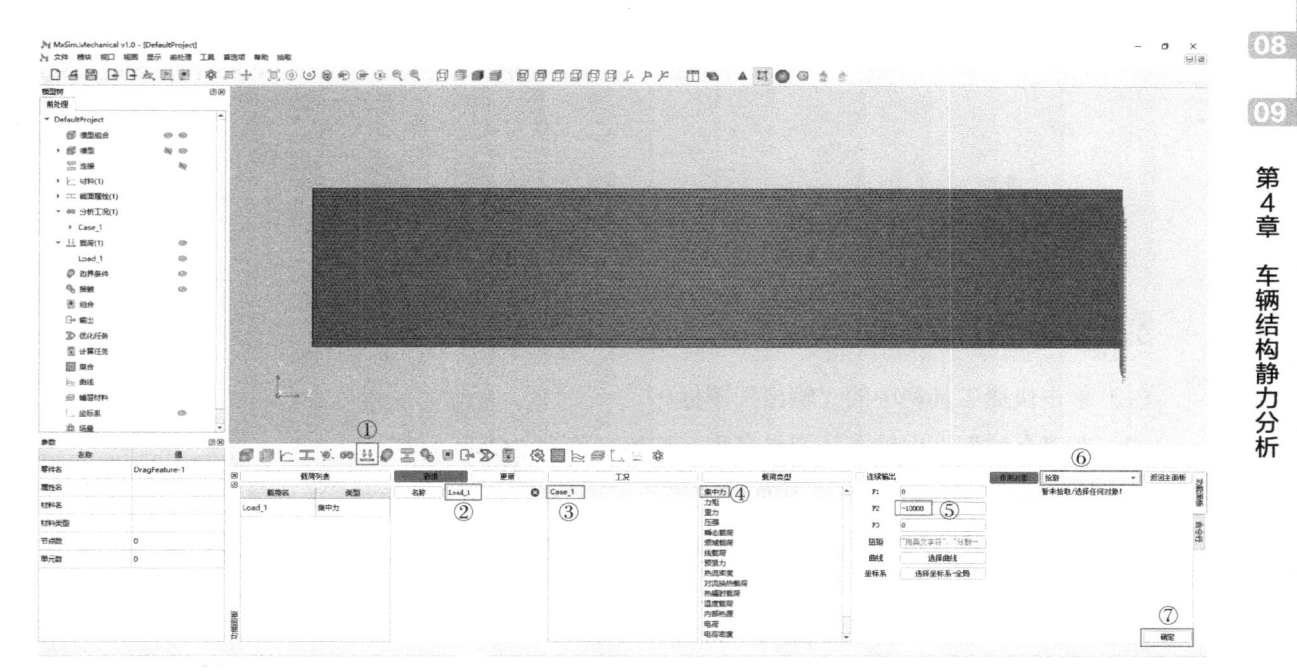

图 4-16　创建载荷工况

8. 施加边界条件

(1) 单击快捷工具栏中的"边界"图标，进入边界条件创建栏。

(2) 在"名称"框中输入边界条件名称，初始名称为"BC_1"。

(3) 工况默认为已经创建的"Case_1"工况。

（4）将边界条件类型设置为"位移/转角"。

（5）勾选"U1"复选框"U2"复选框"U3"复选框，并在其后的框中输入"0"。

（6）在窗口中点选拾取梁左端的节点。

（7）单击"确定"按钮，如图 4-17 所示。

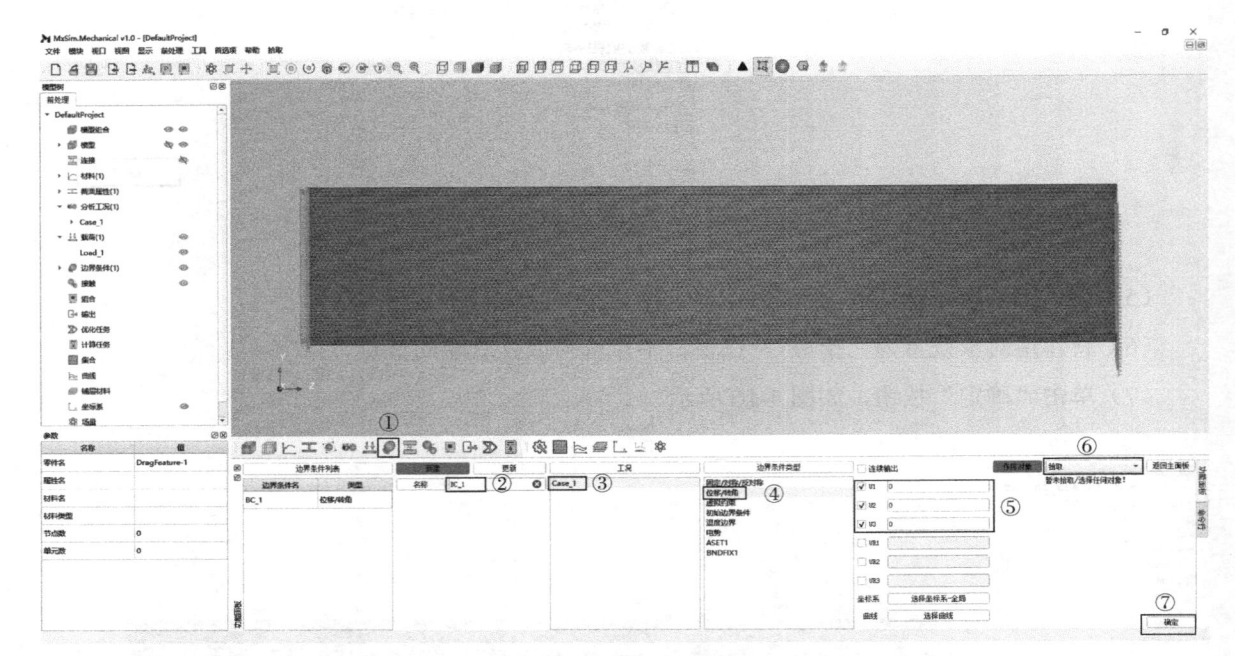

图 4-17　施加边界条件

9. 创建输出

（1）单击快捷工具栏中的"输出"图标。

（2）在"名称"框中输入场变量名称，初始名称为"Output_1"。

（3）默认输出"应力"场变量中的"S，节点应力"；默认输出"位移"场变量中的"U，位移"。

（4）单击"确定"按钮，完成输出的创建，如图 4-18 所示。

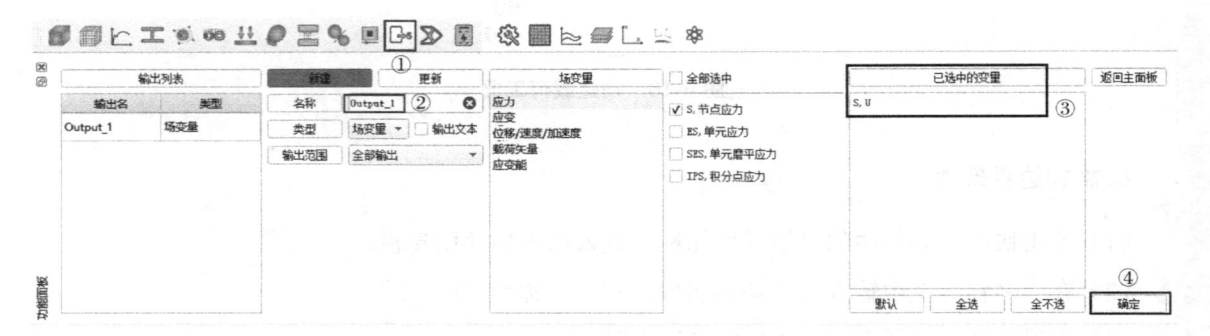

图 4-18　创建场变量输出

10. 创建计算任务

（1）单击快捷工具栏中的"计算任务"图标，创建新的计算任务。

（2）将计算任务名称设置为"job_1"，即保持默认值。

（3）"工况继承"处默认为已创建的"Case_1"工况。

（4）将并行设置为"CPU"，在对应数值框中输入"12"，即 CPU 的最大线程数（以计算机的实际最大线程数为准）。

（5）单击"确定"按钮，完成 Case_1 工况计算任务的创建。

（6）单击"本地求解"按钮，启动求解，如图 4-19 所示。

注：计算文件会保存在默认工作目录下，初始工作目录为安装包中的"WorkingDir"文件夹。也可设置工作目录，执行"文件"→"工作目录"命令，弹出"设置工作目录"对话框，单击"浏览"按钮，选择合适的路径，最后单击"确定"按钮，如图 4-20 所示。

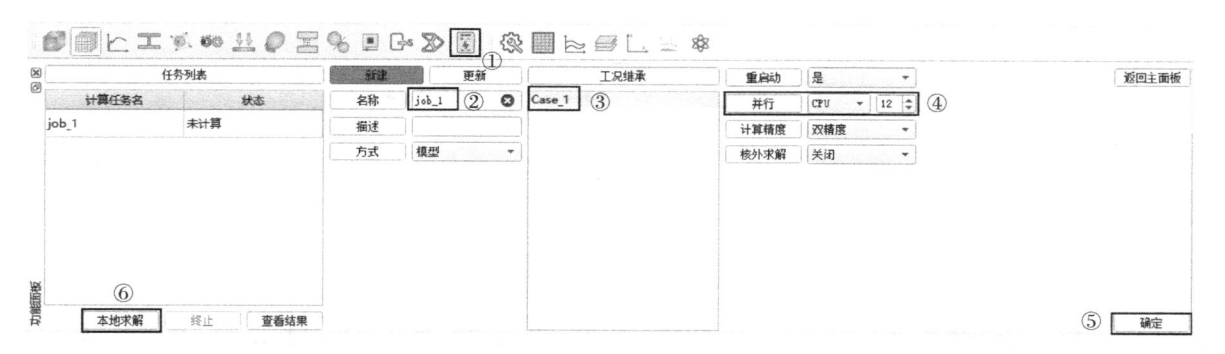

图 4-19　创建计算任务

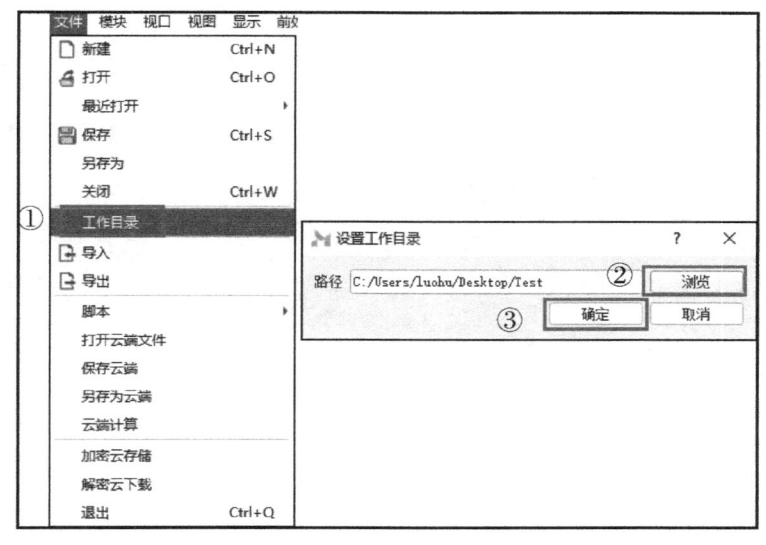

图 4-20　工作目录设置

11. 后处理

(1) 求解成功后,软件会自动跳转至后处理界面;变量默认为"Displacement",即位移;分量默认为"Mag",即显示合位移。位移云图如图 4-21 所示。

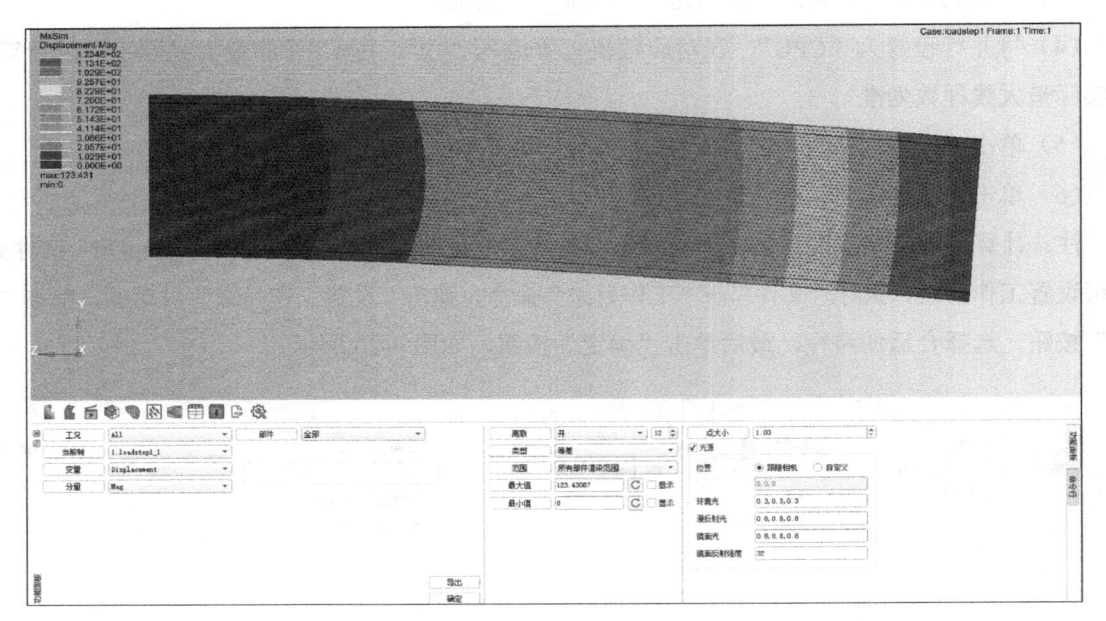

图 4-21 位移云图

(2) 将变量切换为"Stress(N)",即节点应力;将分量切换为"vonMises";单击"确定"按钮,窗口显示应力云图,如图 4-22 所示。

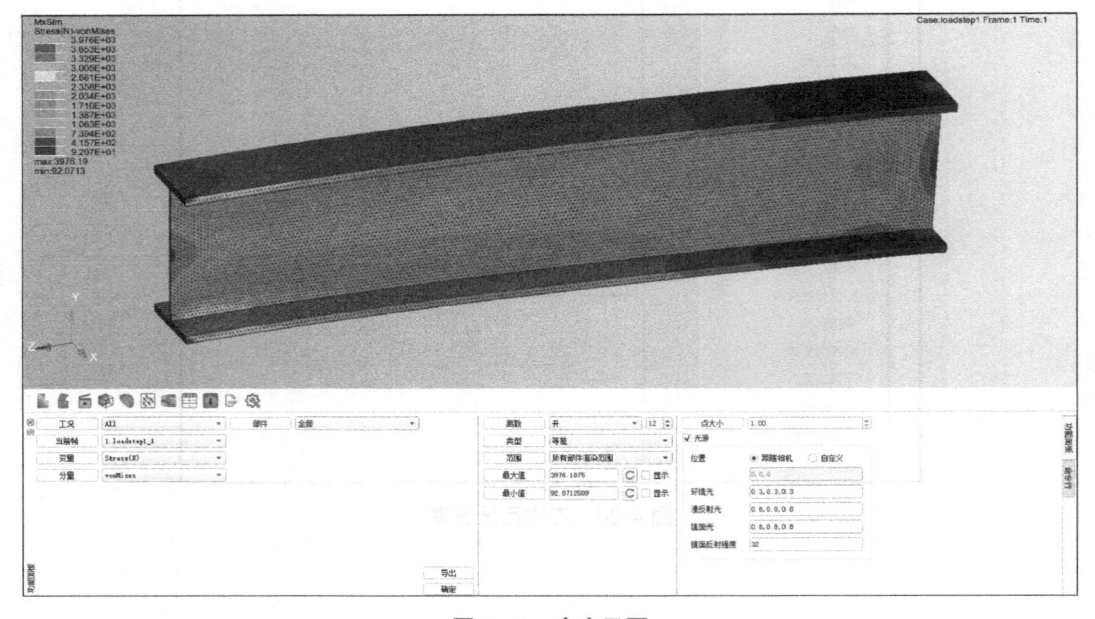

图 4-22 应力云图

4.3 实例分析——某汽车前桥转向节的结构静力分析

4.3.1 实例描述

转向节是汽车底盘部分重要的受力零部件。在汽车行驶过程中，它不仅承受前轴负载，在车辆转向、制动时还要承受条件恶劣的载荷作用，因此其在强度、抗冲击性方面都有很高要求。为保证行车安全，对转向节进行强度分析十分重要，一般要进行侧滑工况、不平路面工况、紧急制动工况等计算。

本实例对汽车的典型转向节零件建立仿真模型，模拟紧急制动的特定工况，对结构进行静力分析。

4.3.2 分析步骤

1. 导入几何模型（见图 4-23 ~ 图 4-25）

（1）单击"导入"图标，准备导入几何模型。
（2）将类型设置为"几何文件"。
（3）单击"浏览"按钮，打开"导入文件"对话框。
（4）通过几何模型所在路径找到对应的几何模型。
（5）双击几何模型或在选择几何模型后单击"打开"按钮。
（6）单击"导入"按钮，导入几何模型，导入后的几何模型会在窗口中显示。
注：在导入过程中可以切换到"命令行"界面，查看几何模型的实时导入状态。

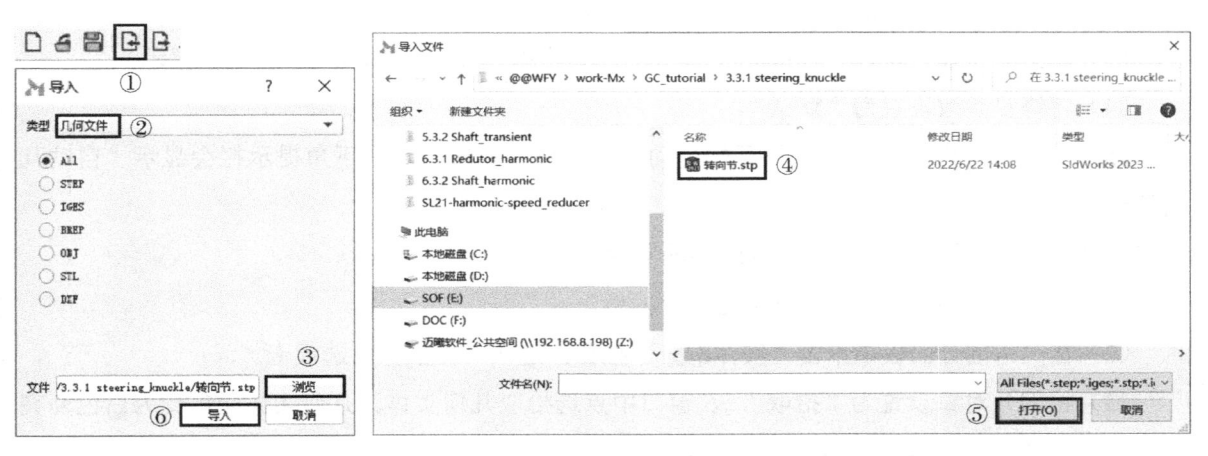

图 4-23 导入几何模型

图 4-24　命令行

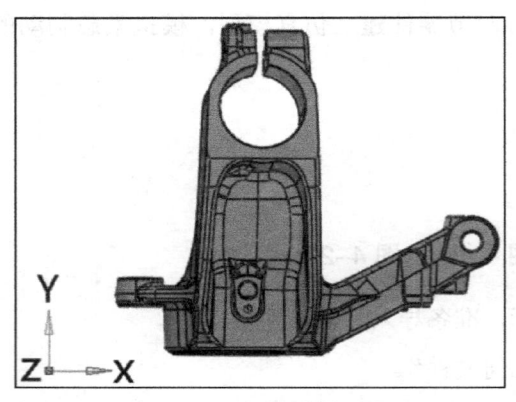

图 4-25　汽车前桥转向节模型

2. 网格剖分

1）几何清理详细设置（见图 4-26）

（1）在进行网格剖分前，先对模型进行几何清理。单击"几何"图标，打开几何面板。

（2）单击"自动几何清理"按钮，进入几何清理界面。

（3）将拾取特征设置为"几何面"，框选所有几何面（被选中的几何面会高亮显示）。

（4）将修复参数设置为"默认"。

（5）单击"确定"按钮，软件开始自动几何清理，完成后，左下角提示栏会显示"自动几何清理成功！"。

2）网格剖分详细设置（见图 4-27 和图 4-28）

（1）单击"网格"图标，打开网格剖分面板。

（2）在网格剖分面板中单击"实体剖分"按钮，进入"体剖分"选项卡。

（3）将剖分对象设置为"拾取"，在窗口中点选拾取几何实体。几何实体颜色变为白色高亮显示时表示被选中，如图 4-28（a）所示。

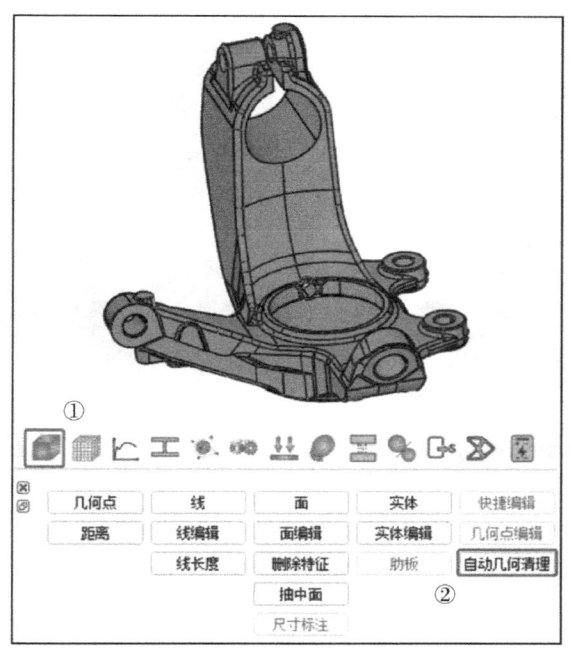

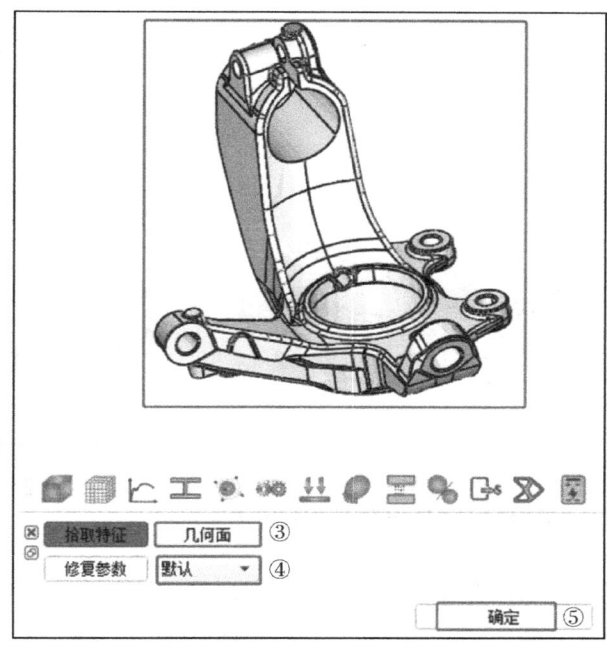

图 4-26 几何清理设置

(4) 在"网格剖分"选项卡中设置网格形状为"四面体",阶数默认为"2",网格尺寸保持默认值"2.00000",即网格基本尺寸为 2mm。

(5) 单击"剖分"按钮,软件开始进行网格剖分,完成后窗口中的几何实体上会显示白色网格预览线,如图 4-28(b) 所示。

(6) 单击"确定"按钮即可完成网格剖分,网格预览线变为黑色,如图 4-28(c) 所示。

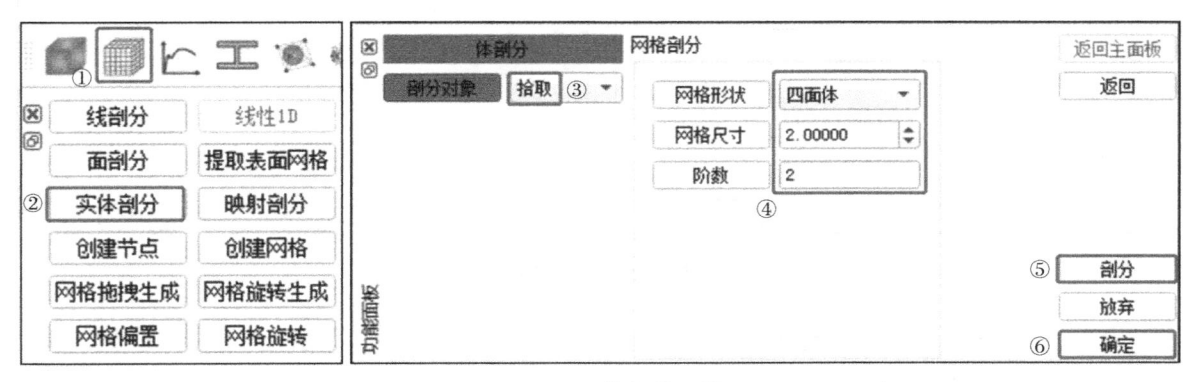

图 4-27 网格剖分设置

(a) (b) (c)

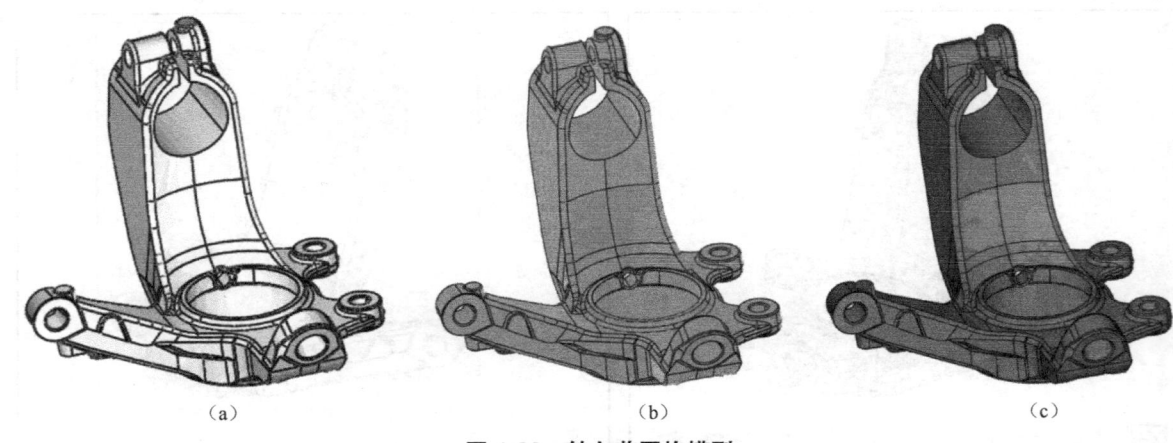

图 4-28 转向节网格模型

3. 材料定义（见图 4-29）

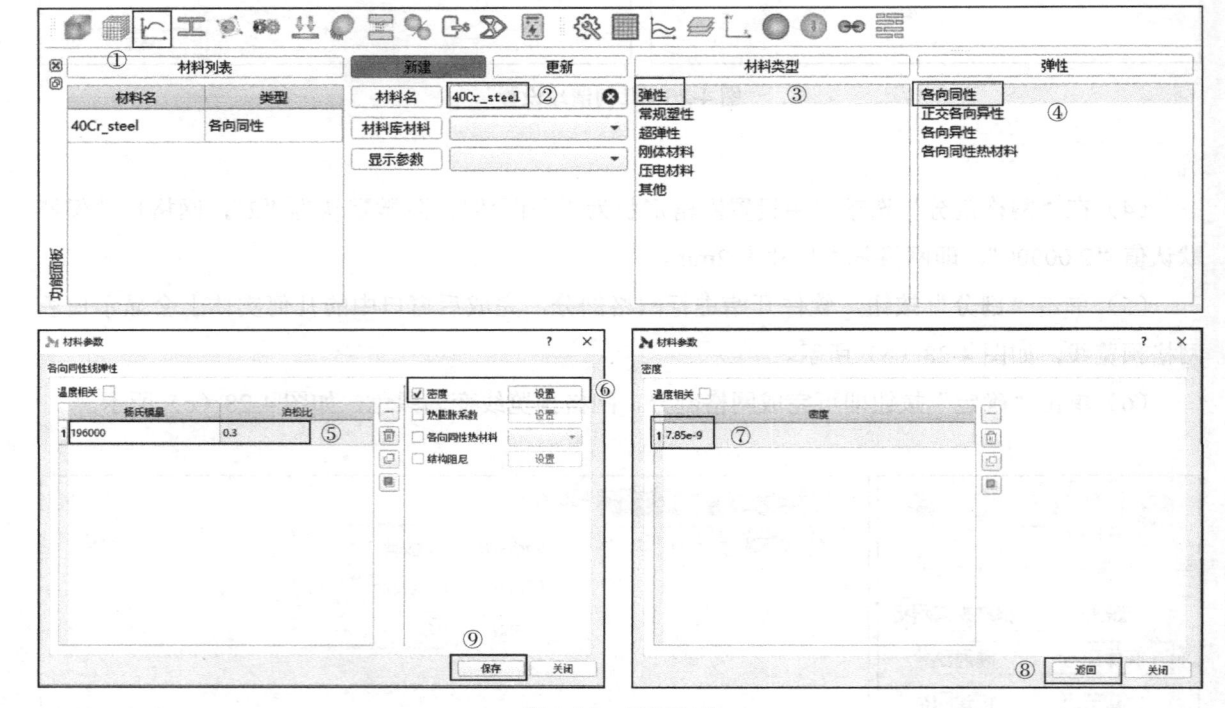

图 4-29 材料定义

（1）单击"材料"图标，进入材料定义面板。

（2）将材料名设置为"40Cr_steel"。

（3）将材料类型设置为"弹性"。

（4）将弹性设置为"各向同性"，弹出"材料参数"对话框。

（5）在"材料参数"对话框中，将杨氏模量设置为"196000"，将泊松比设置为"0.3"。

（6）勾选"密度"复选框，单击"密度"后的"设置"按钮。

（7）弹出"材料参数：密度"对话框，在"密度"框中输入"7.85e-9"。

（8）单击"返回"按钮。

（9）单击"保存"按钮，完成材料定义。

4. 截面属性的创建与赋予（见图 4-30）

（1）单击"截面"图标。

（2）将属性名称设置为"solid"。

（3）将属性分类设置为"三维实体"。

（4）在"材料列表"中单击"40Cr_steel"选项。

（5）单击"确定并赋予"按钮，完成截面属性的创建与赋予。

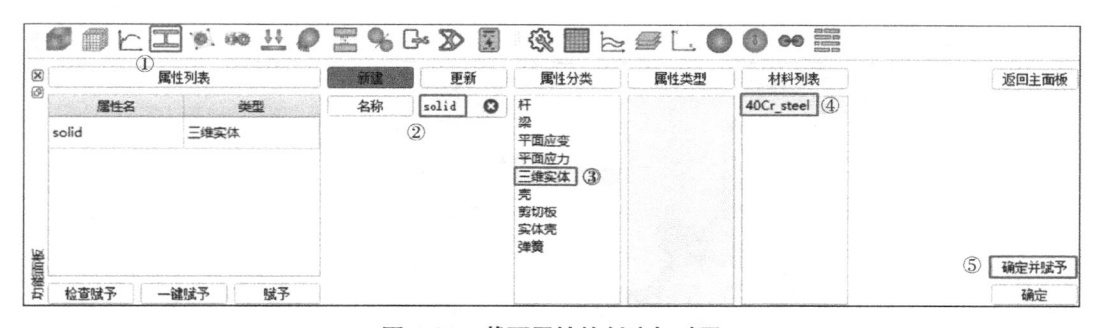

图 4-30　截面属性的创建与赋予

5. 单元类型的定义与关联

此项保持默认设置。

6. 创建分析工况（见图 4-31）

（1）单击"分析工况"图标，进入分析工况创建栏。

（2）将工况名设置为"制动"。

（3）在"分析类型列表"中单击"线性静态分析"选项，其余选项保持默认设置。

（4）单击"确定"按钮，完成分析工况的创建。

图 4-31　创建分析工况

7. 施加载荷

1）创建加载的柔性连接点（见图4-32）

（1）单击"连接"图标，进入连接创建面板。

（2）将连接集合名设置为"load_set"。

（3）将连接类型设置为"柔性连接"。

（4）选择"一对多"单选按钮。

（5）将从节点选择方式设置为"计算"。

（6）将主节点选择方式设置为"通过面"。

（7）点选拾取转向节中间内圆柱面区域，拾取后的节点会高亮显示，如图4-32中的a所示。

（8）单击"确定"按钮，完成柔性连接点的创建，如图4-32中的b所示。

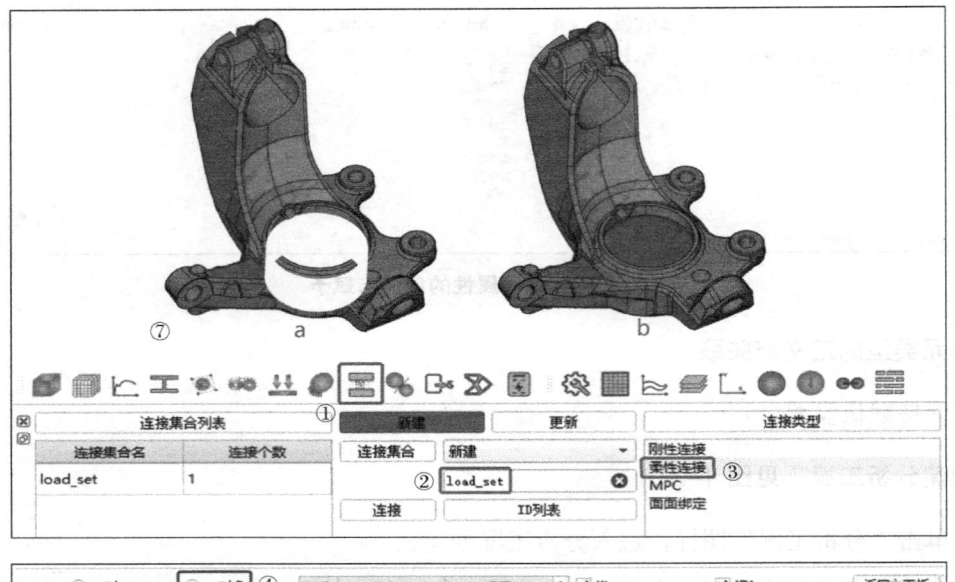

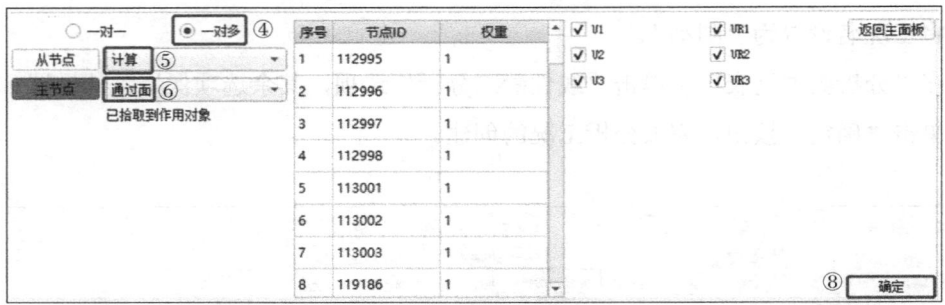

图4-32 创建加载的柔性连接点

2）施加集中力（见图4-33）

（1）单击"载荷"图标，创建集中力载荷。

（2）在"名称"框中输入"force"。

(3)工况默认为已经创建的"制动"工况。

(4)将载荷类型设置为"集中力"。

(5)在"F1"框中输入"48000",在"F3"框中输入"-60000"。

(6)将作用对象设置为"拾取"。

(7)在软件左侧模型树中,单击"load_set"后的"隐藏/显示控制"图标,隐藏连接线,以便选取柔性连接点。

(8)在窗口中点选上一步创建的柔性连接点。

(9)单击"确定"按钮,完成集中力的施加。

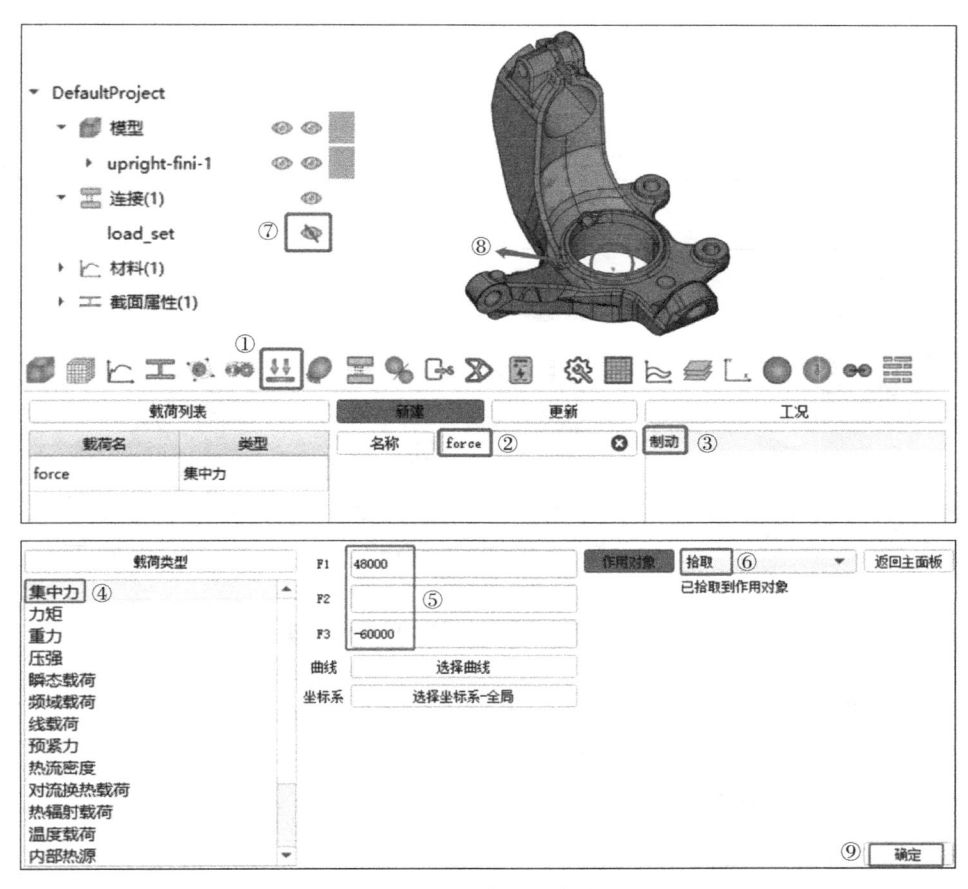

图 4-33 施加集中力

8. 施加边界条件

1)创建边界条件施加的刚性连接(见图 4-34)

(1)单击"连接"图标,进入连接创建面板。

(2)将连接集合名设置为"load_SPC1"。

(3) 将连接类型设置为"刚性连接"。

(4) 选择"一对多"单选按钮,将主节点设置为"计算",将从节点设置为"通过面"。

(5) 点选转向节图上方的圆柱面,拾取后的节点会高亮显示,如图 4-34 中的 a 所示。

(6) 单击"确定"按钮,完成刚性连接点的创建,如图 4-34 中的 b 所示。

(7) 根据上述步骤,创建另外两处连接"load_SPC2"和"load_SPC3",如图 4-34 中的 c 所示。

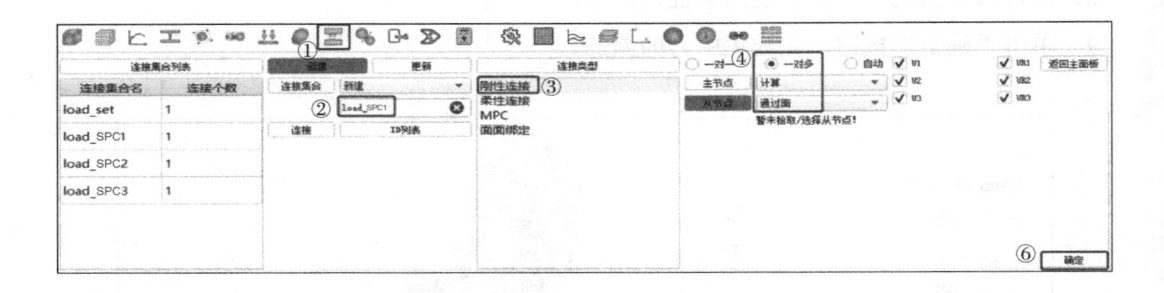

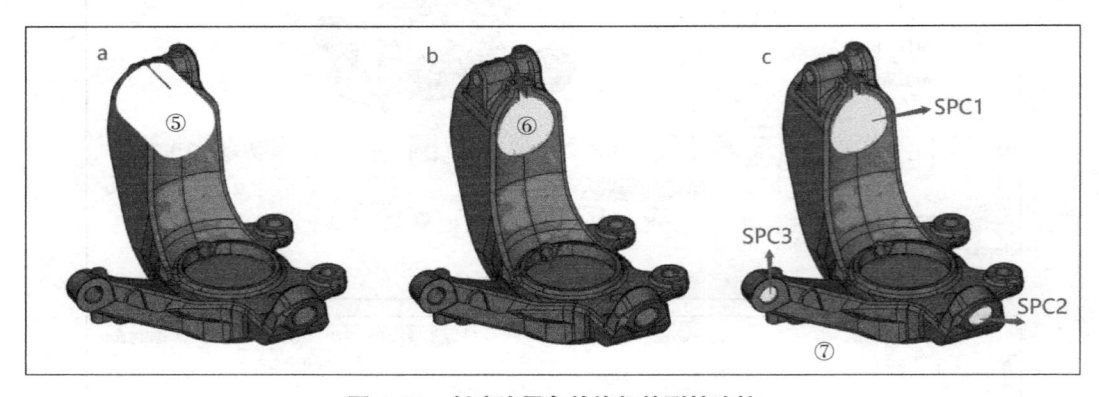

图 4-34 创建边界条件施加的刚性连接

2) 创建边界条件(见图 4-35)

(1) 单击"边界"图标,创建边界条件。

(2) 将边界条件名称设置为"BC_1"。

(3) 将工况设置为"制动"。

(4) 将边界条件类型设置为"固定/对称/反对称"。

(5) 选择"完全固定"单选按钮,约束全部自由度。

(6) 将作用对象设置为"拾取"。

(7) 在窗口中点选拾取上面创建的刚性连接的中心节点(也可通过放大局部窗口,分别框选 3 处节点)。

(8) 单击"确定"按钮,完成边界条件的创建。

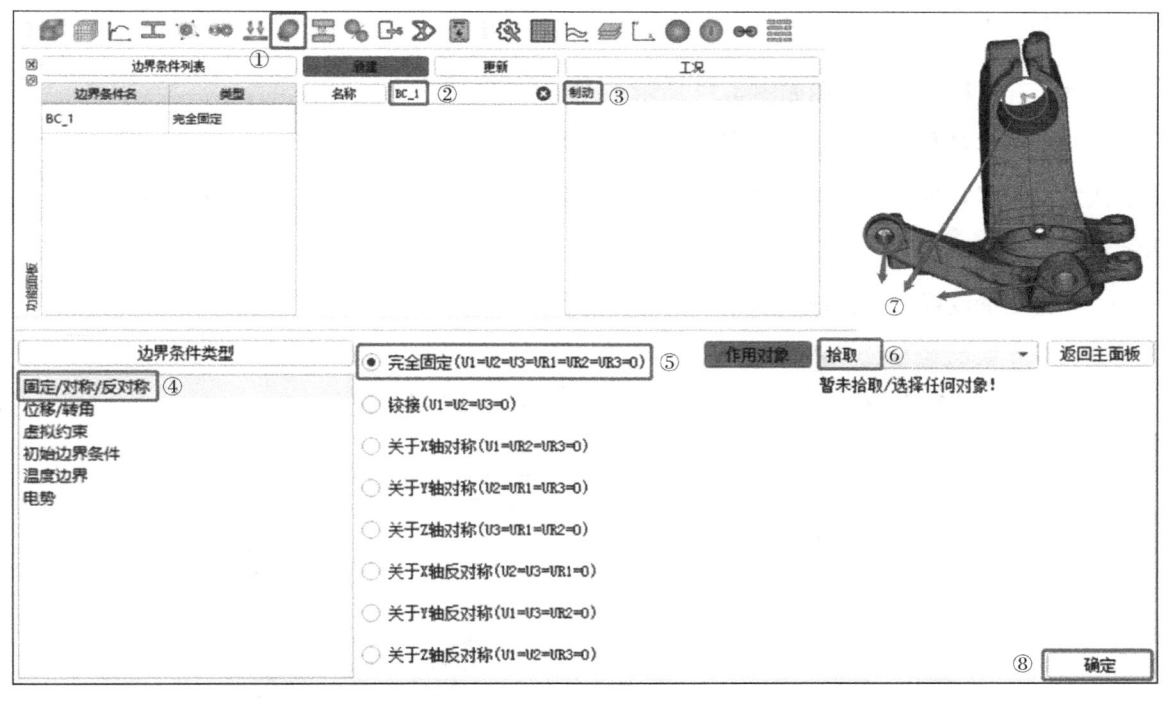

图 4-35 创建边界条件

9. 创建计算任务（见图 4-36）

（1）单击"计算任务"图标，创建新的计算任务。

（2）将计算任务名称设置为"job_1"。

（3）"工况继承"处默认为已创建的"制动"工况。

（4）将并行设置为"CPU"。在对应数值框中输入"12"，即 CPU 的最大线程数（以计算机的实际最大线程数为准）。

（5）单击"确定"按钮，完成制动工况计算任务的创建。

（6）在"任务列表"中单击"job_1"选项。

（7）单击"本地求解"按钮，启动求解。

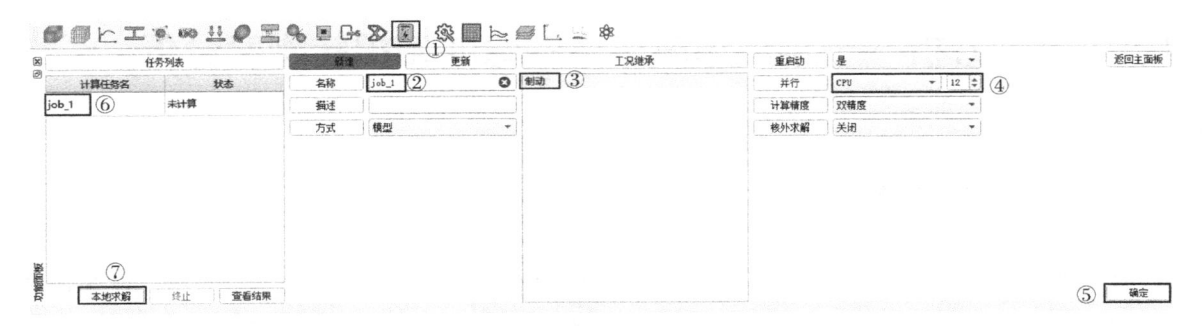

图 4-36 创建计算任务

10. 后处理

制动工况位移与应力云图如图 4-37 所示。

（1）求解成功后软件会自动跳转至后处理界面；变量默认为"Displacement"，即位移；分量默认为"Mag"，即显示合位移，单击 ■ 图标可以隐藏窗口中的网格线。位移云图如图 4-37（a）所示。

（2）将变量设置为"Stress（N）"，即节点应力。

（3）将分量设置为"vonMises"。

（4）单击"确定"按钮，窗口显示应力云图，如图 4-37（b）所示。

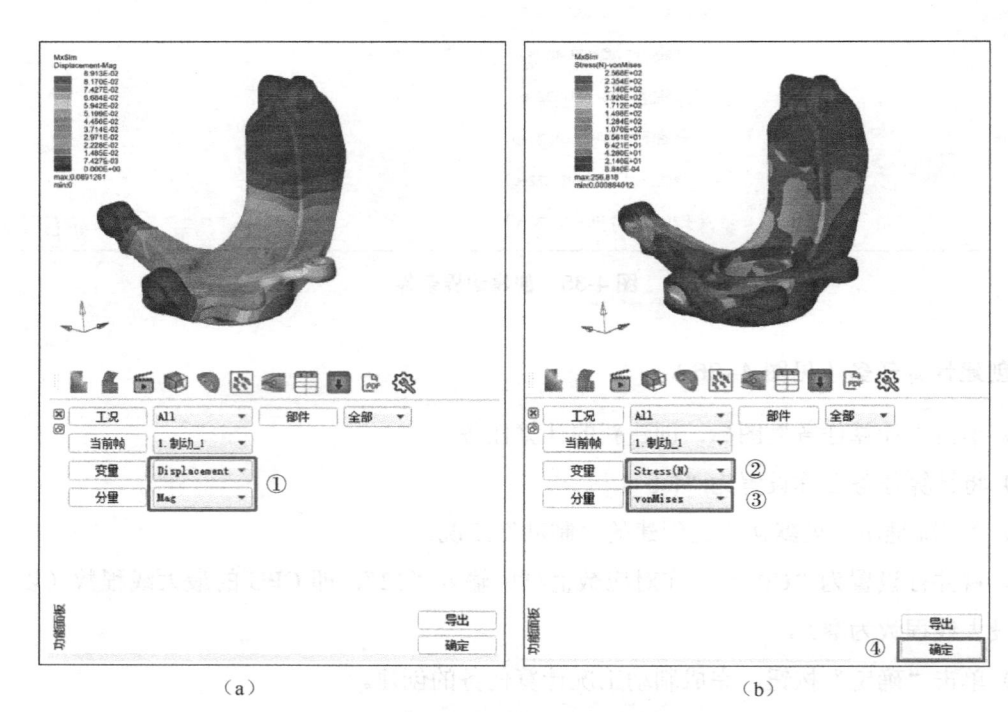

(a)　　　　　　　　　　(b)

图 4-37　制动工况位移与应力云图

4.4　实例分析——某汽车白车身的弯曲和扭转刚度分析

4.4.1　实例描述

在汽车设计制造过程中，车身刚度是其中重要的设计指标之一，车身刚度直接影响车辆的安全性、舒适性和性能。车身刚度主要分为整体刚度和局部刚度，而车身弯曲刚度及扭转刚度设计是保障车身 NVH 性能的基础。

弯曲刚度是指在受到外部力作用时，车身产生弯曲变形的能力。弯曲刚度的高低直接影响车身的刚性和稳定性，高弯曲刚度可以提高车身的稳定性和操控性，减少车身的变形和振动，提高乘坐舒适性和驾驶性能。

扭转刚度是指在受到扭转力作用时，车身产生扭转变形的能力。扭转刚度的高低直接影响车身的扭转刚性和操控性，高扭转刚度可以提高车身的操控性和稳定性，减少车身的扭转变形和振动，提高行驶的稳定性和安全性。

对弯曲刚度和扭转刚度进行仿真分析，可以帮助设计师优化车身结构，提高车身的刚度和稳定性。同时，仿真分析还可以帮助设计师评估不同材料和结构的影响，选择合适的材料和结构，以提高车身的刚度和稳定性。此外，仿真分析还可以帮助设计师在设计阶段发现潜在问题和缺陷，提前进行优化和改进，降低研发成本，缩短研发时间。

MxSim 支持多种格式的计算文件，本实例将导入外部计算文件（.fem）进行计算。

4.4.2 分析步骤

1. 导入计算文件（见图 4-38）

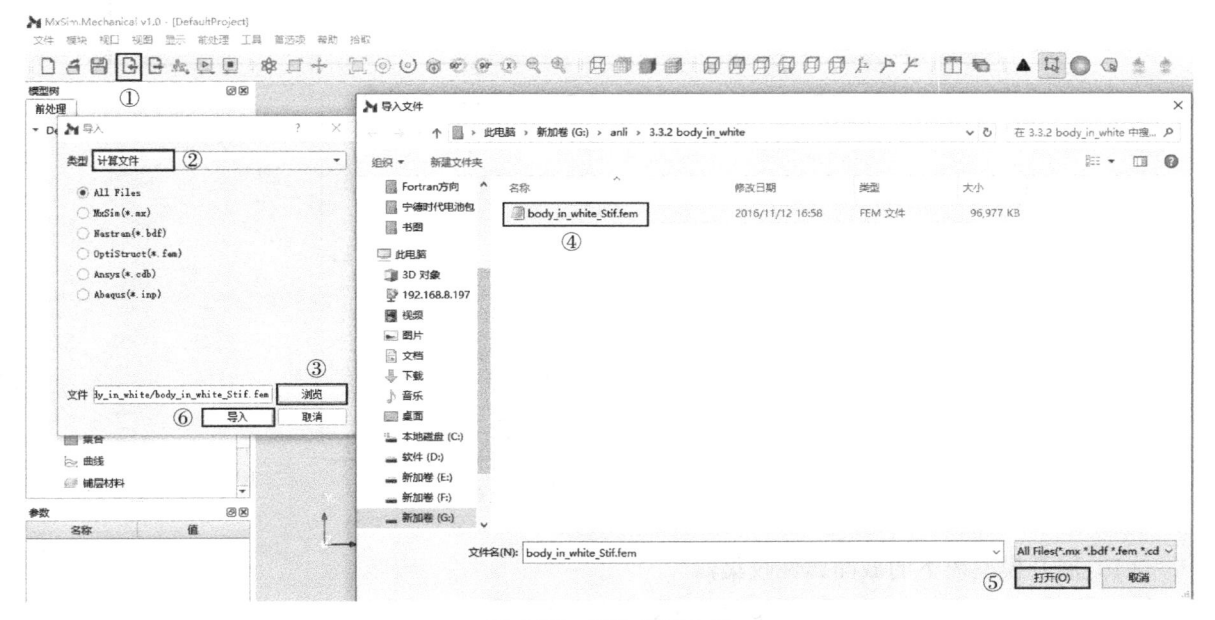

图 4-38 导入计算文件

（1）单击"导入"图标，准备导入计算文件。

（2）将类型设置为"计算文件"。

（3）单击"浏览"按钮，打开"导入文件"对话框。

（4）通过计算文件所在路径找到对应的计算文件。

（5）双击计算文件或在选择计算文件后单击"打开"按钮。

（6）单击"导入"按钮，导入计算文件，导入后的计算文件会在窗口中显示。

注：在导入过程中可以切换到"命令行"界面，查看计算文件导入的实时状态。

2. 检查模型网格属性赋予（见图 4-39）

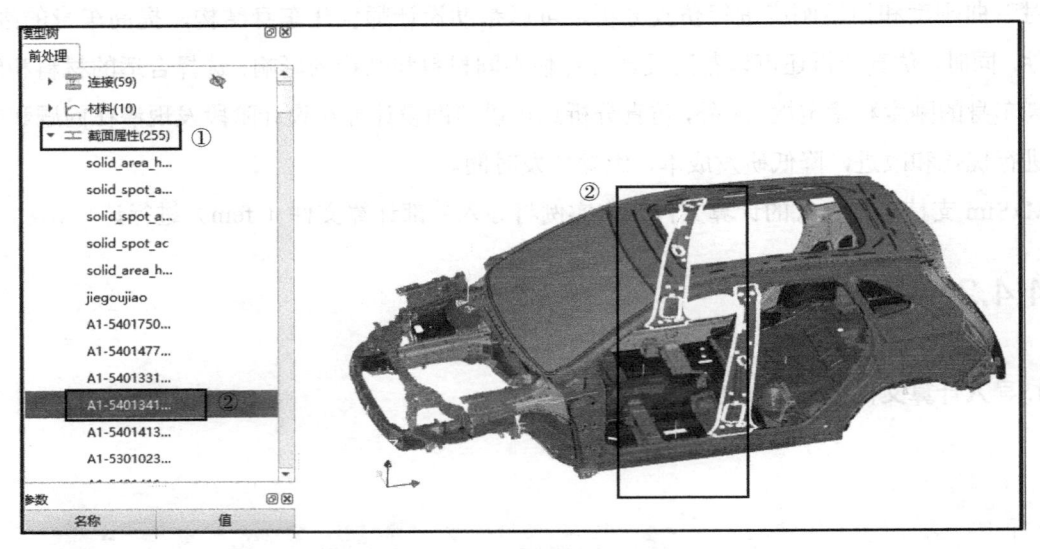

图 4-39　检查模型网格属性赋予

（1）展开模型树下的截面属性收集器。

（2）单击一个截面属性选项，图形区中对应的零部件会高亮显示。

（3）单击"截面"图标，进入截面属性控制面板。

（4）单击"检查赋予"按钮，对模型网格属性赋予情况进行检查。

（5）左下角状态栏会提示当前模型网络属性赋予情况。

3. 查看分析工况（见图4-40）

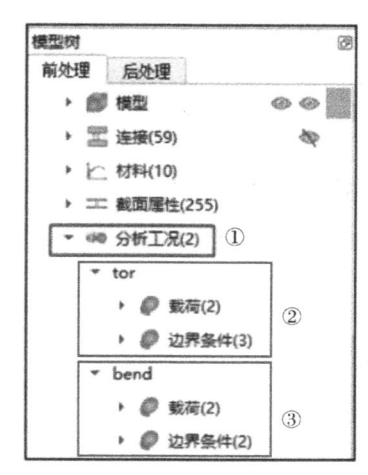

图4-40 查看分析工况

（1）在模型树"前处理"选项卡中展开"分析工况"选项，可以看到模型中已创建了两个分析工况。

（2）展开"tor"选项（扭转工况），查看对应的边界条件。

（3）展开"bend"选项（弯曲工况），查看对应的边界条件。

观察发现，扭转工况施加了两个载荷、三个边界约束，弯曲工况施加了两个载荷、两个边界条件。

4. 施加载荷

计算文件中包含载荷。

5. 施加边界条件

计算文件中包含边界条件。

6. 创建计算任务（见图4-41）

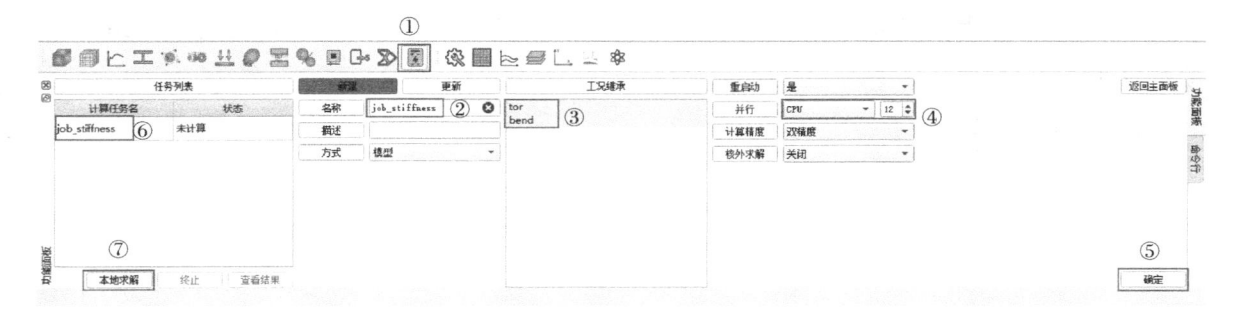

图4-41 创建计算任务

（1）单击"计算任务"图标，创建新的计算任务。

（2）将计算任务名称设置为"job_stiffness"。

（3）"工况继承"处默认为已创建的"tor"工况和"bend"工况。

（4）将并行设置为"CPU"；在对应数值框中输入"12"，即 CPU 的最大线程数（以计算机的实际最大线程数为准）。

（5）单击"确定"按钮，完成计算任务的创建。

（6）在"任务列表"中单击"job_stiffness"选项。

（7）单击"本地求解"按钮，启动求解。

7. 后处理

1）后处理变形结果显示（见图 4-42）

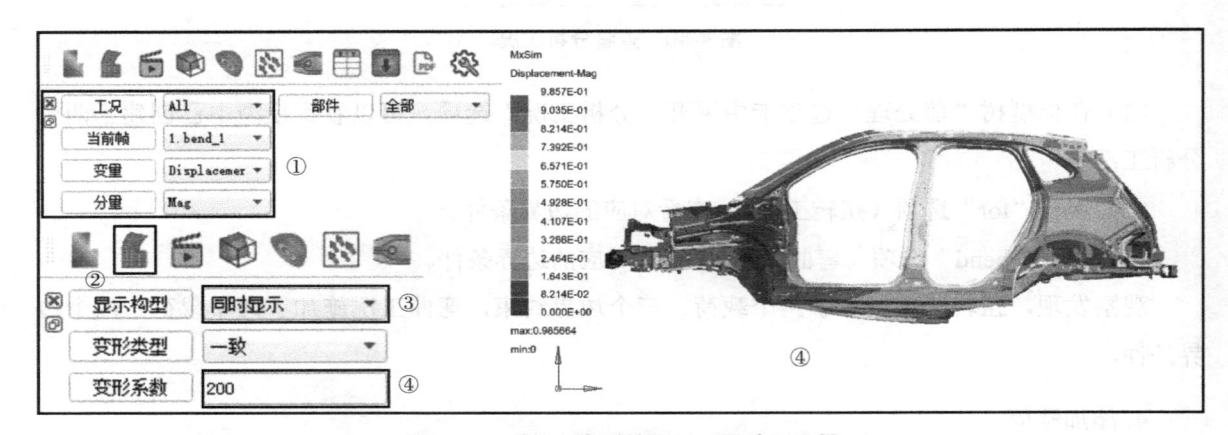

图 4-42 后处理变形结果显示及动画设置

（1）求解成功后软件会自动跳转至后处理界面，当前帧默认为"1.bend_1"，即一阶固有频率；变量默认为"Displacement"，即位移；分量默认为"Mag"，即显示合位移。

（2）单击"变形图"图标，设置显示构型、变形类型和变形系数。

（3）本实例将显示构型设置为"同时显示"，即同时显示变形前后的图形。

（4）变形系数保持默认设置，即"200"，也就是将窗口中变形图的显示比例设置为200，如图 4-42 所示。

2）动画设置（见图 4-43）

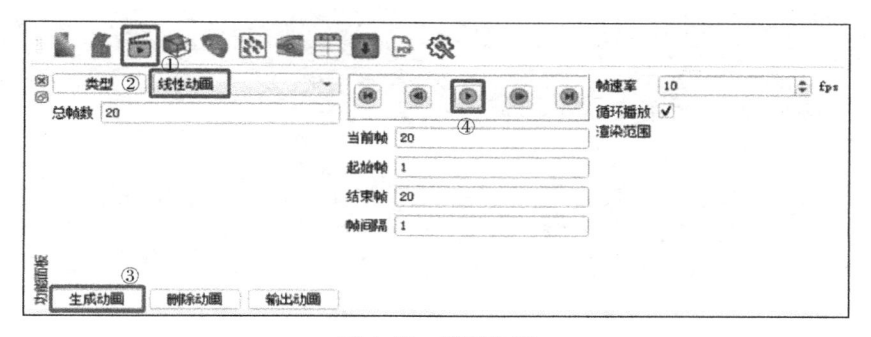

图 4-43　动画设置

（1）单击"动画"图标，切换至动画功能面板。

（2）将类型设置为"线性动画"。

（3）单击"生成动画"按钮，软件自动生成动画，并显示动画控制面板。

（4）单击"播放"图标，在窗口中可以看到当前工况下模型变形的动画。

第 5 章　车辆结构模态分析

【本章导读】

　　模态分析是一种工程分析方法，用于研究结构或系统在不同振动条件下的响应。模态分析主要通过分析结构的自然频率、振型、阻尼比等，来确定结构在自由振动或强制振动下的响应情况，以及结构在振动条件下的稳定性和耐久性等。模态分析在结构设计、故障诊断、材料研究、地震工程等领域得到了广泛应用。

【效果预览】

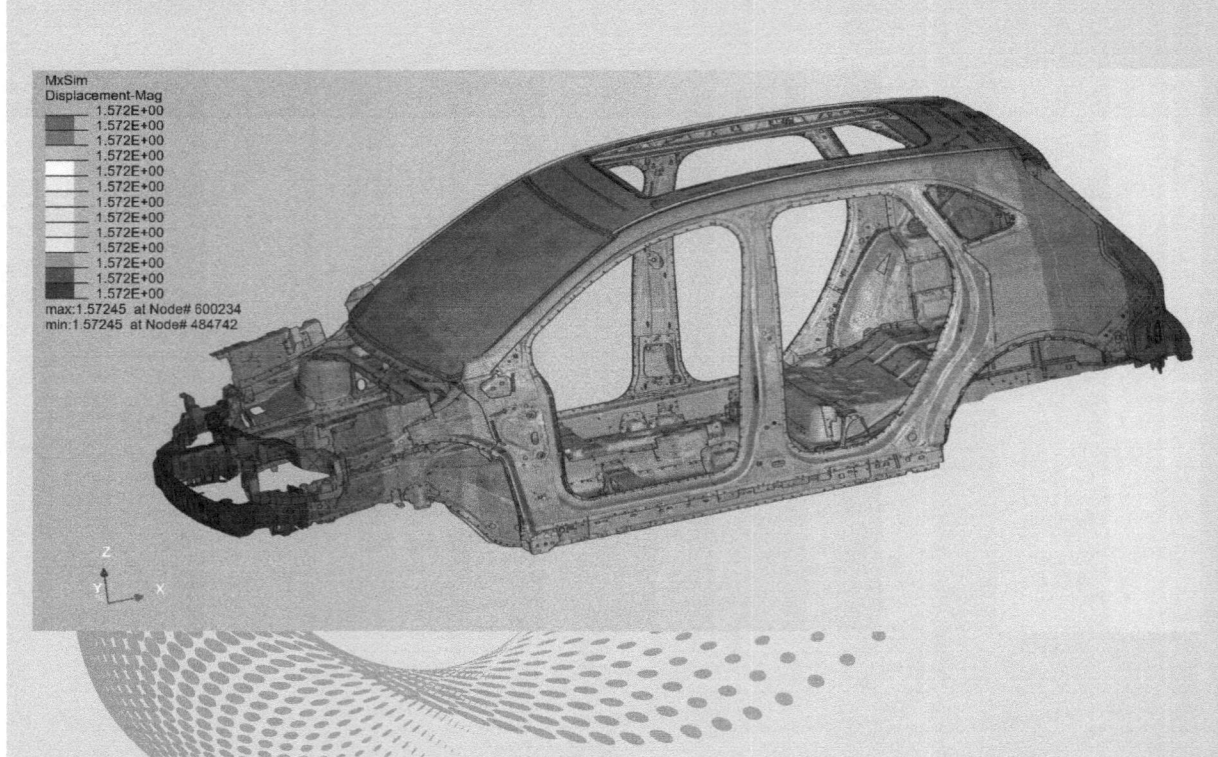

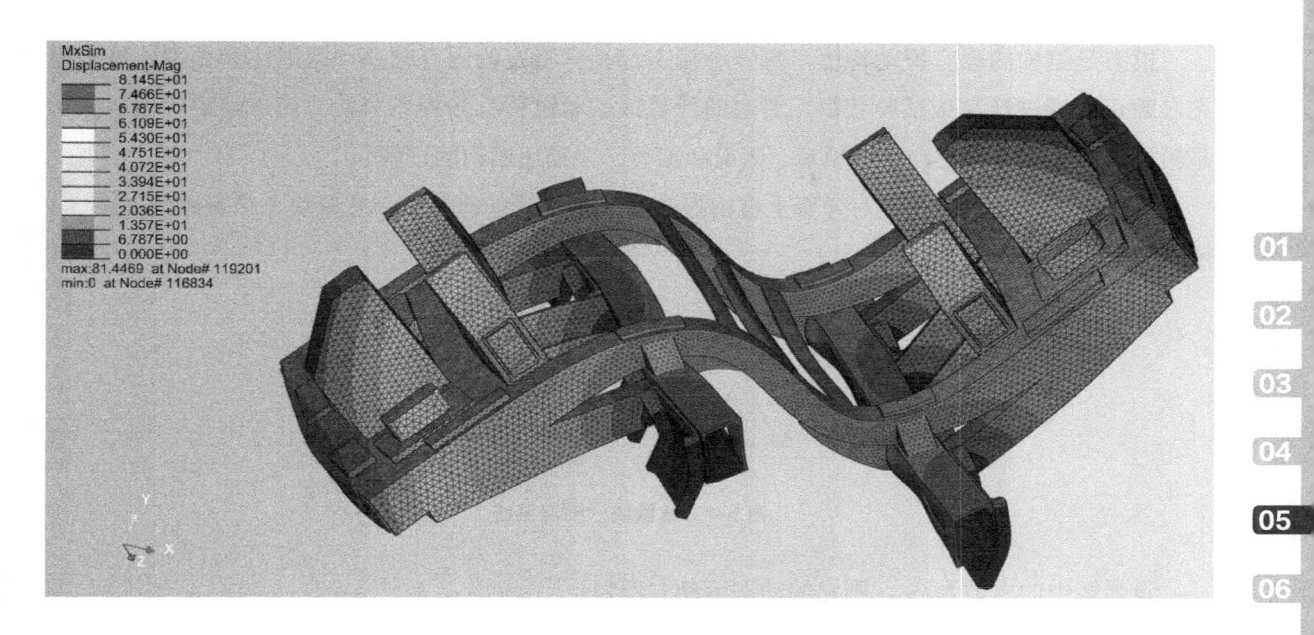

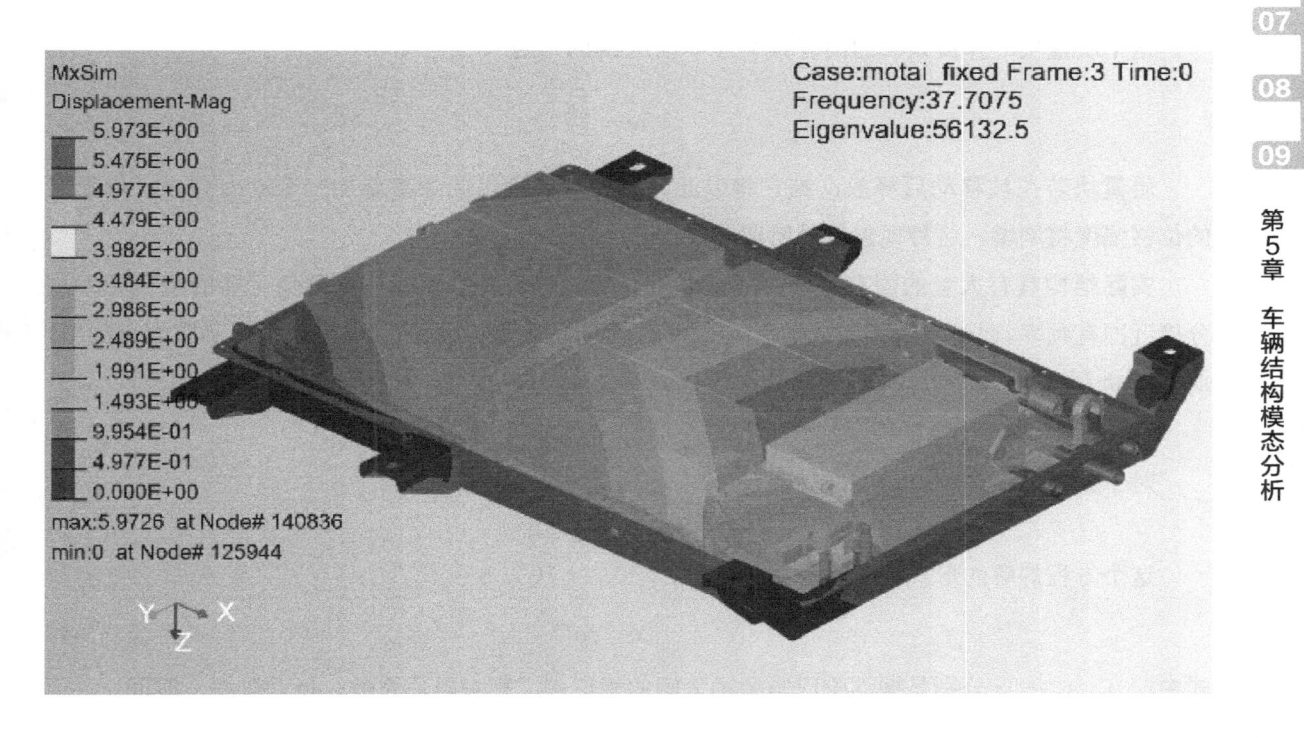

5.1 模态分析概述

有关振动的计算分析常采用的是模态分析，即频率提取；稳态动态分析，即频率响应；随机振动分析，即随机响应。有时也涉及瞬态分析，如瞬时模态响应分析。本节主要讲解模态分析。

模态是结构的固有振动特性，每一个模态都具有特定的固有频率、阻尼比和振型。这些模态参数可以通过计算或试验获得，对应的计算或试验过程称为模态分析。简单地说，模态分析是根据结构的固有特征，包括频率、阻尼和振型，来描述结构的过程。

最简单的模态分析就是对弹簧上自由振动的质量块进行的分析。质量块－弹簧系统如图 5-1 所示。

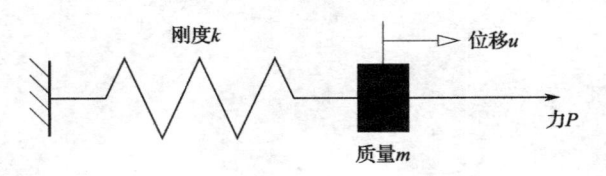

图 5-1 质量块－弹簧系统

设弹簧中的内力为 ku，则它的动态运动方程为

$$mu'' + ku - P = 0 \tag{5-1}$$

这个质量块－弹簧系统的固有频率（单位是 rad/s）为

$$\omega = \sqrt{\frac{k}{m}} \tag{5-2}$$

质量块若在被移动后释放，则它将以此频率振动。若以此频率施加一个动态外力，质量块的位移幅度将剧增，这种现象就是所谓的共振。

实际结构具有大量的固有频率。因此在设计结构时，非常重要的是避免可能的载荷频率过分接近固有频率。通过考虑非加载结构（在动力平衡方程中令 $P=0$）的动态响应可以确定固有频率。动态运动方程变为

$$Mu'' + I = 0 \tag{5-3}$$

对于无阻尼系统，$I = Ku$，因此有

$$Mu'' + Ku = 0 \tag{5-4}$$

这个方程的解的形式为

$$u = \phi e^{i\omega t} \tag{5-5}$$

式中，ϕ、i、ω、t 分别是振动响应与激励之间的相位差、相对阻尼系数、振动频率、时间。

将式（5-5）代入式（5-4），得到了特征值（Eigenvalue）问题：

$$K\phi = \lambda M\phi \tag{5-6}$$

式中，$\lambda = \omega^2$。

该系统具有 n 个特征值，其中 n 是有限元模型中的自由度数目。记 λ_j 是第 j 个特征值，它的平方根 ω_j 是结构的第 j 阶模态的固有频率，而 ϕ_j 是相应的第 j 阶特征向量。特征向量就是所谓的模态，即结构第 j 阶模态振动的变形形状。

由上述可知，无阻尼模态分析求解的基本方程是经典的特征值问题：

$$[K]\{\phi_i\} = \omega_i^2 [M]\{\phi_i\} \qquad (5\text{-}7)$$

式中，K 是刚度矩阵；M 质量矩阵；ϕ_i 是第 i 阶模态的振型向量（特征向量）；ω_i^2 是第 i 阶模态的固有频率（ω_i^2 是特征值）。

用于提取模态的有限元方法有很多，最常用的有以下几种。

（1）Block Lanczos 法：该方法是默认的特征值求解器，用于提取大模型的多阶模态，速度快，但是要求的内存多。

（2）子空间（Subspace）法：计算精度较高，但是速度比缩减法的慢，可用于提取大模型的少数阶模态。

（3）Power Dynamic 法：用于提取大模型的少数阶模态，对于网格较粗的模型只能得到近似值，适用于提取 100000 以上自由度模型特征值的快速求解。

（4）缩减（Reduced/Householder）法：用于提取小模型的模态（10000 以下自由度）。

常做的模态分析一般采用的是 Block Lanczos 法。

5.2 实例分析——托架焊接组件的模态分析

5.2.1 实例描述

作为车辆底盘的重要部件，托架的动刚度性能直接影响车辆的机动性和操控稳定性，因此对托架的设计有较高要求。进行模态分析是评估其动刚度性能的重要手段，能够全面了解结构特性，找出薄弱环节和造成刚度偏低的原因。

5.2.2 分析步骤

1. 导入几何模型（见图 5-2）

（1）单击"导入"图标，准备导入几何模型。

（2）将类型设置为"几何文件"。

（3）单击"浏览"按钮，打开"导入文件"对话框。

（4）通过几何模型所在路径找到对应的几何模型。

（5）双击几何模型或在选择几何模型后单击"打开"按钮。

（6）单击"导入"按钮导入几何模型，导入后的几何模型会在窗口中显示。

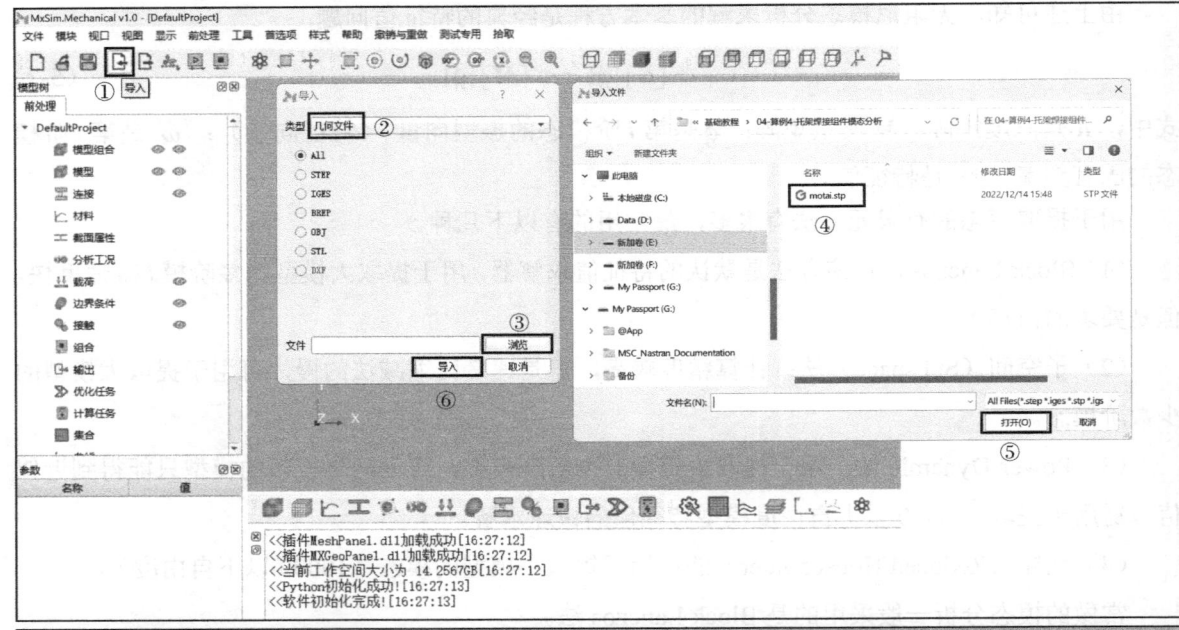

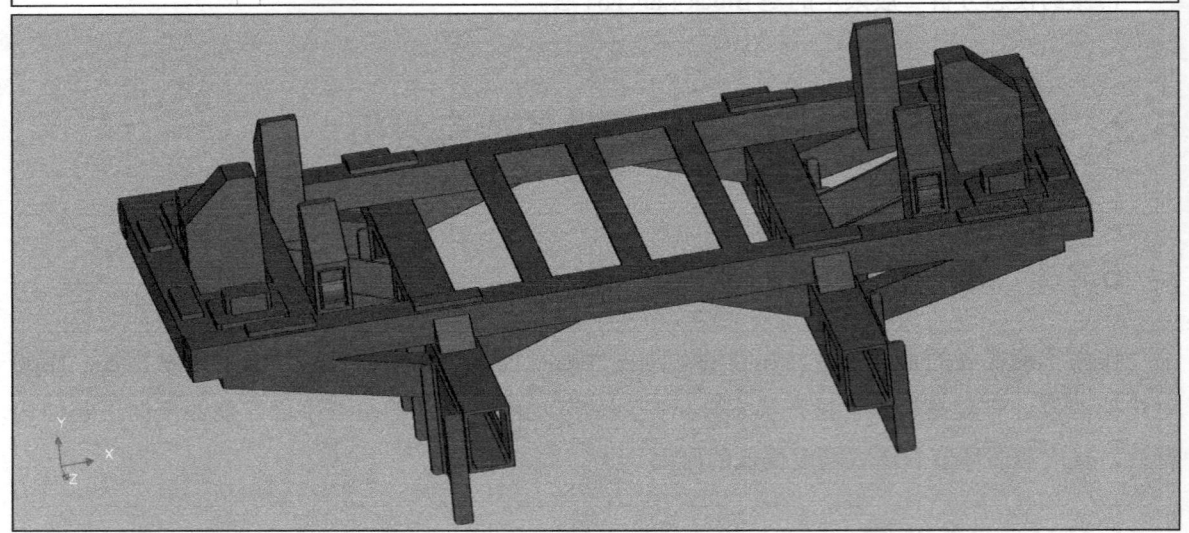

图 5-2　导入几何模型

2. 网格剖分（见图 5-3）

（1）单击"网格"图标，打开网格剖分面板。

（2）在网格剖分面板中单击"实体剖分"按钮，进入"体剖分"选项卡。

（3）将剖分对象设置为"拾取"，在窗口中点选几何实体。几何实体颜色变为白色高亮显示时表示被选中。

（4）在"网格剖分"选项卡中将网格形状设置为"四面体"。

（5）将网格尺寸设置为"1.20000"，将阶数设置为"1"。

（6）单击"剖分"按钮，软件开始进行网格剖分，完成后窗口中的几何实体上会显示白色网格预览线。

（7）单击"确定"按钮即可完成网格剖分，网格预览线变为黑色，如图 5-3 所示。

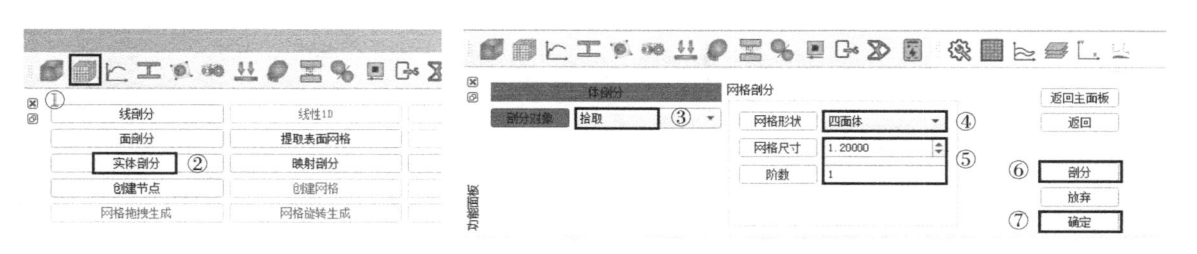

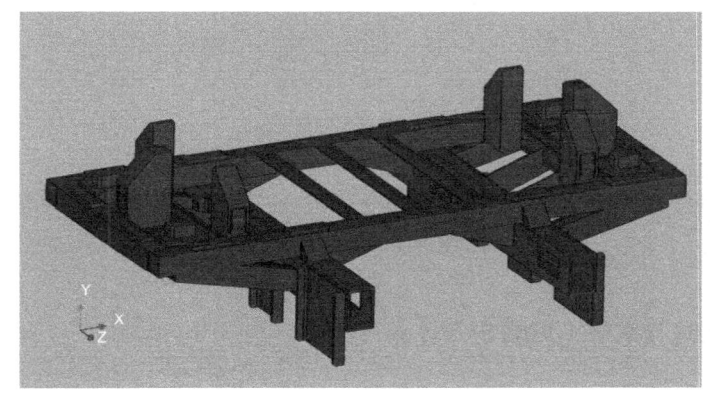

图 5-3　网格剖分

3. 材料定义（见图 5-4）

（1）单击"材料"图标，进入材料定义面板。

（2）将材料名设置为"Material_1"。

（3）将材料类型设置为"弹性"。

（4）将弹性设置为"各向同性"。

（5）在弹出的"材料参数"对话框中将杨氏模量设置为"206000"，将泊松比设置为"0.3"。

（6）勾选"密度"复选框，单击"密度"后的"设置"按钮。

（7）弹出"材料参数：密度"对话框，在"密度"框中输入"7.85e-09"。

（8）单击"返回"按钮。

（9）单击"保存"按钮，完成材料定义。

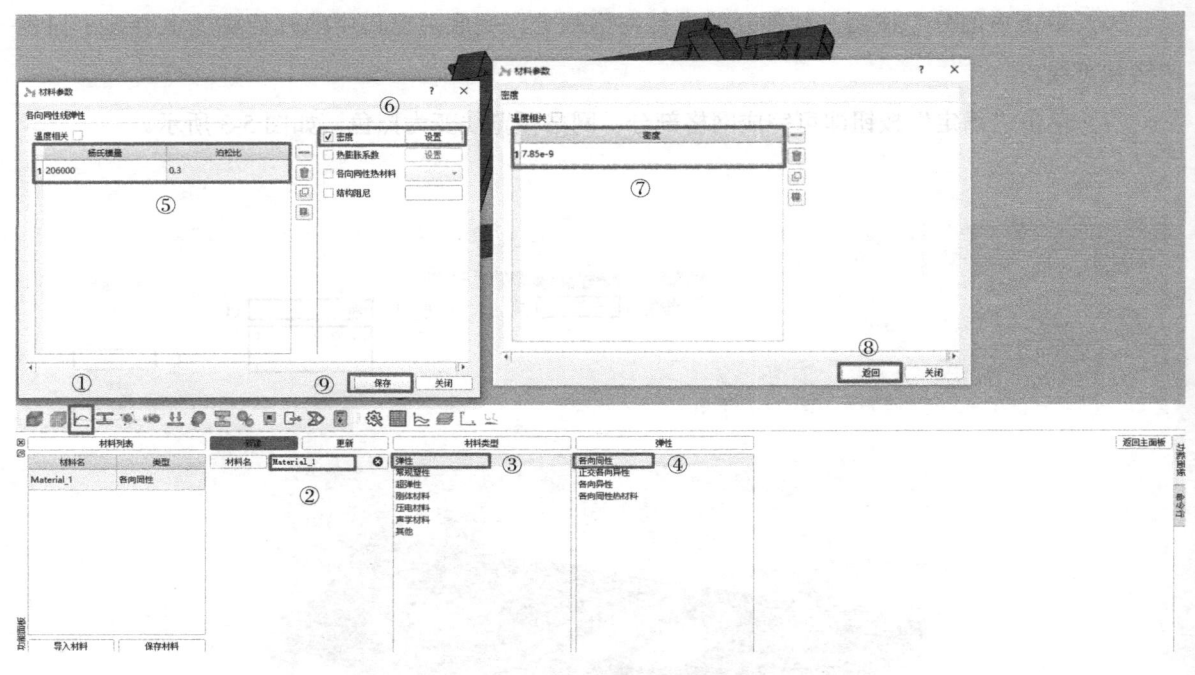

图 5-4　材料定义

4. 截面属性的创建与赋予（见图 5-5）

（1）单击"截面"图标。

（2）将属性名称设置为"Property_1"。

（3）将属性分类设置为"三维实体"。

（4）将属性类型设置为"均质"。

（5）在"材料列表"中单击"Material_1"选项。

（6）单击"确定并赋予"按钮，完成截面属性的创建与赋予。

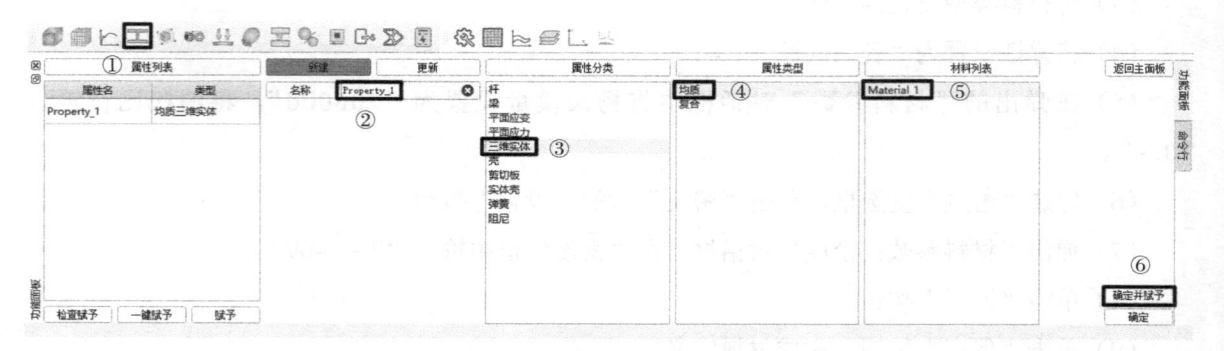

图 5-5　截面属性的创建与赋予

5. 单元类型的定义与关联

（1）单击"单元类型"图标。

（2）此项默认为一阶四面体（D3T4）单元，如图 5-6 所示。

（3）本实例无须更换单元类型，单击"返回"按钮。

图 5-6　单元类型设置

6. 创建分析工况（见图 5-7）

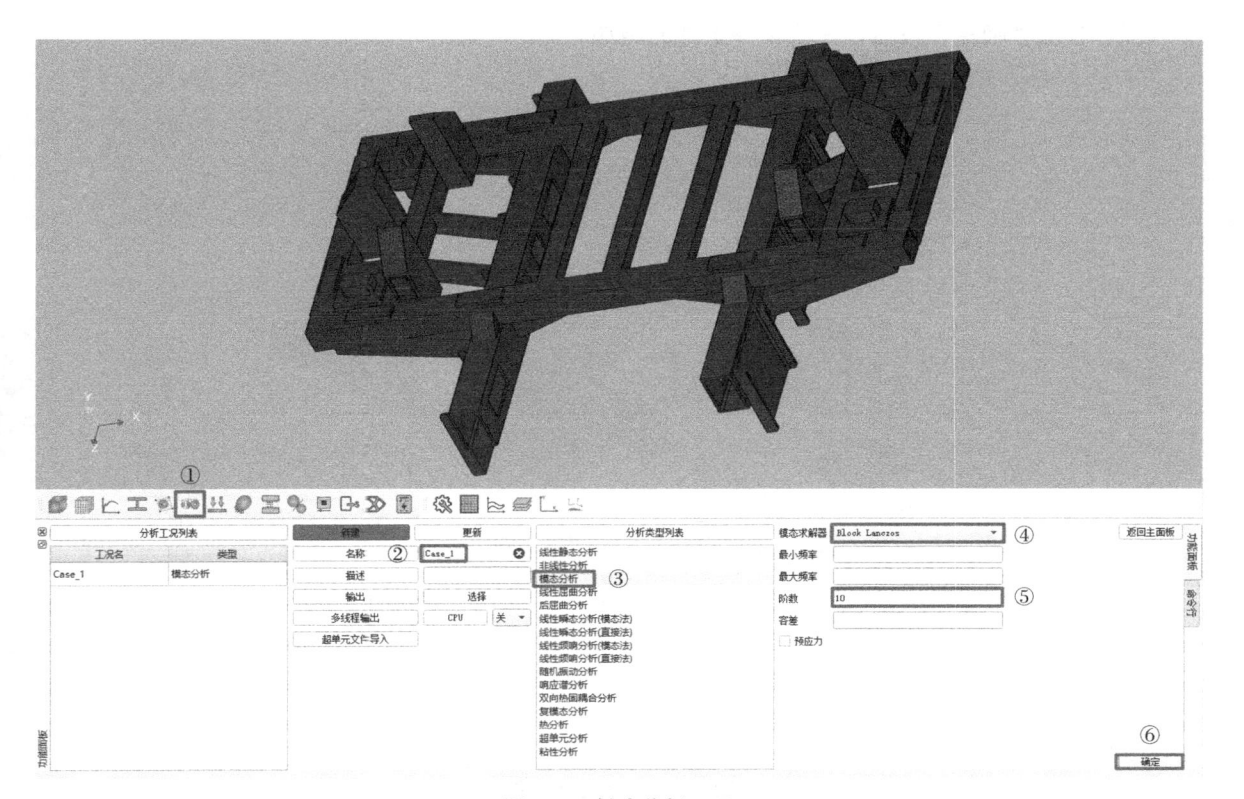

图 5-7　创建分析工况

(1)单击"分析工况"图标,进入分析工况创建栏。

(2)将工况名设置为"Case_1"。

(3)在"分析类型列表"中单击"模态分析"选项。

(4)将模态求解器设置为"Block Lanczos"。

(5)将阶数设置为"10"。

(6)单击"确定"按钮,完成分析工况的创建。

7. 施加载荷

模态分析默认不施加载荷。

8. 施加边界条件(见图 5-8)

(1)单击"边界"图标,进入边界条件创建栏。

(2)将边界条件名称设置为"BC_1"。

(3)工况默认为已经创建的"Case_1"工况。

(4)将边界条件类型设置为"固定/对称/反对称"。

(5)选择"完全固定"单选按钮。

(6)将作用对象设置为"通过面",在窗口中点选如图 5-8 所示的 8 个平面。

(7)单击"确定"按钮,完成边界条件的施加。

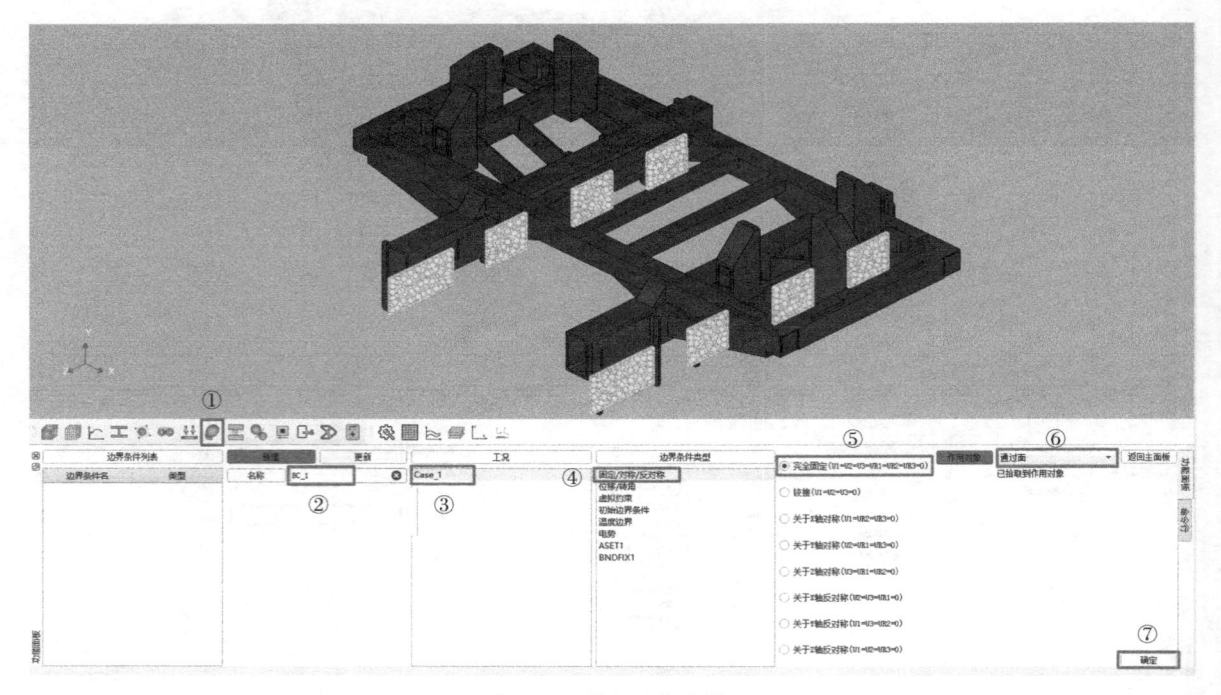

图 5-8 施加边界条件

9. 创建输出（见图 5-9）

图 5-9　创建输出

（1）单击"输出"图标。

（2）在"名称"框中输入场变量名称，初始名称为"Output_1"。

（3）默认输出"应力"场变量中的"S，节点应力"，默认输出"位移/速度/加速度"场变量中的"U，位移"。

（4）单击"确定"按钮，完成输出的创建。

10. 创建计算任务

（1）单击"计算任务"图标，创建新的计算任务。

（2）将计算任务名称设置为"job_1"。

（3）"工况继承"处默认为已创建的"Case_1"工况。

（4）将并行设置为"CPU"，在对应的数值框中输入"12"，即 CPU 的最大线程数（以计算机的实际最大线程数为准）。

（5）单击"确定"按钮，完成 Case_1 工况计算任务的创建。

（6）在"任务列表"中单击"job_1"选项。

（7）单击"本地求解"按钮，启动求解，如图 5-10 所示。

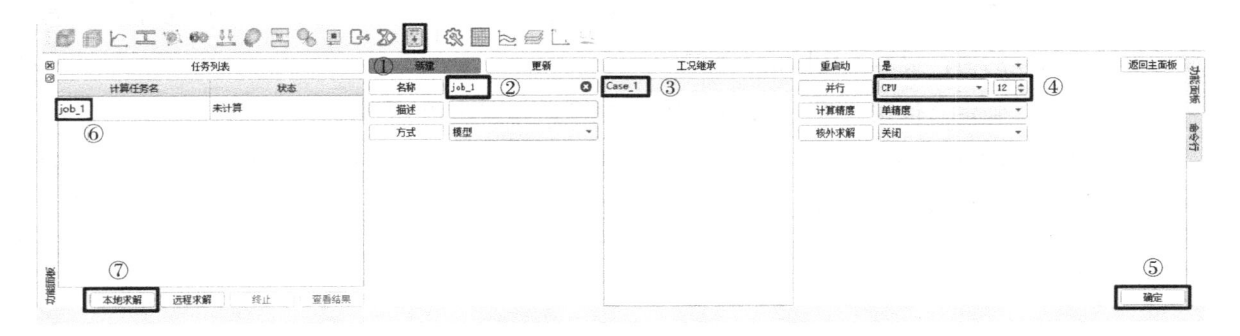

图 5-10　创建计算任务

注：计算文件会保存在默认工作目录下，初始工作目录为安装包中的"WorkingDir"文件夹，

也可设置工作目录，执行"文件"→"工作目录"命令，弹出"设置工作目录"对话框，单击"浏览"按钮，选择合适的路径，最后单击"确定"按钮，如图 5-11 所示。

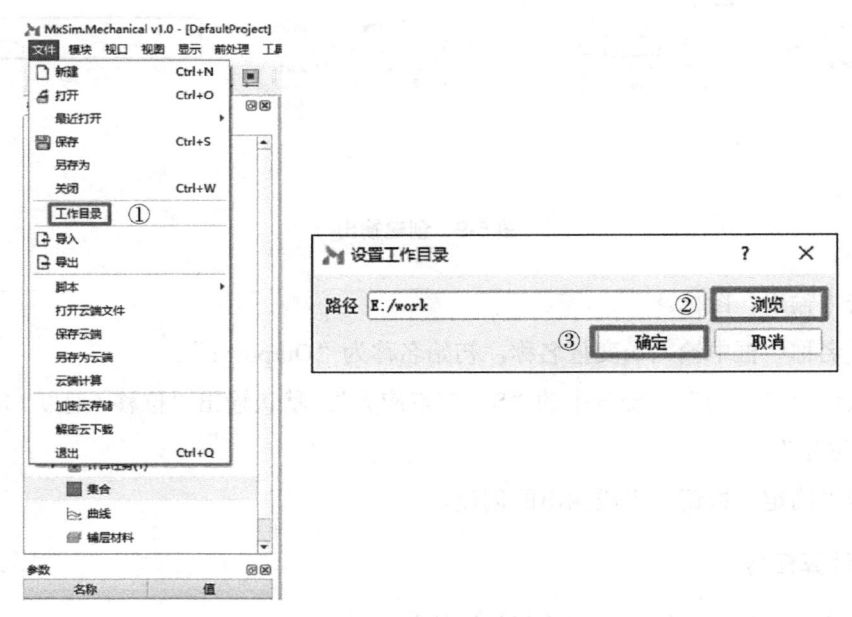

图 5-11　工作目录设置

11. 后处理

（1）求解成功后软件会自动跳转至后处理界面。当前帧默认为"1.1"，即一阶固有频率。

（2）变量默认为"Displacement"，即位移；分量默认为"Mag"，即显示合位移；窗口中显示的是一阶振型。

（3）单击"变形图"图标，设置显示构型、变形类型和变形系数。

（4）变形系数保持默认设置，即"1"。

（5）主窗口右上角实时显示当前窗口的模态信息（当前显示阶次的频率值和特征值）；可通过更改当前帧的值，显示不同阶的振型图。

（6）单击"确定"按钮，即可显示相应的振型图，如图 5-12 所示。

注：在生成的 .log 格式的文件中，记录了模型的模态值信息，该信息显示了求解的前十阶频率值及特征值，如图 5-13 所示。

图 5-12 振型图

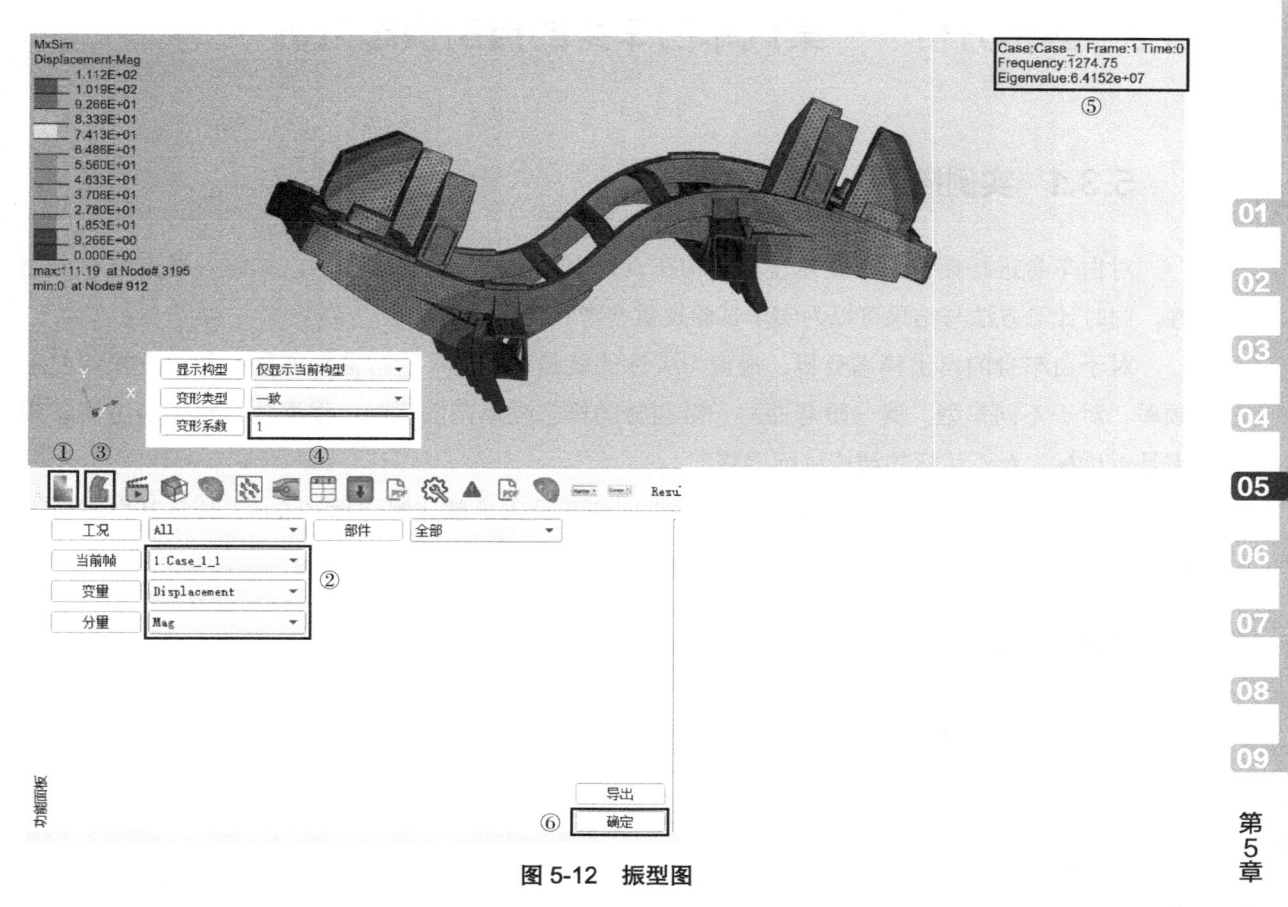

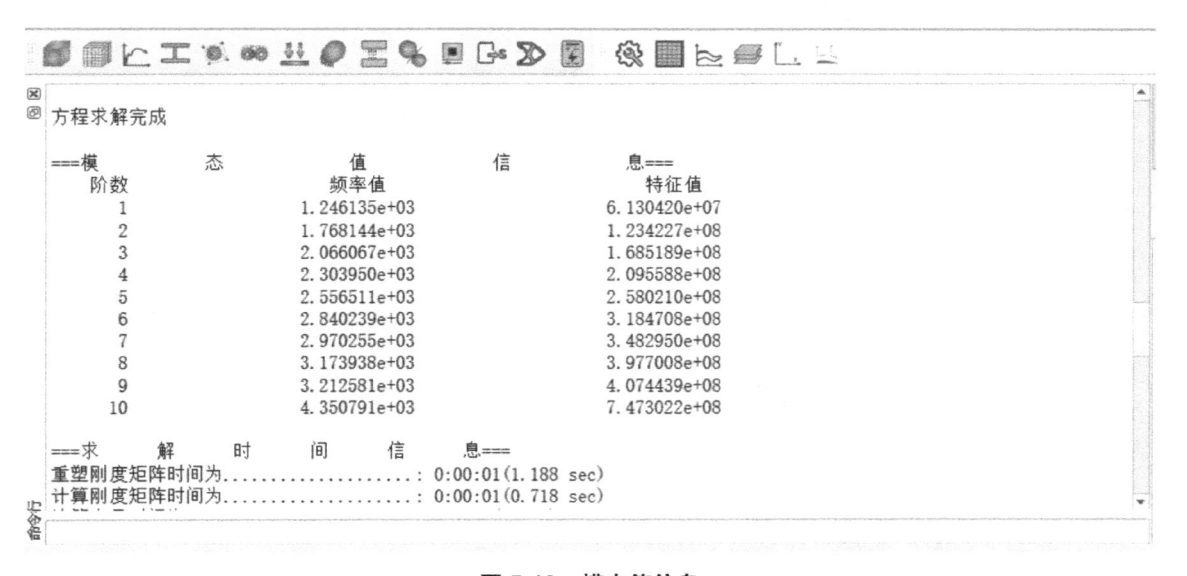

```
方程求解完成

===模        态        值        信        息===
  阶数                频率值                  特征值
   1              1.246135e+03           6.130420e+07
   2              1.768144e+03           1.234227e+08
   3              2.066067e+03           1.685189e+08
   4              2.303950e+03           2.095588e+08
   5              2.556511e+03           2.580210e+08
   6              2.840239e+03           3.184708e+08
   7              2.970255e+03           3.482950e+08
   8              3.173938e+03           3.977008e+08
   9              3.212581e+03           4.074439e+08
  10              4.350791e+03           7.473022e+08

===求    解    时    间    信    息===
重塑刚度矩阵时间为..................: 0:00:01(1.188 sec)
计算刚度矩阵时间为..................: 0:00:01(0.718 sec)
```

图 5-13 模态值信息

5.3 实例分析——某汽车白车身的自由模态分析

5.3.1 实例描述

对白车身进行模态分析就是使其结构在设计中尽量避免共振和噪声，加强其稳定性和安全性，同时计算方法与结果可以为实车试验提供参考和依据。

对于白车身的自由模态分析，最值得关注的就是车身的一阶弯曲模态频率与一阶扭转模态频率。对于不同车型，其一阶弯曲与一阶扭转的模态频率范围不同，根据分析结果确定模态频率是否达标，对不达标的结构进行调整。

MxSim 支持多种格式的计算文件，本实例演示导入外部计算文件（.fem）计算某白车身的自由模态。

5.3.2 分析步骤

1. 导入计算文件（见图 5-14）

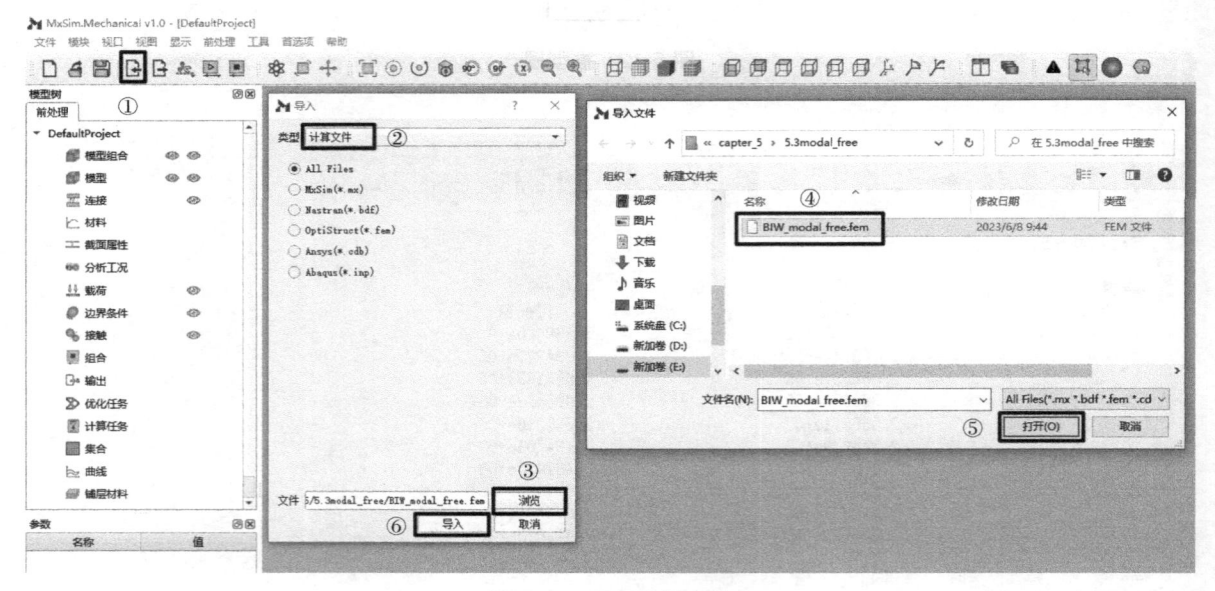

图 5-14 导入计算文件

（1）单击"导入"图标，准备导入计算文件。
（2）将类型设置为"计算文件"。
（3）单击"浏览"按钮，打开"导入文件"对话框。

（4）通过计算文件所在路径找到对应的计算文件。

（5）双击计算文件或在选择计算文件后单击"打开"按钮。

（6）单击"导入"按钮，导入计算文件，导入后的计算文件会在窗口中显示（见图5-15）。

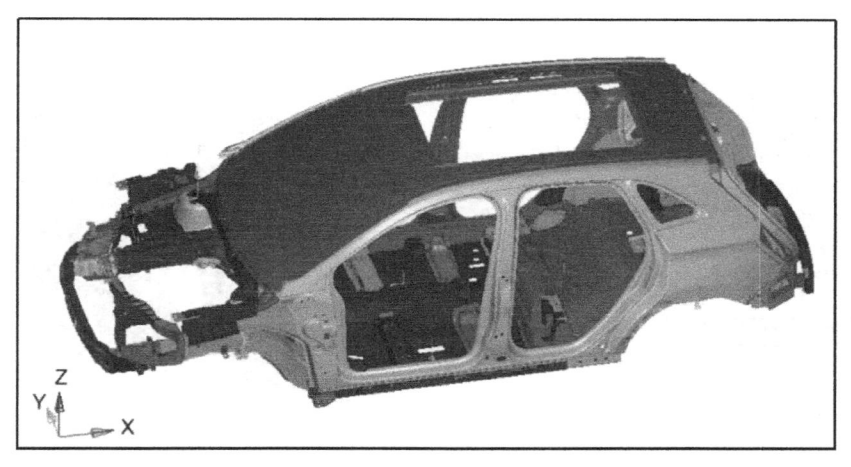

图 5-15　白车身模型

注：在导入过程中可以切换到"命令行"界面（见图5-16），查看计算文件导入的实时状态。

图 5-16　"命令行"界面

2. 检查模型网格属性赋予（见图5-17）

（1）展开模型树下的截面属性收集器。

（2）单击一个截面属性选项，图形区中对应的零部件会高亮显示。

（3）单击"截面"图标，进入截面属性控制面板。

（4）单击"检查赋予"按钮，对模型网格属性赋予情况进行检查。

（5）左下角状态栏会提示当前模型网格属性赋予情况。

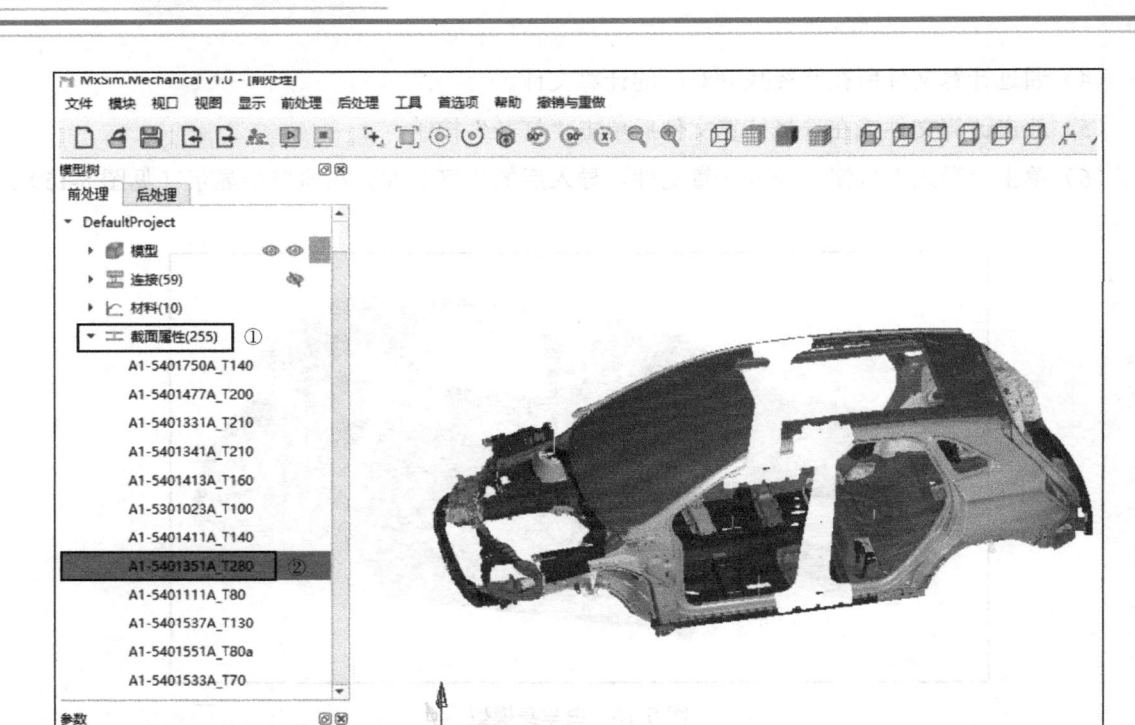

图 5-17　检查模型网格属性赋予

3. 创建分析工况（见图 5-18）

（1）单击"分析工况"图标，进入分析工况创建栏。

（2）将工况名设置为"motai_free"。

（3）在"分析类型列表"中单击"模态分析"选项。

（4）将模态求解器设置为"Block Lanczos"；将阶数设置为"10"，即提取前十阶模态分析结果。

（5）单击"确定"按钮，完成分析工况的创建。

（6）创建成功后，"分析工况列表"中显示当前创建的分析工况。

图 5-18 创建分析工况

4. 施加载荷

模态分析默认不施加载荷。

5. 施加边界条件

本实例为自由模态分析，不施加边界条件。

6. 创建计算任务（见图 5-19）

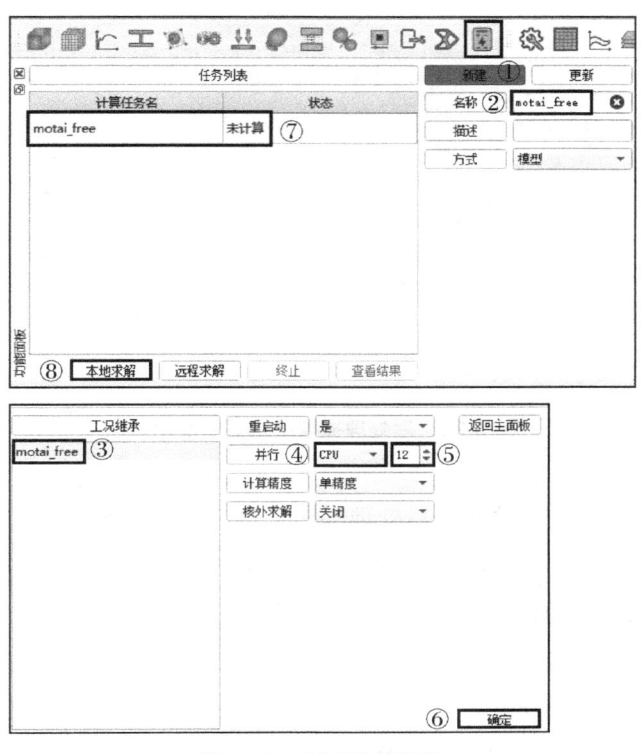

图 5-19 创建计算任务

(1) 单击"计算任务"图标，创建新的计算任务。

(2) 将计算任务名称设置为"motai_free"。

(3) "工况继承"处默认为已创建的"motai_free"工况。

(4) 将并行设置为"CPU"。

(5) 在"CPU"对应的数值框中输入"12"，即CPU的最大线程数（以计算机的实际最大线程数为准）。

(6) 单击"确定"按钮，完成计算任务的创建。

(7) 单击"任务列表"中的"motai_free"选项。

(8) 单击"本地求解"按钮，启动求解。

7. 后处理

1) 后处理振型结果显示及设置（见图5-20）

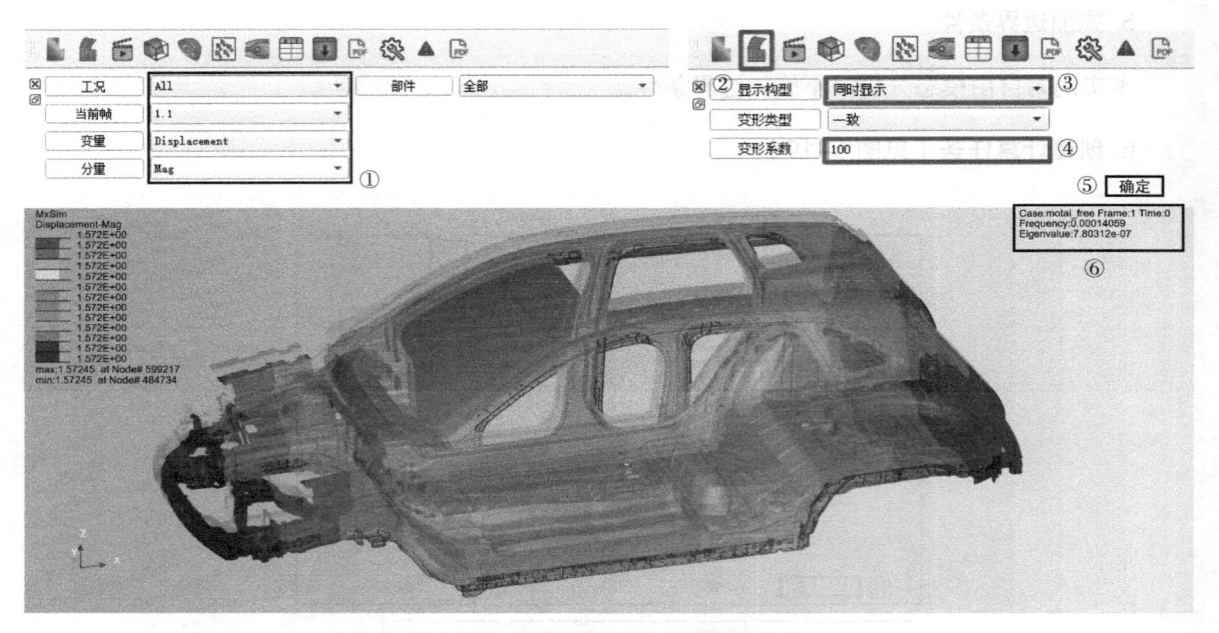

图5-20 后处理振型结果显示及设置

(1) 求解成功后软件会自动跳转至后处理界面。当前帧默认为"1.1"，即一阶固有频率；变量默认为"Displacement"，即位移；分量默认为"Mag"，即显示合位移；窗口中显示的是一阶振型；可通过更改当前帧的值，显示不同阶的振型图。

(2) 单击"变形图"图标，设置显示构型、变形类型和变形系数。

(3) 将显示构型设置为"同时显示"，即同时显示变形前后的图形。

(4) 将变形系数设置为"100"，即将窗口中变形图的显示比例设置为100。

（5）单击"确定"按钮，缩放后的振型图如图 5-20 所示，可以观察到，前六阶模态值很低，为刚体模态，振型表现为单一自由度上的变形。

（6）主窗口右上角实时显示当前窗口的模态信息（当前显示阶次的频率值和特征值）。

2）提取车身的一阶弯曲模态与一阶扭转模态（见图 5-21）

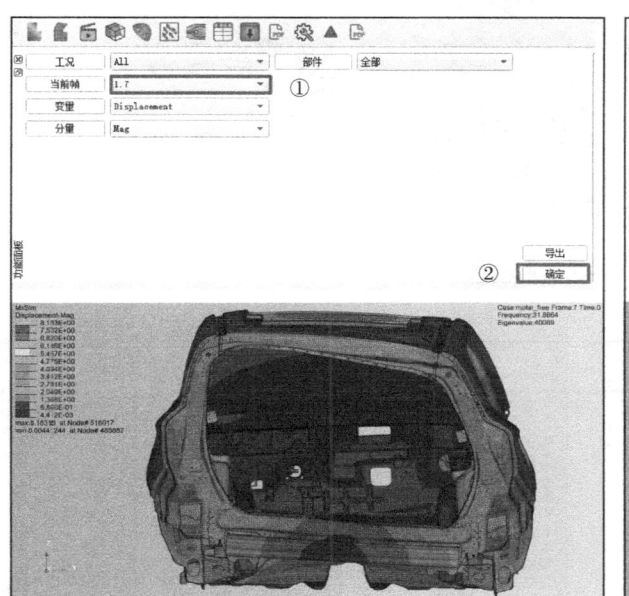

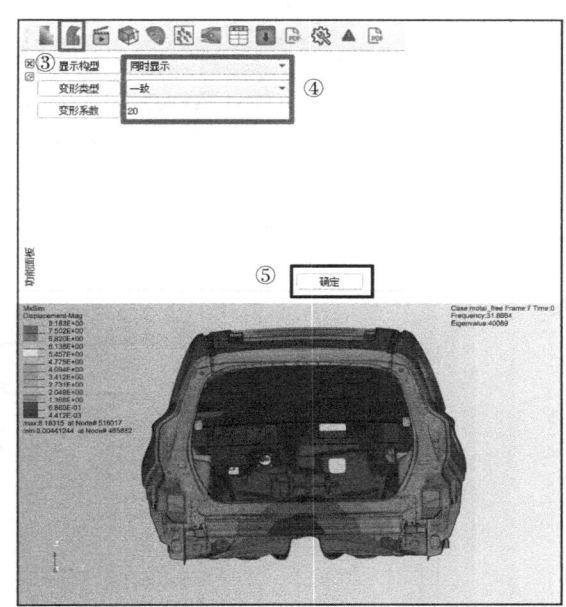

图 5-21 提取车身的一阶弯曲模态与一阶扭转模态

（1）将当前帧设置为"1.7"（前六阶为刚体模态），可以提取一阶扭转模态。

（2）单击"确定"按钮，可以查看到模型云图。

（3）单击"变形图"图标切换到变形图控制面板。

（4）将显示构型设置为"同时显示"，即同时显示模型变形前后的云图；将变形系数设置为"20"，以便观察。

（5）单击"确定"按钮，图形区将显示变形前及变形后的模型云图。

参考上述步骤可以确定模型的一阶弯曲模态，本实例的一阶弯曲模态如图 5-22 所示。

3）列表查看频率值及特征值（见图 5-23）

（1）在主功能面板最右侧，单击"命令行"按钮即可显示"命令行"界面。

（2）拖动垂直滚动条，在"命令行"界面中找到"模态值信息"（见图 5-23），该信息显示了求解的前十阶的频率值及特征值。

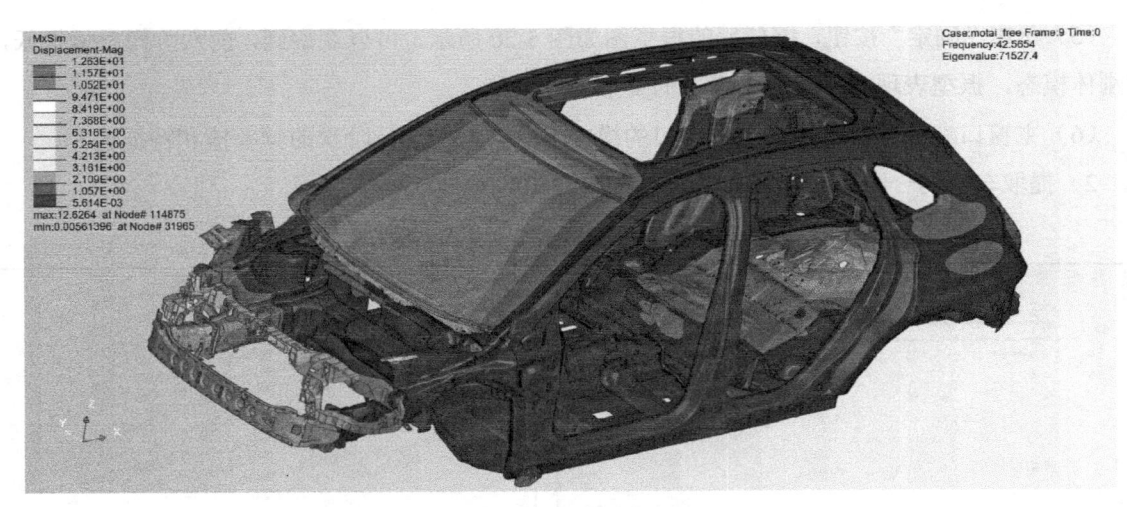

图 5-22 一阶弯曲模态

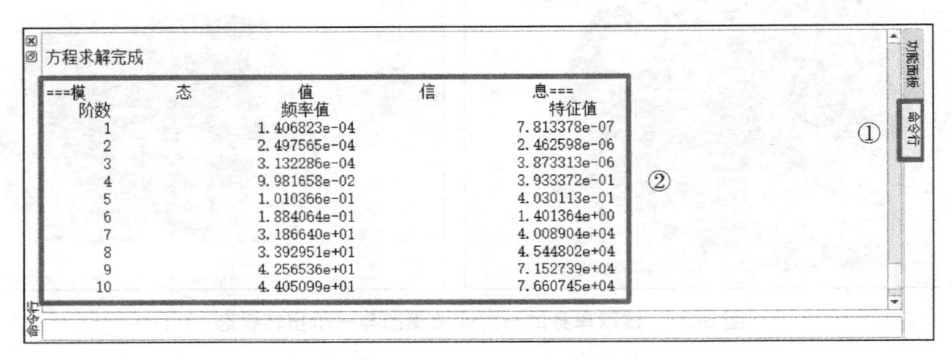

图 5-23 列表查看频率值及特征值

5.4 实例分析——某新能源汽车电池包箱体约束模态分析

5.4.1 实例描述

为了提高电动汽车的能效和续航里程,新能源汽车开发者通常先将高性能电池单体组成电池模块,再将电池模块组装成电池包箱体,因此电池包箱体的设计和优化对于整个电池系统性能而言至关重要。CAE 分析可以快速确定最优的电池包箱体结构,缩短研发时间,降低研发成本,提高汽车动力性能和安全性。

通过 CAE 仿真,可以对电池包箱体在各种工况下的结构强度、刚度、疲劳寿命、振动耐受性和热管道分布等关键参数进行详细分析。例如,在电池包箱体发生碰撞时,通过仿真模拟碰撞情况下的框架强度破坏情况,获得相应的数据,从而验证设计方案的正确性。此外,进行模态仿真能够预测电池包箱体在动态工作状态下的振动模态和频率值，帮助设计者发现并消除不合适的设计工艺，从而减少不必要的失误和安全隐患。

MxSim 支持多种格式的计算文件，本实例导入外部计算文件（.fem）计算某新能源汽车电池包箱体的约束模态。

5.4.2 分析步骤

1. 导入计算文件（见图 5-24）

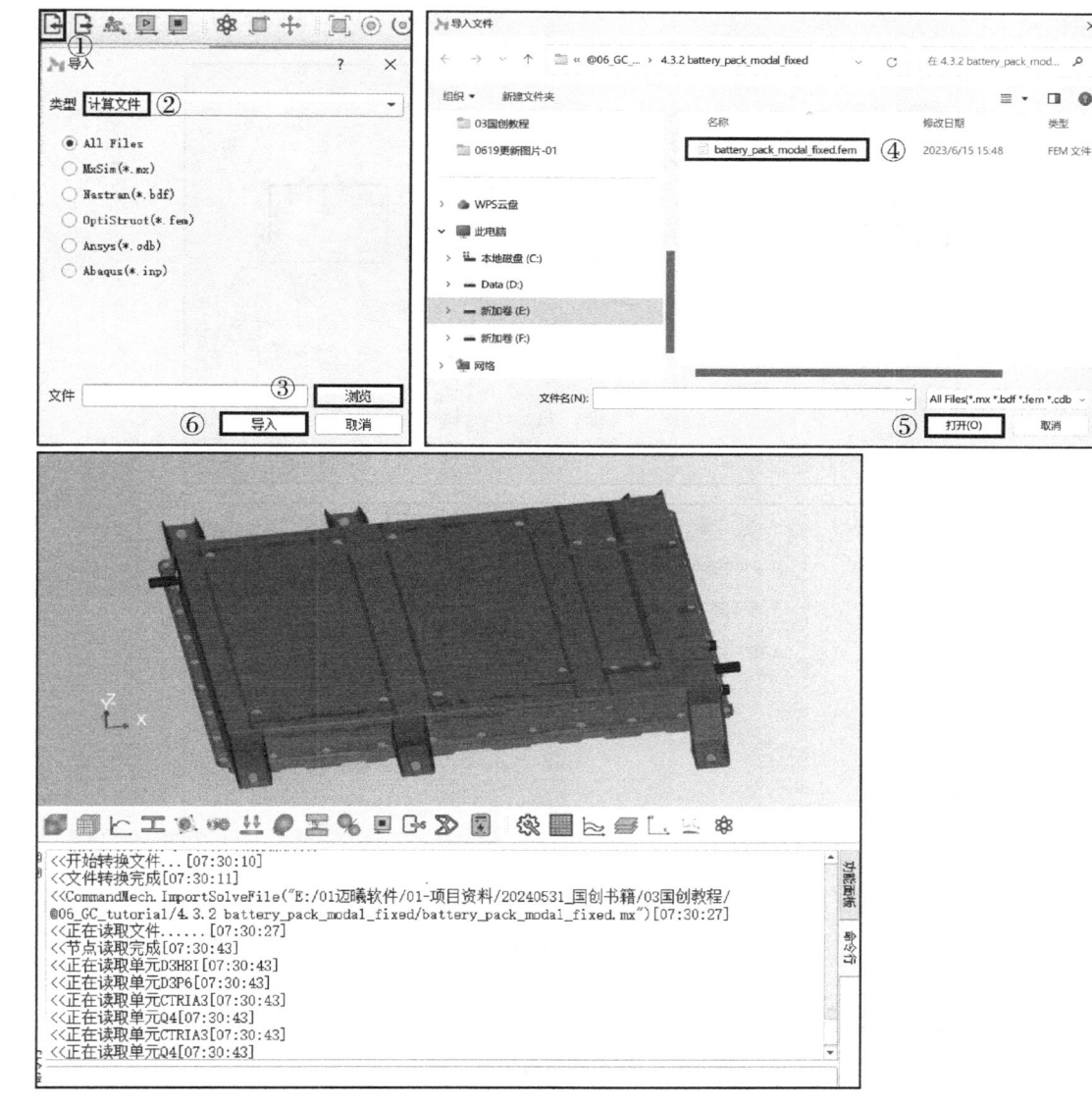

图 5-24 导入计算文件

(1)单击"导入"图标,准备导入计算文件。

(2)将类型设置为"计算文件"。

(3)单击"浏览"按钮,打开"导入文件"对话框。

(4)通过计算文件所在路径找到对应的计算文件。

(5)双击计算文件或在选择计算文件后单击"打开"按钮。

(6)单击"导入"按钮,导入计算文件,导入后的计算文件会在窗口中显示。

注:导入过程中可以切换到"命令行"界面,查看计算文件导入的实时状态,如图5-24所示。

2. 检查模型网格属性赋予(见图5-25)

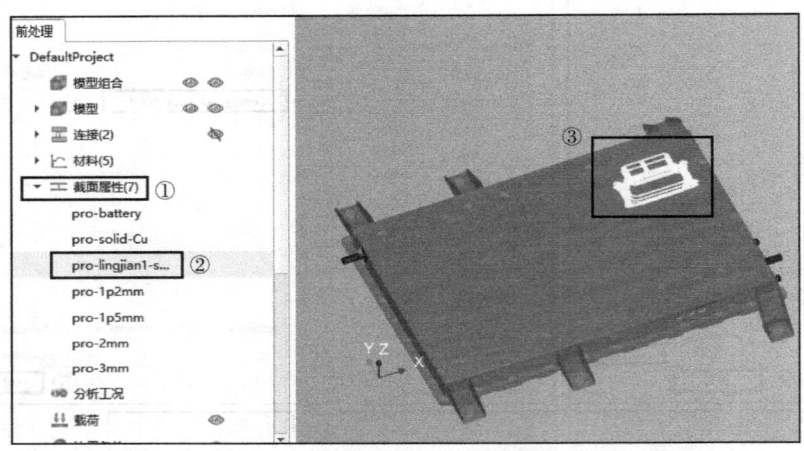

图 5-25 检查模型网格属性赋予

(1)展开模型树下的截面属性收集器。

(2)单击一个截面属性选项。

(3)图形区中对应的零部件会高亮显示。

(4)单击"截面"图标,进入截面属性控制面板。

(5)单击"检查赋予"按钮,对模型网格属性赋予情况进行检查。

(6)左下角状态栏会显示模型属性检查情况。

3. 创建分析工况(见图 5-26)

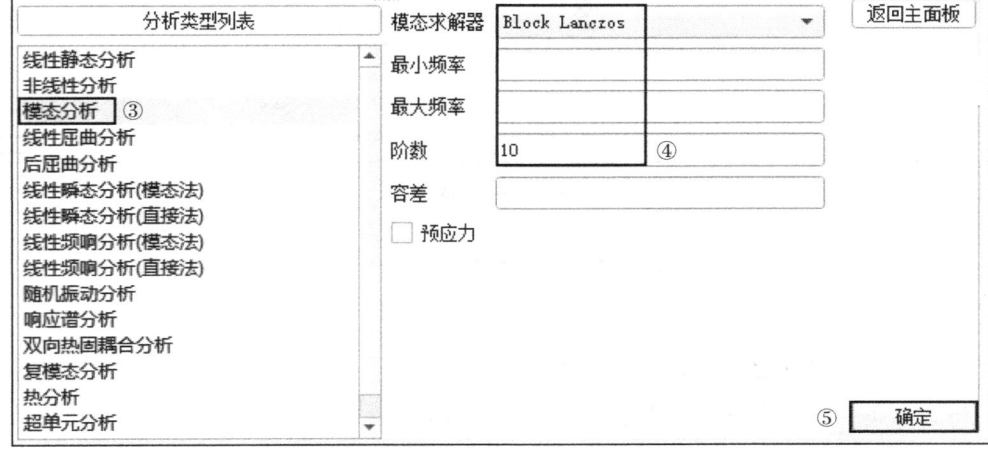

图 5-26 创建分析工况

(1)单击"分析工况"图标,进入分析工况创建栏。

(2)将工况名设置为"motai_fixed"。

(3)在"分析类型列表"中单击"模态分析"选项。

(4)将模态求解器设置为"Block Lanczos";将阶数设置为"10",即提取前十阶模态分析结果。

(5)单击"确定"按钮,完成分析工况的创建。

(6)创建成功后"分析工况列表"中会显示当前创建的分析工况。

4. 施加载荷

模态分析默认不施加载荷。

5. 施加边界条件(见图 5-27)

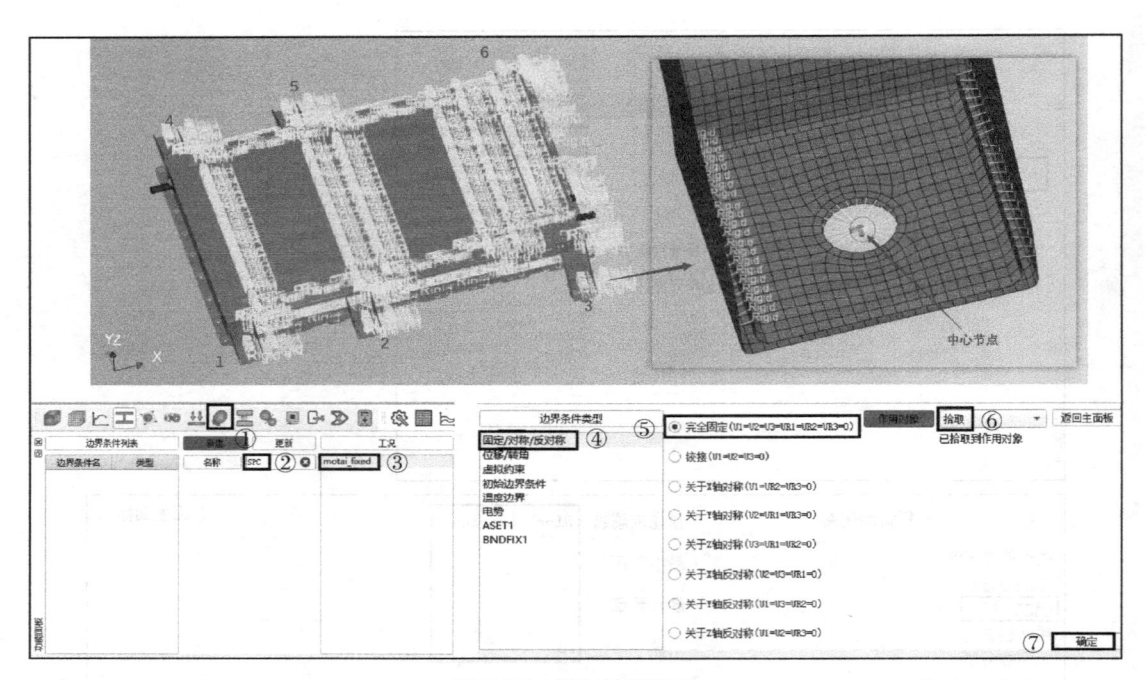

图 5-27 施加边界条件

(1)单击"边界"图标,进入边界条件创建栏。

(2)在"名称"框中输入"SPC"。

(3)工况默认为已创建的"motai_fixed"工况。

(4)将边界条件类型设置为"固定/对称/反对称"。

(5)选择"完全固定"单选按钮。

(6)将作用对象默认为已创建的"拾取",框选 6 处约束点。

(7)单击"确定"按钮,完成边界条件的施加。

6. 创建计算任务

(1)单击"计算任务"图标,创建新的计算任务。

(2)将计算任务名称设置为"motai_fixed"。

(3)"工况继承"处默认为已创建的"motai_fixed"工况。

(4) 将并行设置为"CPU"。

(5) 在"CPU"对应的数值框中输入"12",即 CPU 的最大线程数(以计算机的实际最大线程数为准)。

(6) 单击"确定"按钮,完成计算任务的创建。

(7) 单击"任务列表"中的"motai_fixed"选项。

(8) 单击"本地求解"按钮,启动求解,如图 5-28 所示。

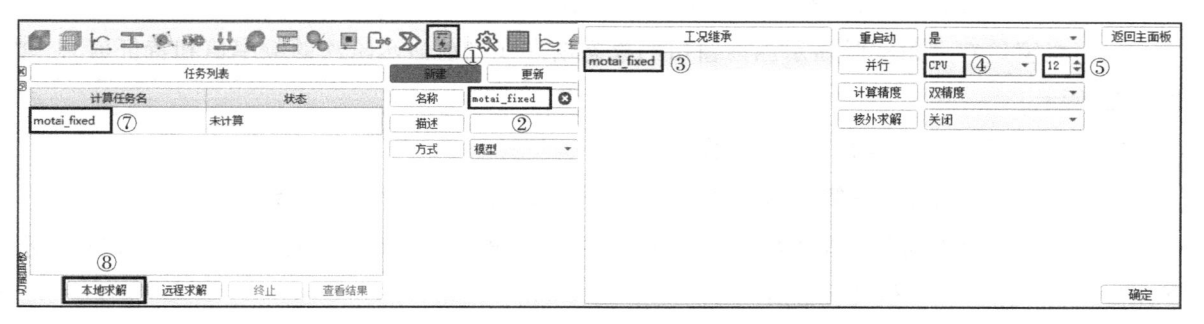

图 5-28 创建计算任务

7. 后处理

1) 后处理振型结果显示及设置(见图 5-29)

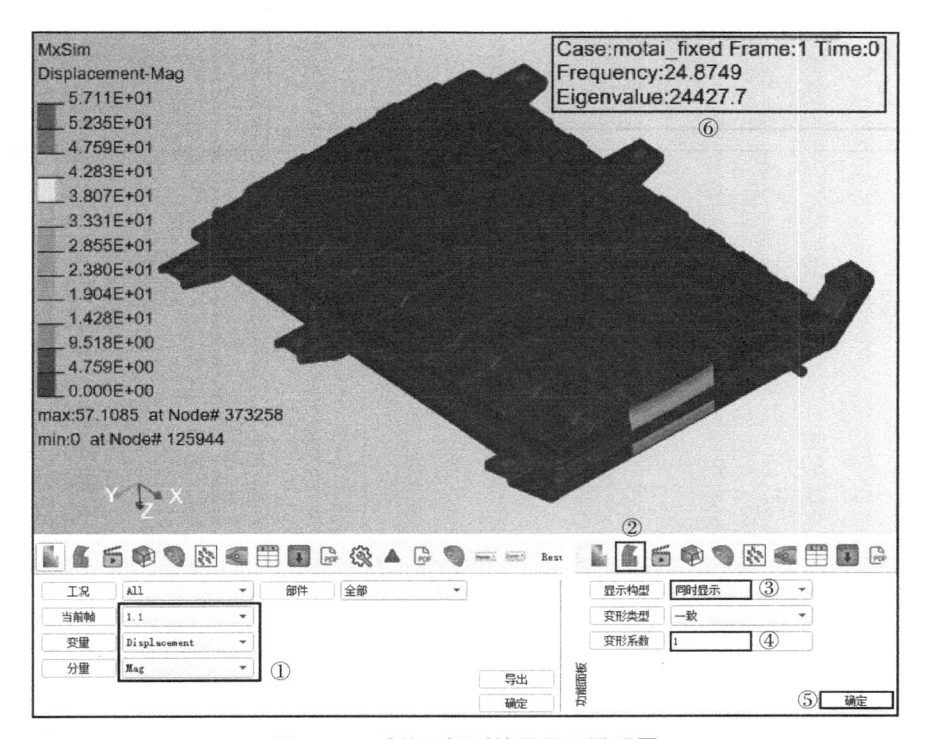

图 5-29 后处理振型结果显示及设置

(1) 求解成功后软件会自动跳转至后处理界面,当前帧默认为"1.1",即一阶固有频率;变量默认为"Displacement",即位移;分量默认为"Mag",即显示合位移;窗口中显示的是一阶振型;可通过更改当前帧的值,显示不同阶的振型图。

(2) 单击"变形图"图标,设置显示构型、变形类型和变形系数。

(3) 将显示构型设置为"同时显示",即同时显示变形前后的图形。

(4) 变形系数保持默认设置,即"1",即将窗口中变形图的显示比例设置为1。

(5) 单击"确定"按钮,振型图如图 5-29 所示。

(6) 主窗口右上角实时显示当前窗口的模态信息(当前显示阶次的频率值和特征值),如图 5-29 所示。

2) 列表查看频率值及特征值(见图 5-30)

(1) 在主功能面板最右侧,单击"命令行"按钮即可显示"命令行"界面。

(2) 拖动垂直滚动条,在"命令行"界面中找到"模态值信息"(见图 5-30),该信息显示了求解的前十阶的频率值及特征值。

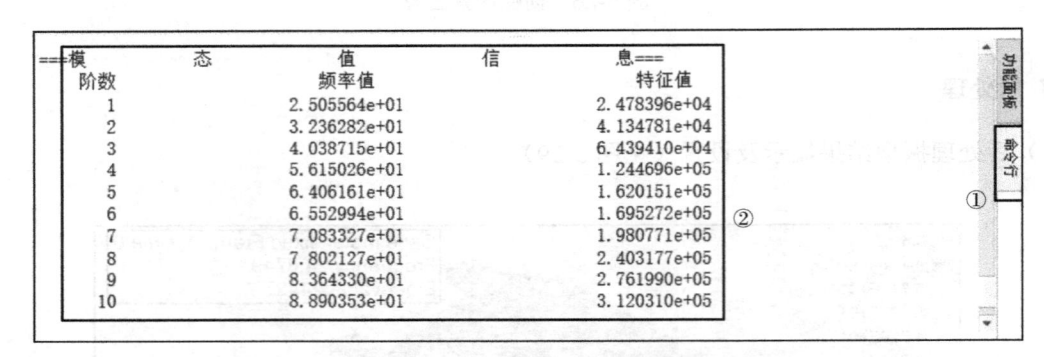

```
===模      态      值      信      息===
阶数              频率值                      特征值
 1           2.505564e+01              2.478396e+04
 2           3.236282e+01              4.134781e+04
 3           4.038715e+01              6.439410e+04
 4           5.615026e+01              1.244696e+05
 5           6.406161e+01              1.620151e+05
 6           6.552994e+01              1.695272e+05
 7           7.083327e+01              1.980771e+05
 8           7.802127e+01              2.403177e+05
 9           8.364330e+01              2.761990e+05
10           8.890353e+01              3.120310e+05
```

图 5-30　列表查看频率值及特征值

第 6 章 车辆结构瞬态分析

【本章导读】

车辆结构瞬态分析主要描述线性结构承受随时间按任意规律变化的载荷时的响应。它可以确定结构在静载荷、瞬态载荷和正弦载荷的任意组合作用下随时间变化的位移、应变和应力。由于载荷与时间具有相关性,因此质量和阻尼效应对分析十分重要。

【效果预览】

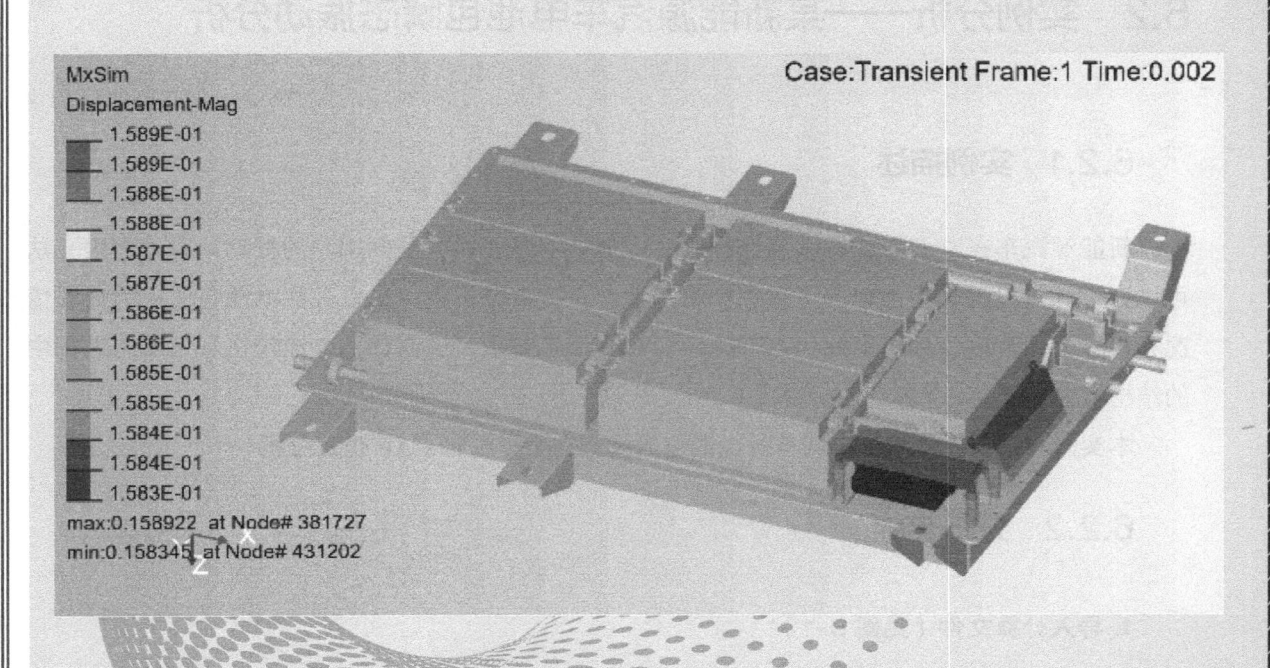

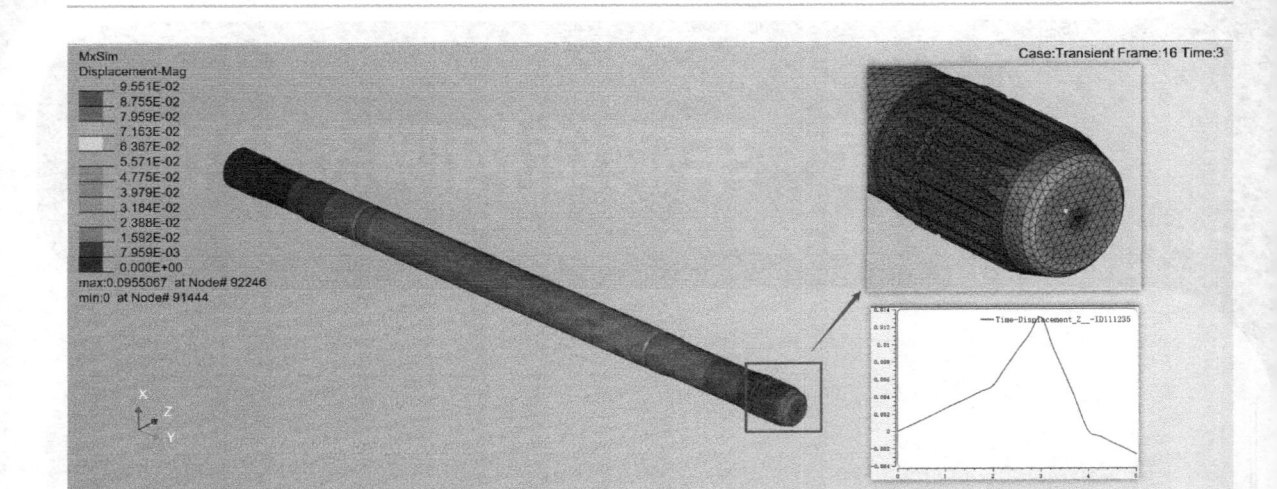

6.1　瞬态分析概述

瞬态动力学分析（也称为时间历程分析）是用于确定承受任意随时间变化载荷的结构动力学响应的一种方法。可以用瞬态动力学分析确定结构在静载荷、瞬态载荷和正弦载荷的任意组合作用下随时间变化的位移、应变和应力。

6.2　实例分析——某新能源汽车电池包瞬态振动分析

6.2.1　实例描述

新能源汽车在急刹车或持续高速行驶后，其电池包往往会受到剧烈的振动，通过有限元法可以在设计阶段评估电池包的可靠性和耐久性。在仿真分析中，重点关注电池包的应力分布情况和机械变形程度，分析电池包内部的应力和变形等参数，进而评估电池包在刹车瞬态过程中的结构特性。

本实例对某新能源汽车在刹车时电池包的瞬态动力学进行 CAE 仿真分析。

6.2.2　分析步骤

1. 导入计算文件（见图 6-1）

（1）单击"导入"图标，准备导入计算文件。

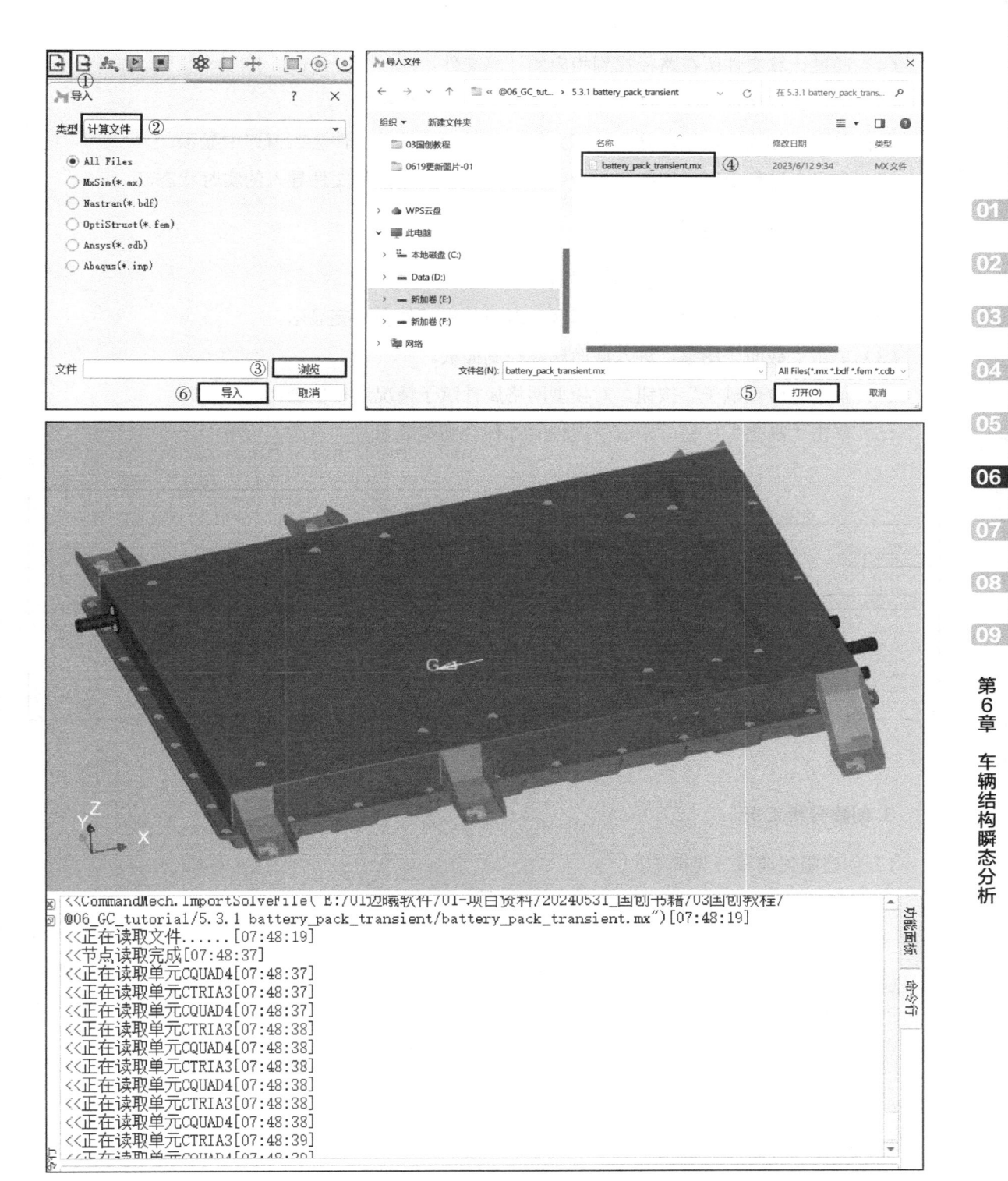

图 6-1 导入计算文件

（2）将类型设置为"计算文件"。

（3）单击"浏览"按钮，打开"导入文件"对话框。

（4）通过计算文件所在路径找到相应的计算文件。

（5）双击计算文件或在选择计算文件后单击"打开"按钮。

（6）单击"导入"按钮，导入计算文件，导入后的计算文件会在窗口中显示。

注：在导入过程中可以切换到"命令行"界面，查看计算文件导入的实时状态。

2. 检查模型网格属性赋予

（1）展开模型树下的截面属性收集器。

（2）单击一个截面属性选项，图形区中对应的零部件会高亮显示。

（3）单击"截面"图标，进入截面属性控制面板。

（4）单击"检查赋予"按钮，对模型网格属性赋予情况进行检查。

（5）单击"高亮"按钮，未赋予属性的部件会高亮显示。

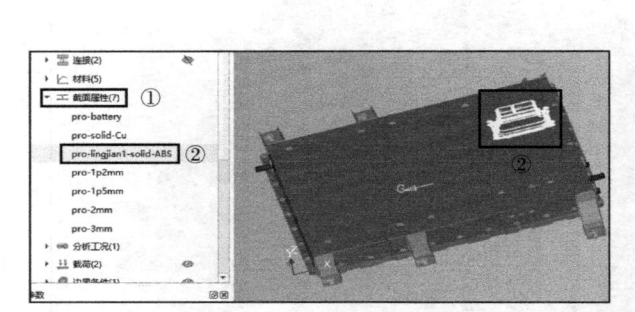

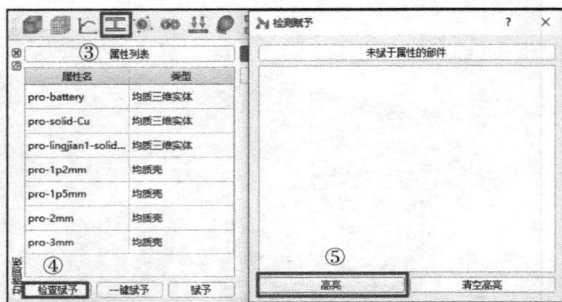

图 6-2　检查模型网格属性赋予

3. 创建分析工况

1）创建阻尼曲线（见图 6-3）

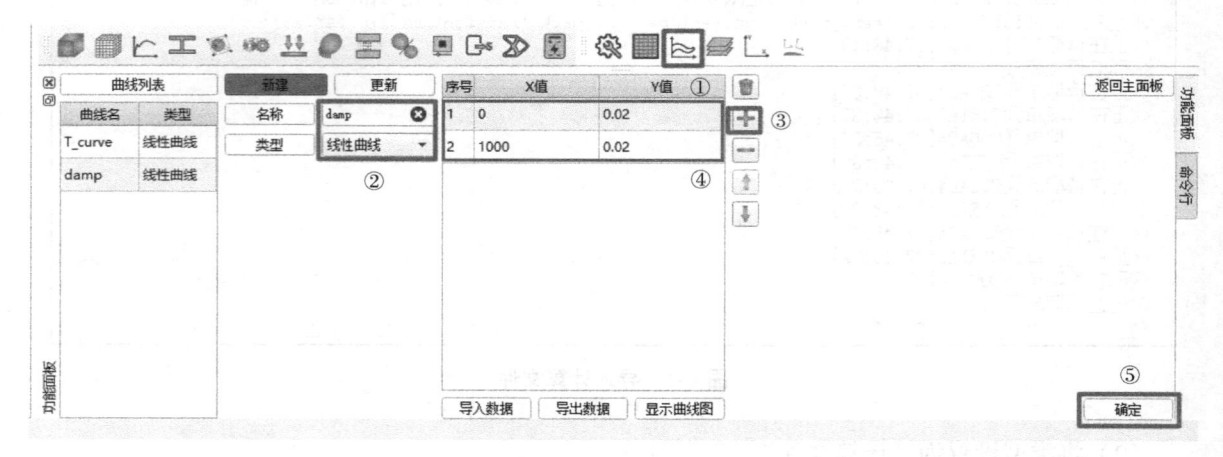

图 6-3　创建阻尼曲线

（1）单击"曲线"图标，进入曲线创建栏。

（2）将曲线名称设置为"damp"，将类型设置为"线性曲线"。

（3）单击"加号"图标。

（4）在"X 值"列、"Y 值"列输入对应数值，创建阻尼曲线，具体数值如图 6-3 所示。

（5）单击"确定"按钮，完成阻尼曲线的创建。

2）创建分析工况（见图 6-4）

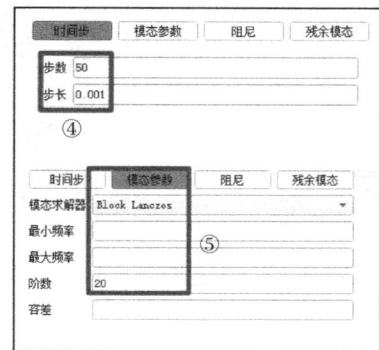

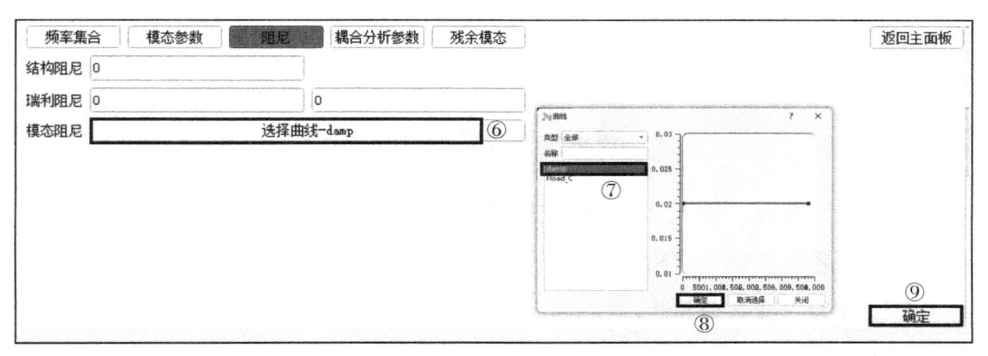

图 6-4　创建分析工况

（1）单击"分析工况"图标，进入分析工况创建栏。

（2）将工况名设置为"瞬态分析"。

（3）在"分析类型列表"中单击"线性瞬态分析（模态法）"选项。

（4）在"时间步"选项卡中，将步数设置为"50"，将步长设置为"0.001"，表示分析 0.05s 内的工况。

（5）切换至"模态参数"选项卡中，将模态求解器设置为"Block Lanczos"，将阶数设置为"20"，表示提取前二十阶模态参数。

（6）切换至"阻尼"选项卡，单击"选择曲线"按钮（图 6-4 中的"选择曲线 -damp"按钮表示已经选择 damp 曲线），弹出"曲线"对话框。

（7）将曲线设置为"damp"。

(8)单击"确定"按钮,完成阻尼曲线的选择。

(9)单击"确定"按钮,完成模态工况的创建。

4. 施加边界条件(见图 6-5)

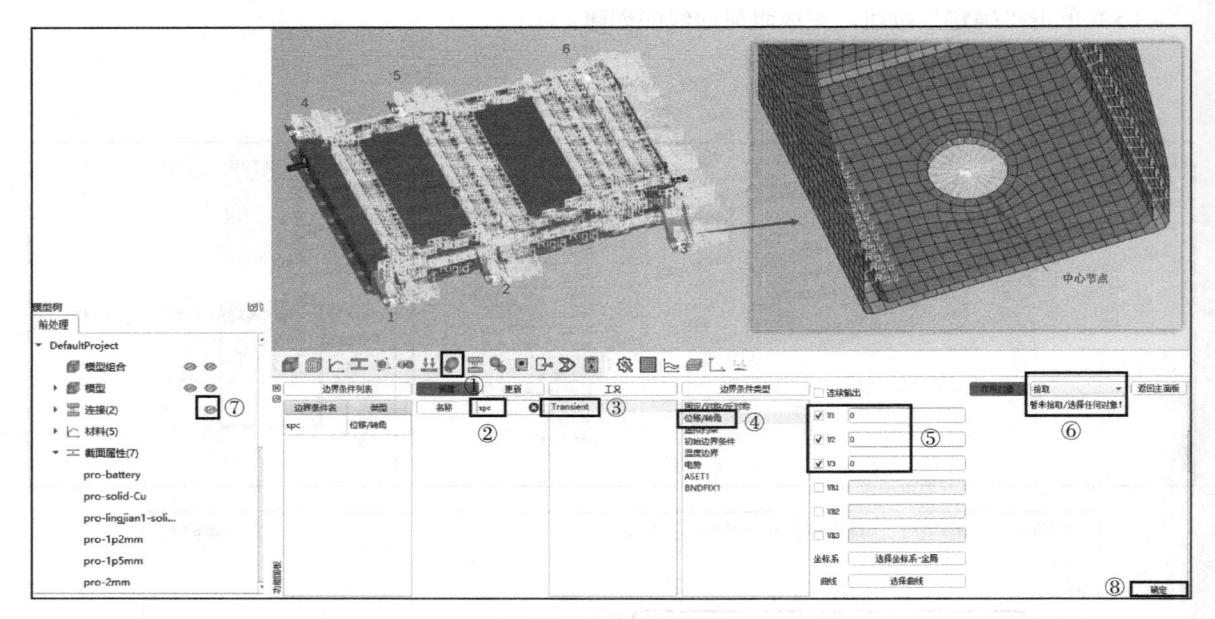

图 6-5 施加边界条件

(1)单击"边界"图标,进入边界条件创建栏。

(2)将边界条件名称设置为"SPC"。

(3)将工况设置为"瞬态分析"。

(4)将边界条件类型设置为"位移/转角"。

(5)分别勾选"U1"复选框、"U2"复选框、"U3"复选框,并在对应框中分别输入"0",约束 X 轴、Y 轴、Z 轴方向的位移。

(6)将作用对象设置为"拾取"。

(7)在模型树中,单击"隐藏/显示控制"图标,以显示模型中的连接单元;框选如图 6-5 所示的 6 处中心节点。

(8)单击"确定"按钮,完成边界条件的施加,如图 6-5 所示。

5. 施加载荷

1)创建载荷曲线(见图 6-6)

(1)单击"曲线"图标,进入曲线创建栏。

(2)将曲线名称设置为"load",将类型设置为"线性曲线"。

（3）单击"加号"图标，新增曲线拟合点，在"X值"列、"Y值"列输入对应数值，创建载荷曲线，具体数值如图6-6所示。

（4）数值输入完成后，单击"显示曲线图"按钮，查看曲线的拟合图形。

（5）单击"确定"按钮，完成载荷曲线的创建，如图6-6所示。

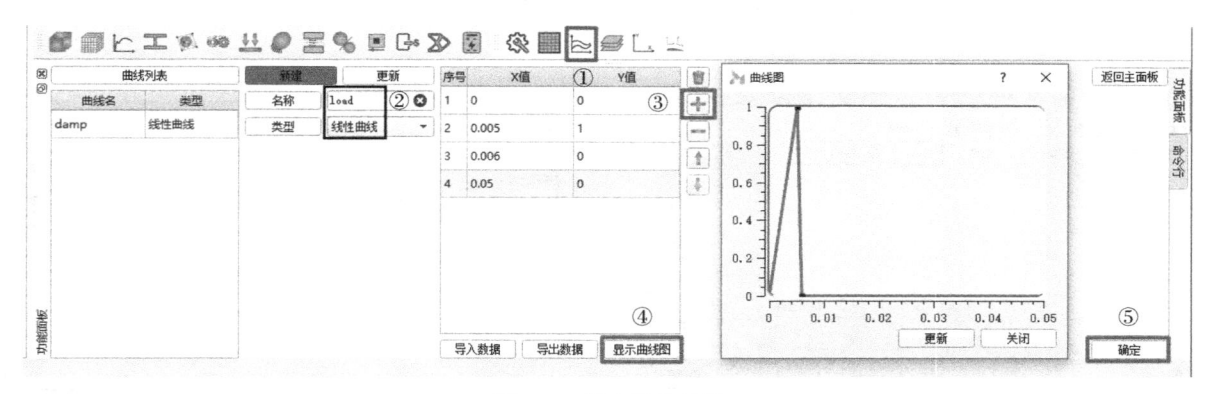

图 6-6 创建载荷曲线

2）创建加速度惯性载荷（见图6-7）

图 6-7 创建加速度惯性载荷

（1）单击"载荷"图标，进入载荷创建栏。

（2）将载荷名称设置为"Acc"，将工况设置为"瞬态分析"。

（3）将载荷类型设置为"重力"。

（4）在"X"框中输入"-98000"，表示载荷大小为重力的10倍，方向为加速度的反方向。

（5）将曲线设置为前面创建的"load"。

（6）单击"确定"按钮，完成加速度惯性载荷的创建。

3）创建瞬态分析动态载荷（见图6-8）

（1）单击"载荷"图标，进入载荷创建栏。

（2）将载荷名称设置为"Tload"。

（3）将工况设置为"瞬态分析"。

（4）将载荷类型设置为"瞬态载荷"。

（5）将类型设置为"力"，将名称设置为前面创建的"Acc"。

（6）单击"确定"按钮，完成瞬态分析动态载荷的创建，如图6-8所示。

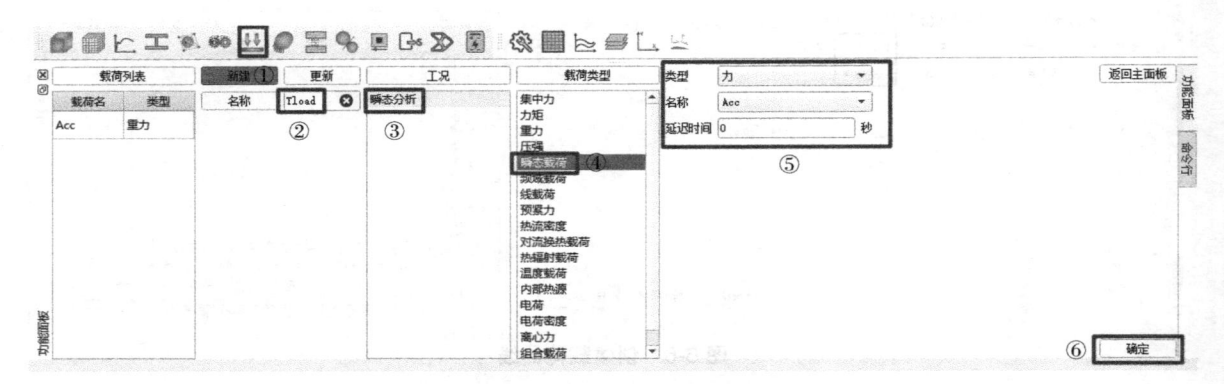

图6-8　创建瞬态分析动态载荷

6. 创建计算任务（见图6-9）

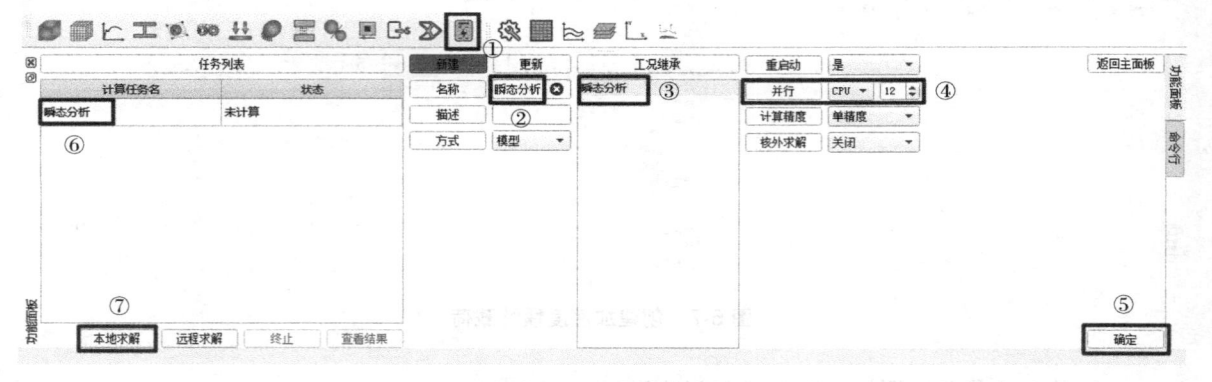

图6-9　创建计算任务

（1）单击"计算任务"图标，创建新的计算任务。

（2）将计算任务名称设置为"瞬态分析"。

（3）"工况继承"处默认为已创建的"瞬态分析"工况。

（4）将并行设置为"CPU"；在对应的数值框中输入"12"，即CPU的最大线程数（以计算机的实际最大线程数为准）。

（5）单击"确定"按钮，完成计算任务的创建。

（6）单击"任务列表"中的"瞬态分析"选项。

（7）单击"本地求解"按钮，启动求解，如图 6-9 所示。

7. 后处理

1）瞬态位移响应云图（见图 6-10）

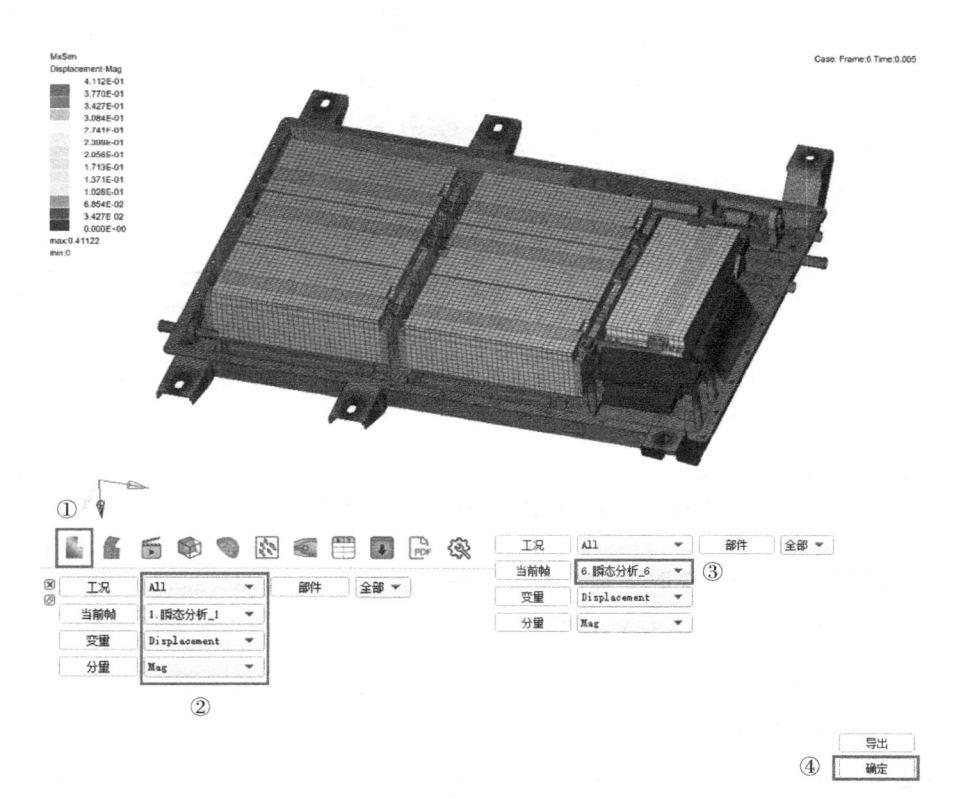

图 6-10　瞬态位移响应云图

（1）求解成功后软件会自动跳转至后处理界面，也可以通过单击"云图"图标手动进入后处理界面。

（2）当前帧默认为"1.瞬态分析_1"，即初始时间步；变量默认为"Displacement"，即位移；分量默认为 Mag，即显示合位移。

（3）可通过更改当前帧的值，显示不同时间时结构的瞬态位移响应云图，单击"确定"按钮，即可得到相应的振型图，将当前帧设置为"6.瞬态分析_6"，即 0.005s 时结构的响应（窗口右上角会显示时间步信息）。

（4）单击"确定"按钮，窗口中显示瞬态位移响应云图，如图 6-10 所示。

2）输出特定节点处的瞬态位移响应曲线（见图 6-11）

（1）单击"XY"图标，进入后处理曲线生成界面。

（2）在"名称"框中输入"X"，表示输出选取节点的 X 轴方向的响应。

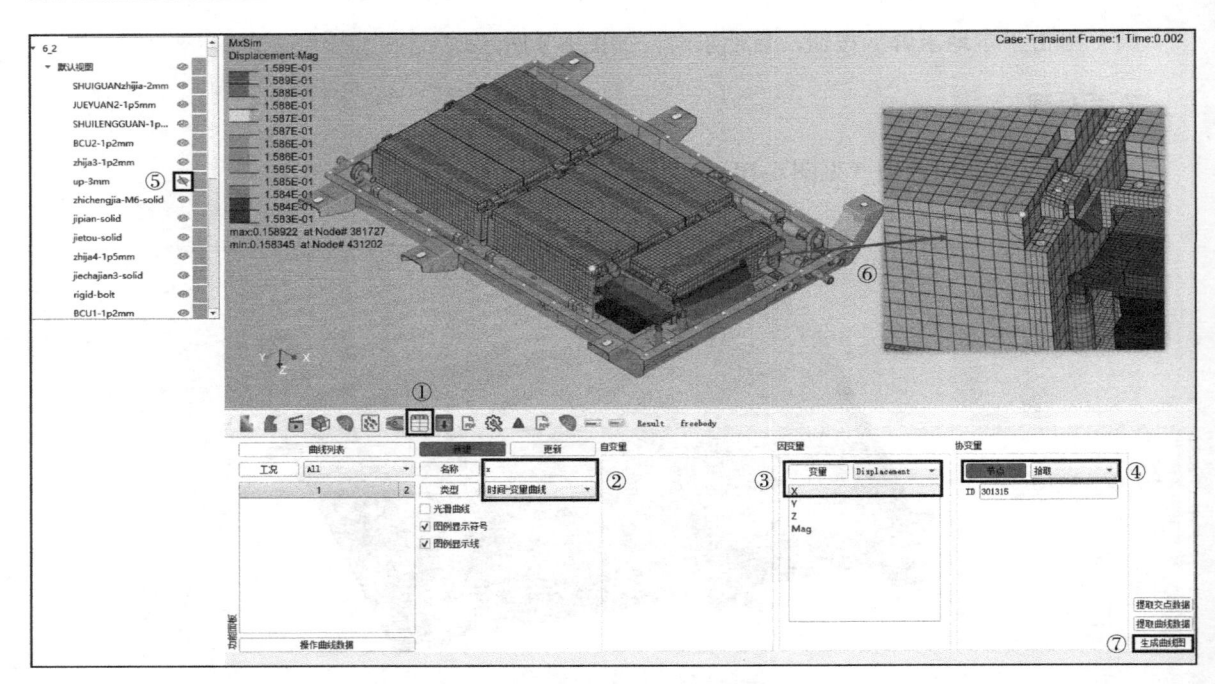

图 6-11 输出特定节点处的瞬态位移响应曲线

（3）"因变量"选区用于选取 Y 轴数据源，变量默认为"Displacement"，单击"X"选项，表示输出 X 轴方向的位移结果作为 Y 轴数据源。

（4）将节点设置为"拾取"。

（5）在后处理模型树中，单击"隐藏/显示控制"图标，隐藏电池包的上盖板。

（6）点选电池包中某电池一个角点，拾取成功后"ID"框中会显示节点编号，同时对应的节点会在窗口中高亮显示。

（7）单击"生成曲线图"按钮，软件自动绘制曲线，生成的瞬态位移响应曲线如图 6-12 所示。

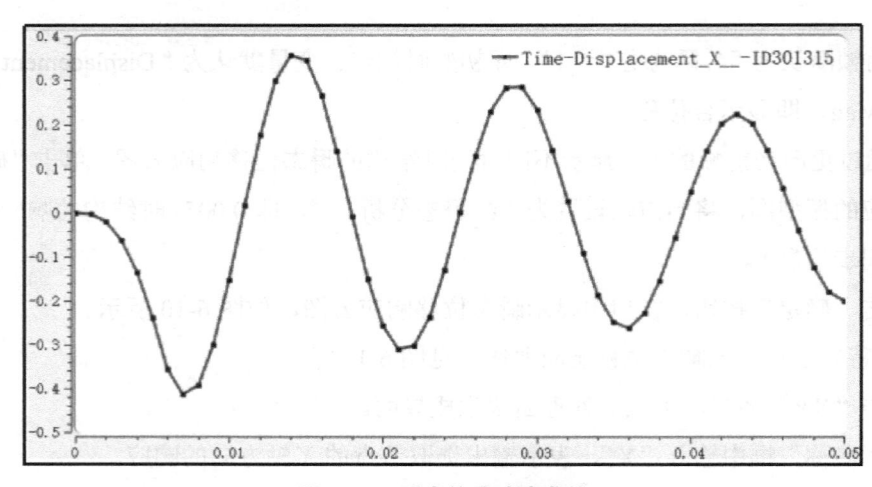

图 6-12 瞬态位移响应曲线

6.3　实例分析——某汽车主轴的瞬态动力学分析

6.3.1　实例描述

汽车主轴作为汽车的关键零部件，主要用于传递汽车在转弯时的扭矩，并平衡汽车的方向，其动力学性能的好坏直接影响传动精度与转向精度。通过有限元仿真分析可以在设计阶段评估结构性能，优化产品特性，延长产品使用寿命，提高产品安全性。

本实例将通过 MxSim 对汽车主轴进行瞬态动力学分析。

6.3.2　分析步骤

1. 导入几何模型（见图 6-13）

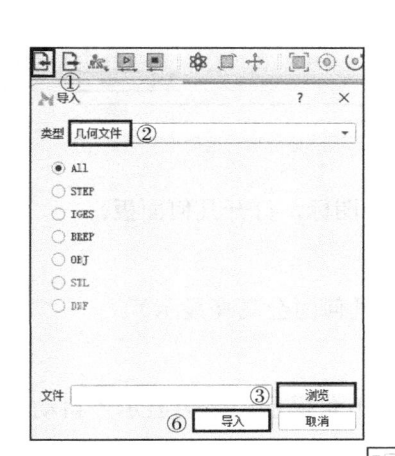

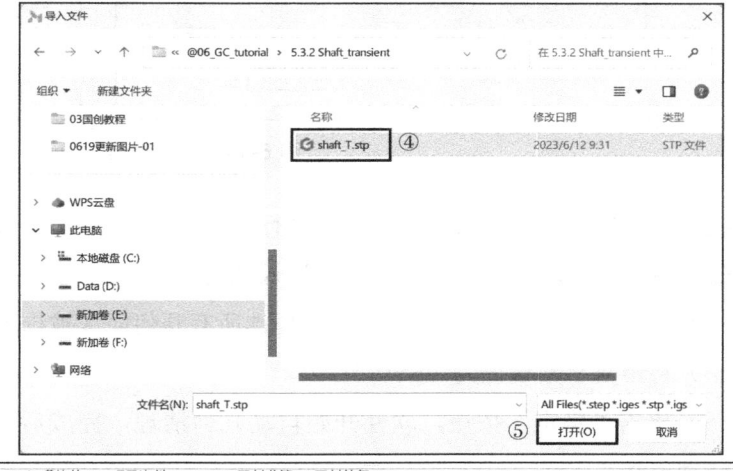

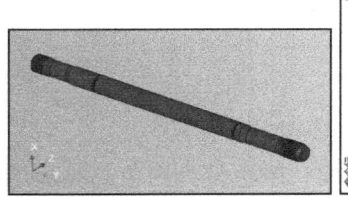

图 6-13　导入几何模型

（1）单击"导入"图标，准备导入几何模型。
（2）将类型设置为"几何文件"。
（3）单击"浏览"按钮，打开"导入文件"对话框。

（4）通过几何模型所在路径找到对应的几何模型。

（5）双击几何模型或在选择几何模型后单击"打开"按钮。

（6）单击"导入"按钮，导入几何模型，导入后的几何模型会在窗口中显示。

注：在导入过程中可以切换到"命令行"界面，查看导入几何模型的实时状态。

2. 网格剖分

1）几何清理详细设置（见图6-14）

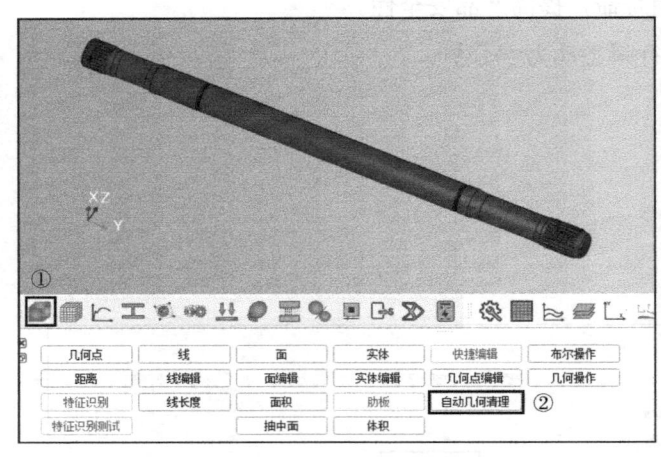

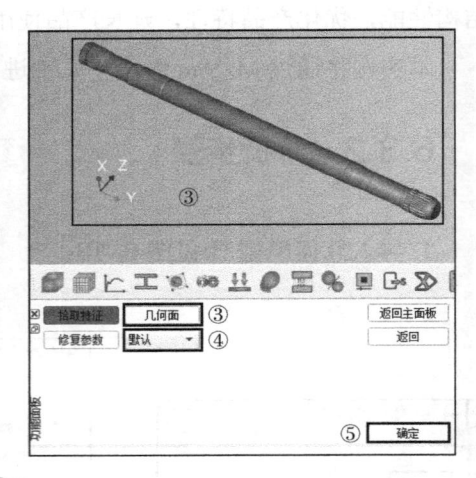

图6-14 几何清理

（1）在进行网格剖分前，先对模型进行几何清理。单击"几何"图标，打开几何面板。

（2）单击"自动几何清理"按钮，进入几何清理界面。

（3）将拾取特征设置为"几何面"，框选所有几何面（被选中的几何面会高亮显示）。

（4）将修复参数设置为"默认"。

（5）单击"确定"按钮，软件开始自动几何清理，完成后，左下角提示栏中会显示"自动几何清理成功！"。

2）网格剖分详细设置（见图6-15）

（1）单击"网格"图标，打开网格剖分面板。

（2）在网格剖分面板中单击"实体剖分"按钮，进入"体剖分"选项卡。

（3）将剖分对象设置为"拾取"，在窗口中点选几何实体。几何实体颜色变为白色高亮显示时表示被选中，如图6-15（b）所示。

（4）在"网格剖分"选项卡中将网格形状设置为"四面体"；将网格尺寸设置为"1.00000"，即网格基本尺寸为1mm；将阶数设置为"1"。

（5）单击"剖分"按钮，软件开始进行网格剖分，完成后窗口中的几何实体上会显示白色网格预览线，如图6-15（c）所示。

（6）单击"确定"按钮，完成网格剖分，网格预览线变为黑色，如图 6-15（d）所示。

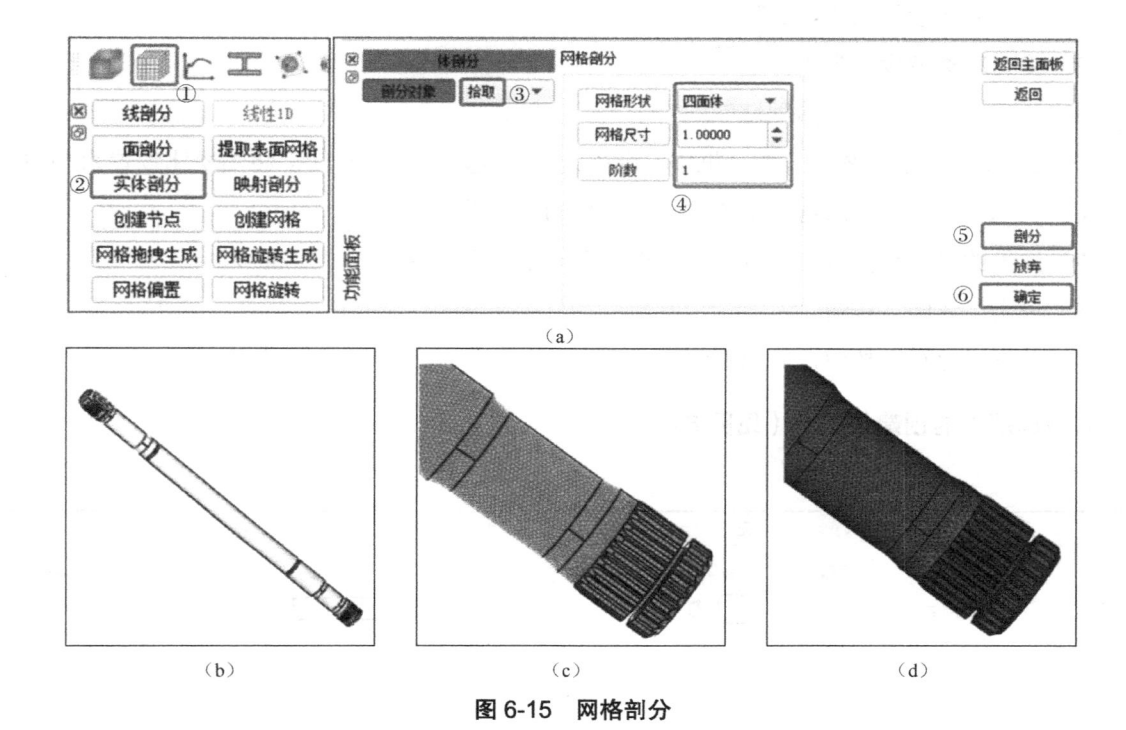

图 6-15 网格剖分

3. 材料定义（见图 6-16）

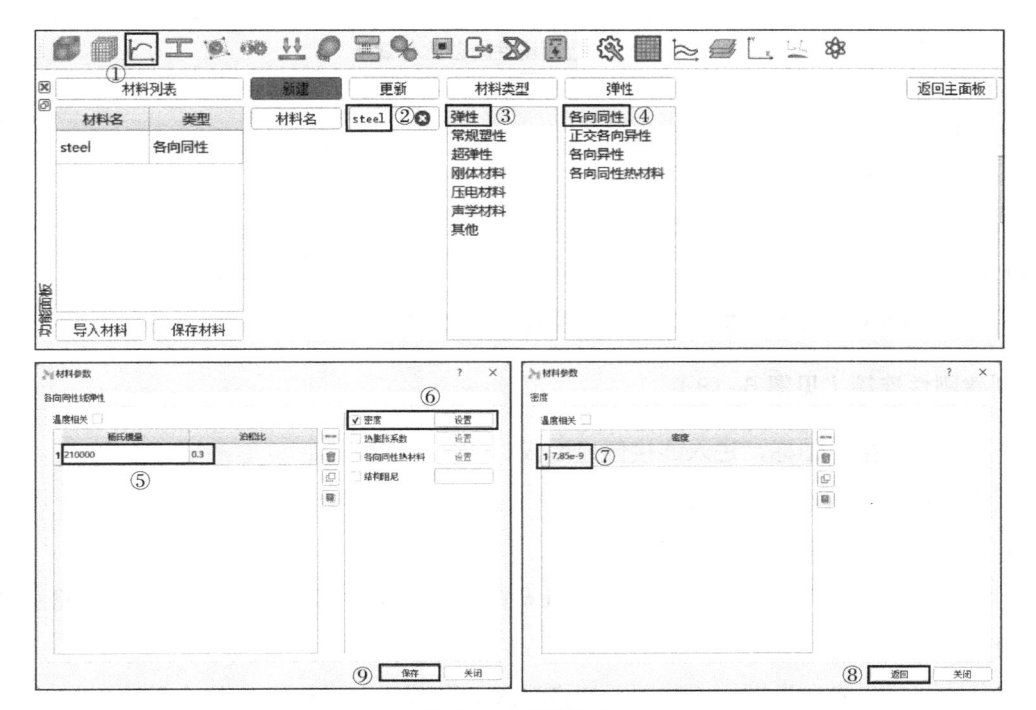

图 6-16 材料定义

（1）单击"材料"图标，进入材料定义面板。

（2）将材料名设置为"steel"。

（3）将材料类型设置为"弹性"。

（4）将弹性设置为"各向同性"。

（5）在弹出的"材料参数"对话框中，将杨氏模量设置为"210000"，将泊松比设置为"0.3"。

（6）勾选"密度"复选框，单击"密度"后的"设置"按钮。

（7）弹出的"材料参数：密度"对话框，在"密度"框中输入"7.85e-9"。

（8）单击"返回"按钮。

（9）单击"保存"按钮，完成材料定义。

4. 截面属性的创建与赋予（见图6-17）

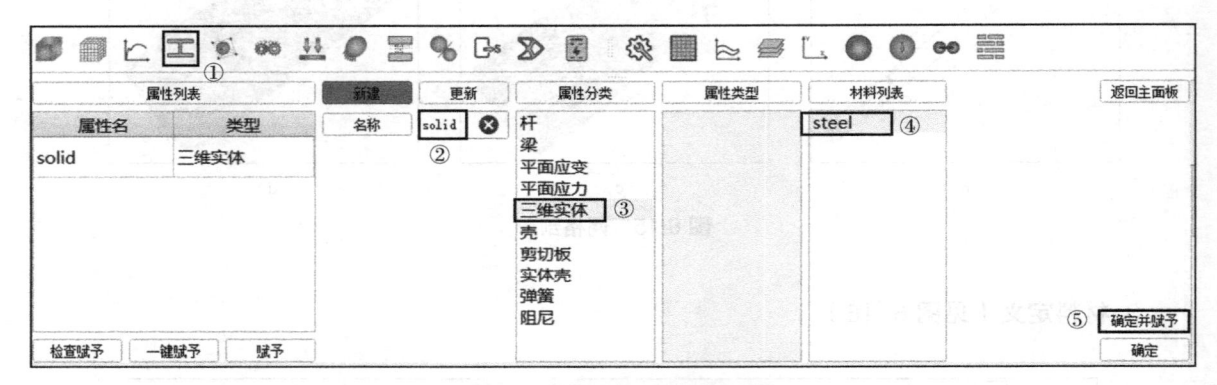

图 6-17　截面属性的创建与赋予

（1）单击"截面"图标。

（2）将属性名称设置为"solid"。

（3）将属性分类设置为"三维实体"。

（4）在"材料列表"中单击"steel"选项。

（5）单击"确定并赋予"按钮，完成截面属性的创建与赋予。

5. 创建刚性连接（见图6-18）

（1）单击"连接"图标，进入连接创建面板。

（2）将连接集合名设置为"rigid_load"。

（3）将连接类型设置为"刚性连接"。

（4）选择"一对多"单选按钮，将主节点设置为"计算"，即自动计算主节点；将从节点设置为"拾取"。

（5）单击"窗口定向"图标，将图示切换至 $X\text{-}Y$ 平面，如图6-18中的a所示。

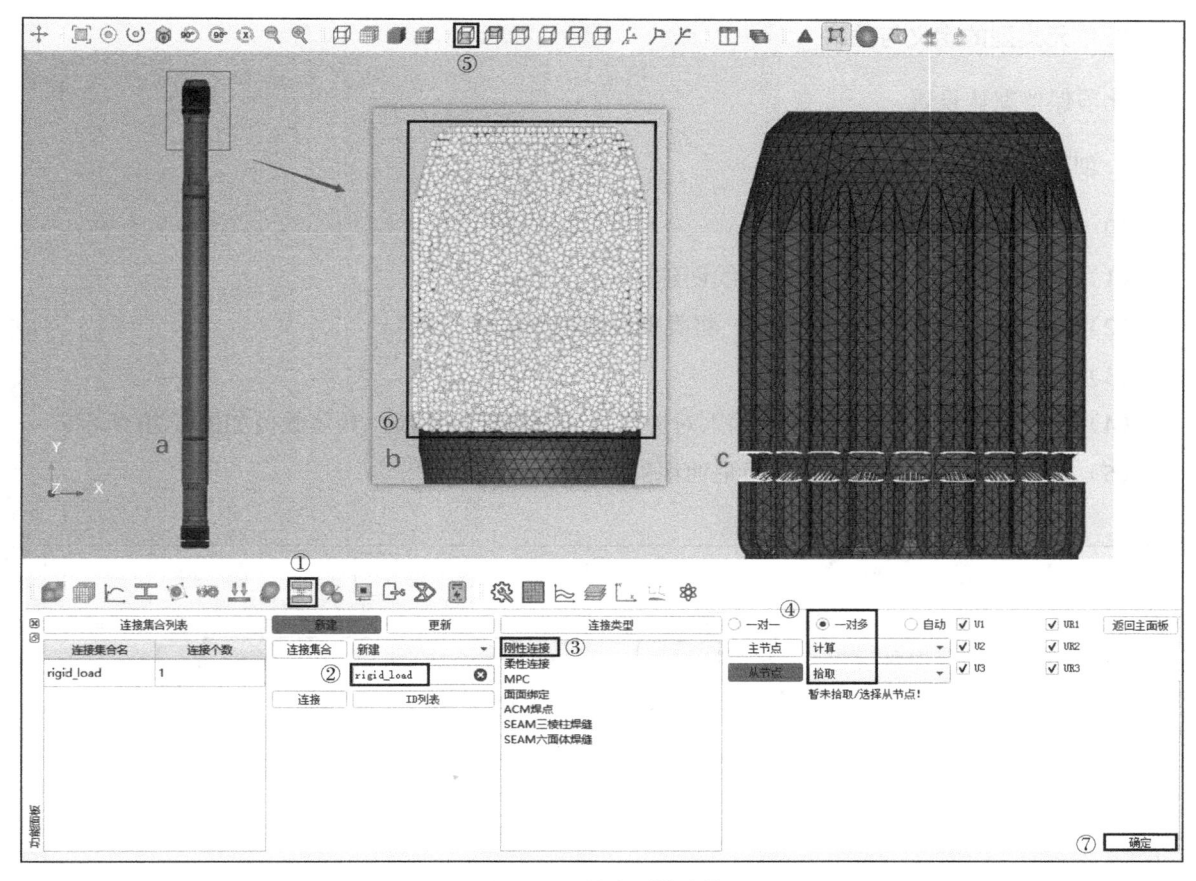

图 6-18 创建刚性连接

（6）放大图示上方轴端，框选上端部节点，选中后节点会高亮显示，如图 6-18 中的 b 所示。

（7）单击"确定"按钮，创建上端刚性连接，如图 6-18 中的 c 所示。

用同样的方式创建下端刚性连接 rigid_SPC，创建完成后的刚性连接 rigid_SPC 如图 6-19 所示。

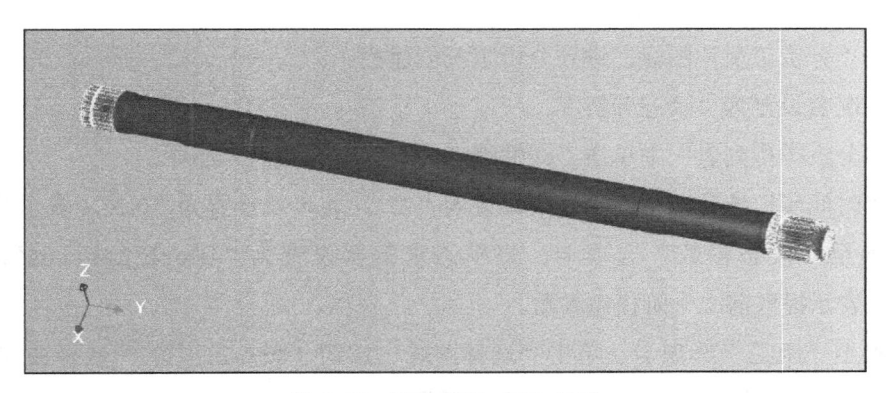

图 6-19 刚性连接 rigid_SPC

6. 单元类型的定义与关联

此项保持默认设置。

7. 创建阻尼曲线和分析工况

1）创建阻尼曲线（见图 6-20）

（1）单击"曲线"图标，进入曲线创建栏。

（2）将曲线名称设置为"damp"，将类型设置为"线性曲线"。

（3）单击"加号"图标。

（4）在"X 值"列、"Y 值"列输入对应数值，创建阻尼曲线，具体数值如图 6-20 所示。

（5）单击"确定"按钮，完成阻尼曲线的创建。

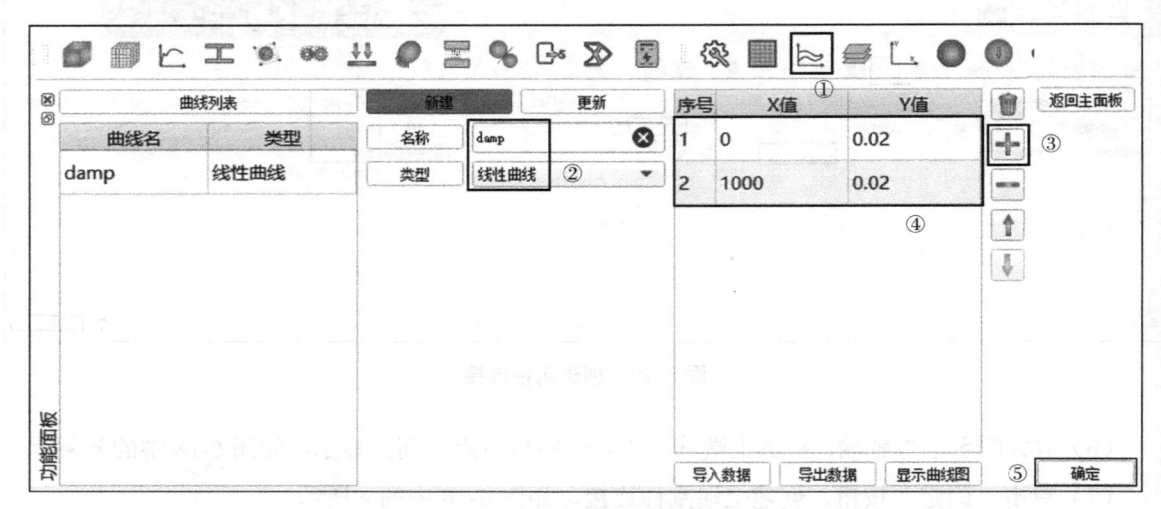

图 6-20　创建阻尼曲线

2）创建分析工况（见图 6-21）

（1）单击"分析工况"图标，进入分析工况创建栏。

（2）将工况名设置为"瞬态分析"。

（3）在"分析类型列表"中单击"线性瞬态分析（模态法）"选项。

（4）在"时间步"选项卡中，将步数设置为"25"，将步长设置为"0.2"，表示分析 5s。

（5）切换至"模态参数"选项卡，将模态求解器设置为"Block Lanczos"，将阶数设置为"20"，表示提取前二十阶模态参数。

（6）切换至"阻尼"选项卡，单击"选择曲线"按钮（图 6-21 中的"选择曲线 -damp"按钮表示已经选择 damp 曲线），弹出"曲线"对话框。

（7）将曲线设置为"damp""，单击"确定"按钮，完成阻尼曲线的选择。

（8）单击"确定"按钮，完成分析工况的创建。

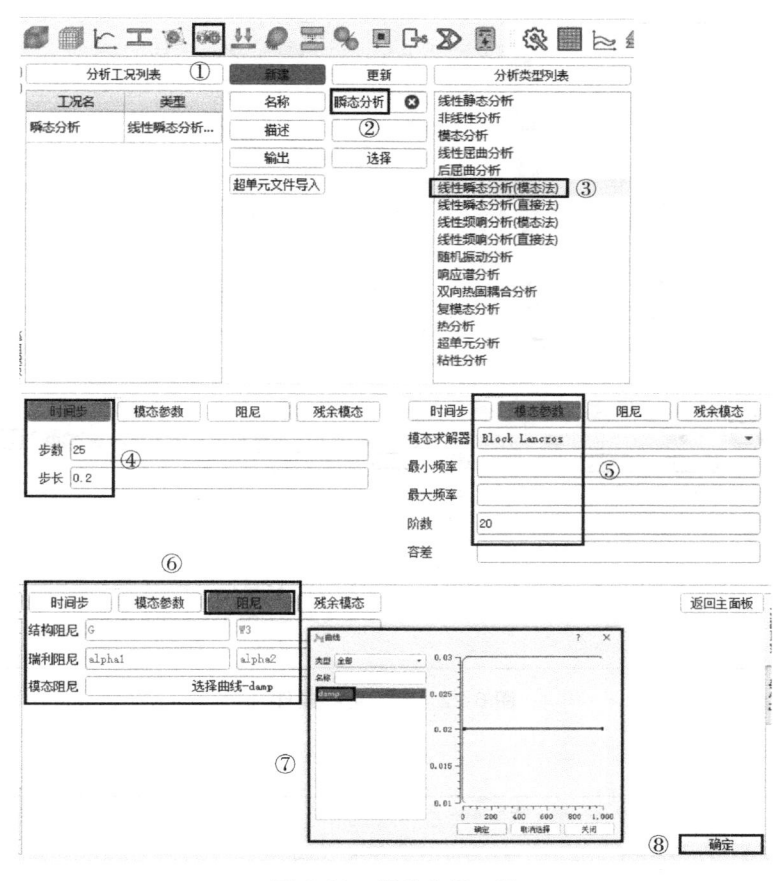

图 6-21　创建分析工况

8. 施加边界条件（见图 6-22）

（1）单击"边界"图标，进入边界条件创建栏。

（2）将边界条件名称设置为"SPC"。

（3）将工况设置为"瞬态分析"。

（4）将边界条件类型设置为"固定/对称/反对称"。

（5）选择"完全固定"单选按钮。

（6）将作用对象设置为"拾取"。

（7）为便于拾取中心节点，可在模型树中将几何、网格连接隐藏，隐藏后拾取创建的刚性连接主节点（如图 6-22 中所示的圆点）。

（8）单击"确定"按钮，完成边界条件的施加。

9. 施加载荷

1）创建载荷曲线（见图 6-23）

（1）单击"曲线"图标，进入曲线创建栏。

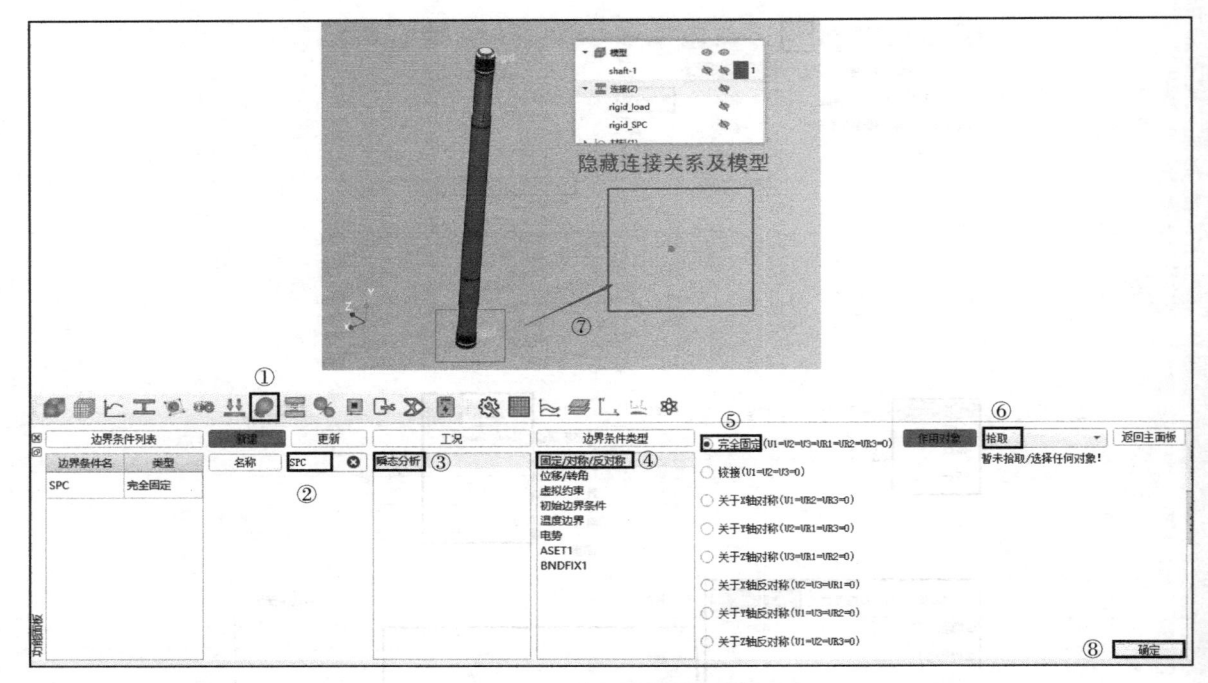

图 6-22 施加边界条件

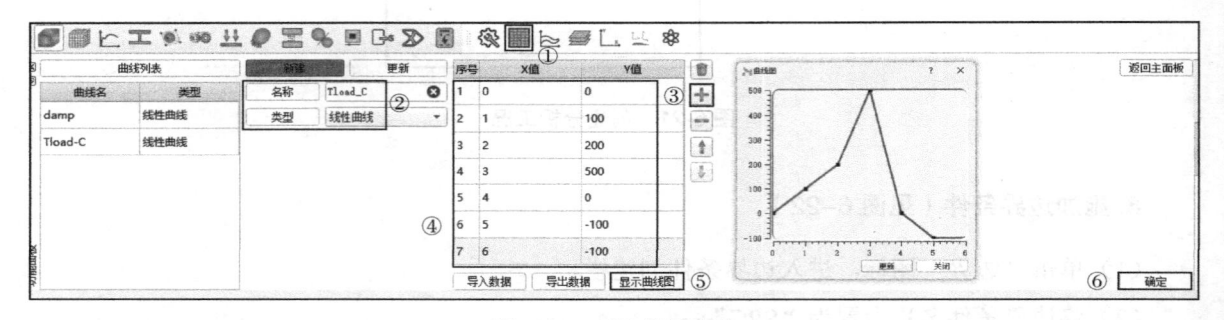

图 6-23 创建载荷曲线

（2）将曲线名称设置为"Tload_C"，将类型设置为"线性曲线"。

（3）单击"加号"图标。

（4）新增曲线拟合点，在"X值"列、"Y值"列输入对应数值，创建载荷曲线，具体数值如图 6-23 所示。

（5）数值输入完成后，单击"显示曲线图"按钮，查看曲线的拟合图形。

（6）单击"确定"按钮，完成载荷曲线的创建。

2）创建力矩载荷（见图 6-24）

（1）单击"载荷"图标，进入载荷创建栏。

（2）将载荷名称设置为"Moment"。

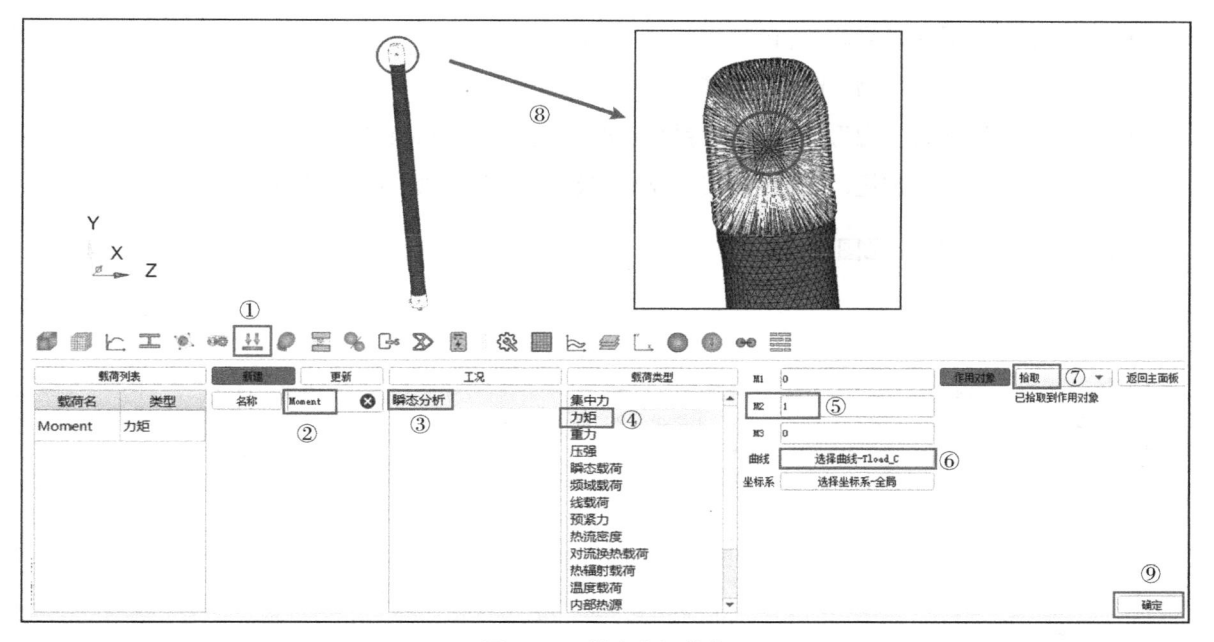

图 6-24 创建力矩载荷

（3）将工况设置为"瞬态分析"。

（4）将载荷类型设置为"力矩"。

（5）在"M2"框中输入"1"，表示单位载荷。

（6）将曲线设置为创建的 Tload_C 载荷曲线，通过曲线指定载荷的大小。

（7）将作用对象设置为"拾取"。

（8）参考"施加边界条件"部分，选取图示上端刚性连接的主节点作为加载点。

（9）单击"确定"按钮，完成力矩载荷的创建。

3）创建瞬态分析动态载荷（见图 6-25）

图 6-25 创建瞬态分析动态载荷

（1）单击"载荷"图标，进入载荷创建栏。

（2）载荷名称设置为"Tload"。

(3) 将工况设置为"瞬态分析"。

(4) 将载荷类型设置为"瞬态载荷"。

(5) 将类型设置为"力",将名称设置为前面创建的"Moment"。

(6) 单击"确定"按钮,完成瞬态分析动态载荷的创建,如图 6-25 所示。

10. 创建计算任务（见图 6-26）

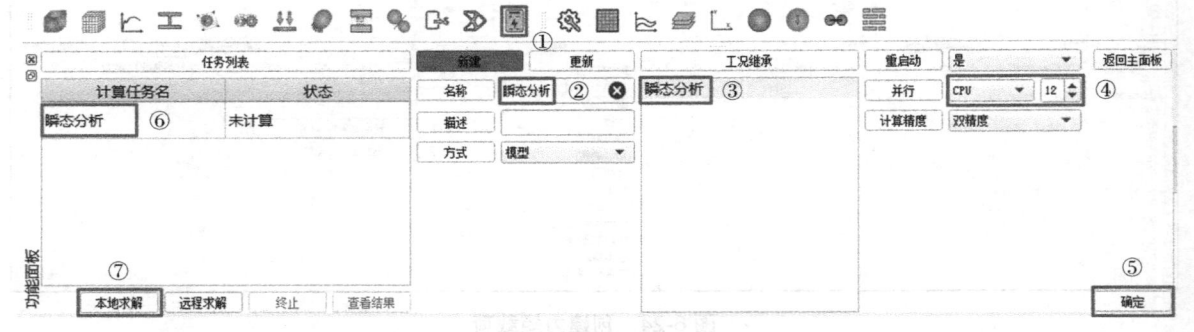

图 6-26　创建计算任务

(1) 单击"计算任务"图标,创建新的计算任务。

(2) 将计算任务名称设置为"瞬态分析"。

(3) "工况继承"处默认为已创建的"瞬态分析"工况。

(4) 将并行设置为"CPU";在对应的数值框中输入"12",即 CPU 的最大线程数（以计算机的实际最大线程数为准）。

(5) 单击"确定"按钮,完成计算任务的创建。

(6) 在"任务列表"中单击"瞬态分析"选项。

(7) 单击"本地求解"按钮,启动求解。

11. 后处理

1) 瞬态响应云图（见图 6-27）

(1) 求解成功后,软件会自动跳转至后处理界面,也可以通过单击"云图"图标,手动进入后处理界面。

(2) 当前帧默认为"1.瞬态分析_1",即初始时间步;变量默认为"Displacement",即位移;分量默认为"Mag",即显示合位移。

(3) 可通过更改当前帧的值,显示不同时间时结构的瞬态位移云图,单击"确定"按钮,即可得到相应的振型图,将当前帧设置为"16.Transient_2_16",即 3s 时结构的响应（窗口右上角会显示时间步信息）。

(4) 单击"确定"按钮,查看当前时刻的位移响应云图。

（5）将变量设置为"Stress(N)"，将分量设置为"vonMises"。

（6）单击"确定"按钮，查看当前时刻的应力响应云图。

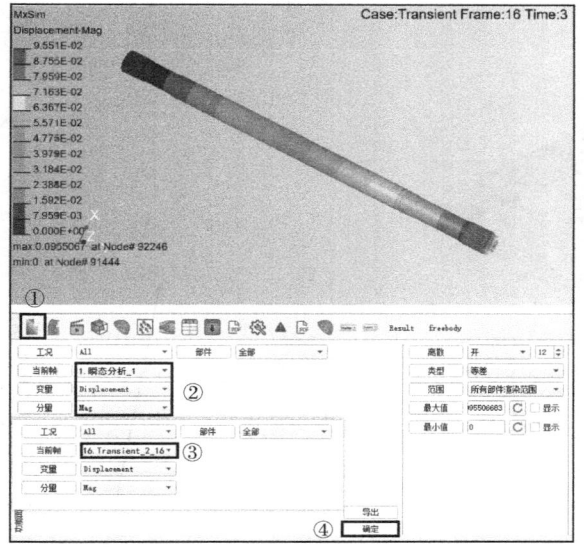

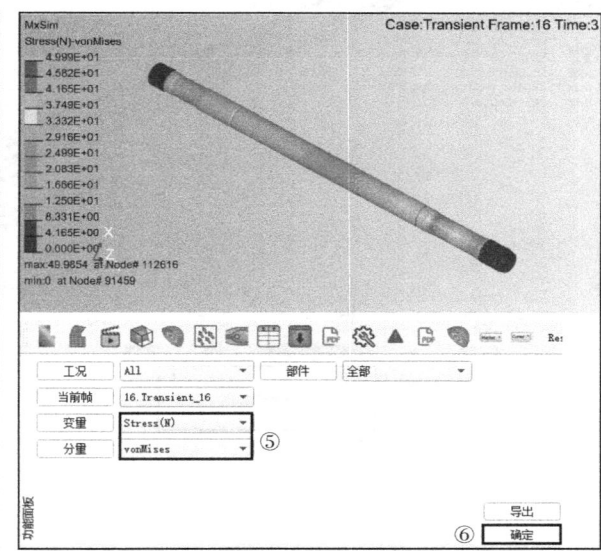

图 6-27　瞬态响应云图

2）瞬态响应曲线

（1）单击"XY"图标，进入后处理曲线生成界面。

（2）在"名称"框中输入"Z"，表示输出选取节点的 Z 轴方向响应；将类型设置为"时间-变量曲线"，勾选"光滑曲线"复选框。

（3）"因变量"选区用于选取 Y 轴数据源，变量默认为"Displacement"，单击"Z"选项，表示输出 Z 轴方向的位移结果作为 Y 轴数据源。

（4）将节点设置为"拾取"。

（5）点选主轴载荷端面处某节点，拾取成功后"ID"框中会显示节点编号，同时对应的节点会在窗口中高亮显示。

（6）单击"生成曲线图"按钮，软件自动绘制曲线，生成的瞬态响应曲线如图 6-28 所示。

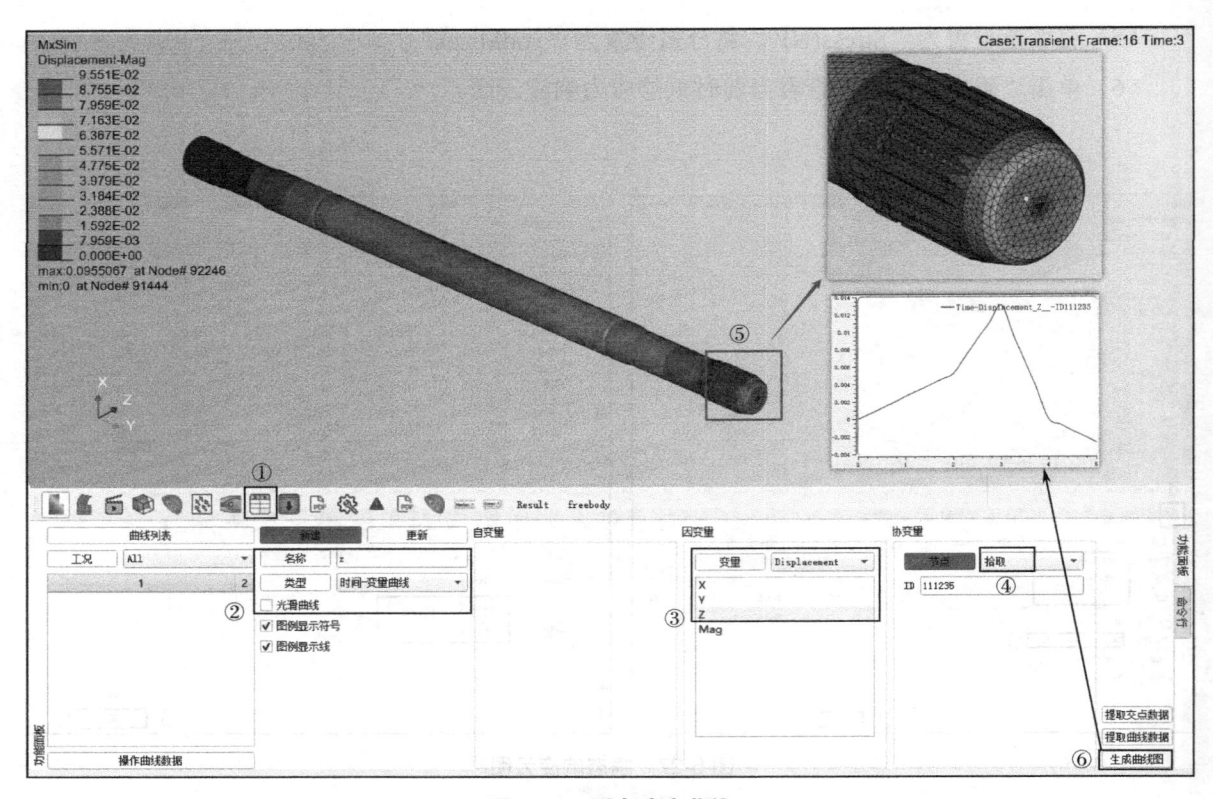

图 6-28　瞬态响应曲线

第 7 章 车辆结构谐响应分析

【本章导读】

本章介绍了车辆中的谐响应的概念及其分析的意义，以减速器箱体为例，全面演示了使用 MxSim 进行车辆结构谐响应分析的过程，包括导入几何模型、网格剖分、材料定义、截面属性的创建与赋予、创建刚性连接、单元类型的定义与关联、创建分析工况、施加边界条件、施加载荷、创建计算任务、后处理等步骤。本章体现了谐响应分析的操作特点，有助于读者掌握谐响应分析的实际操作方法。

【效果预览】

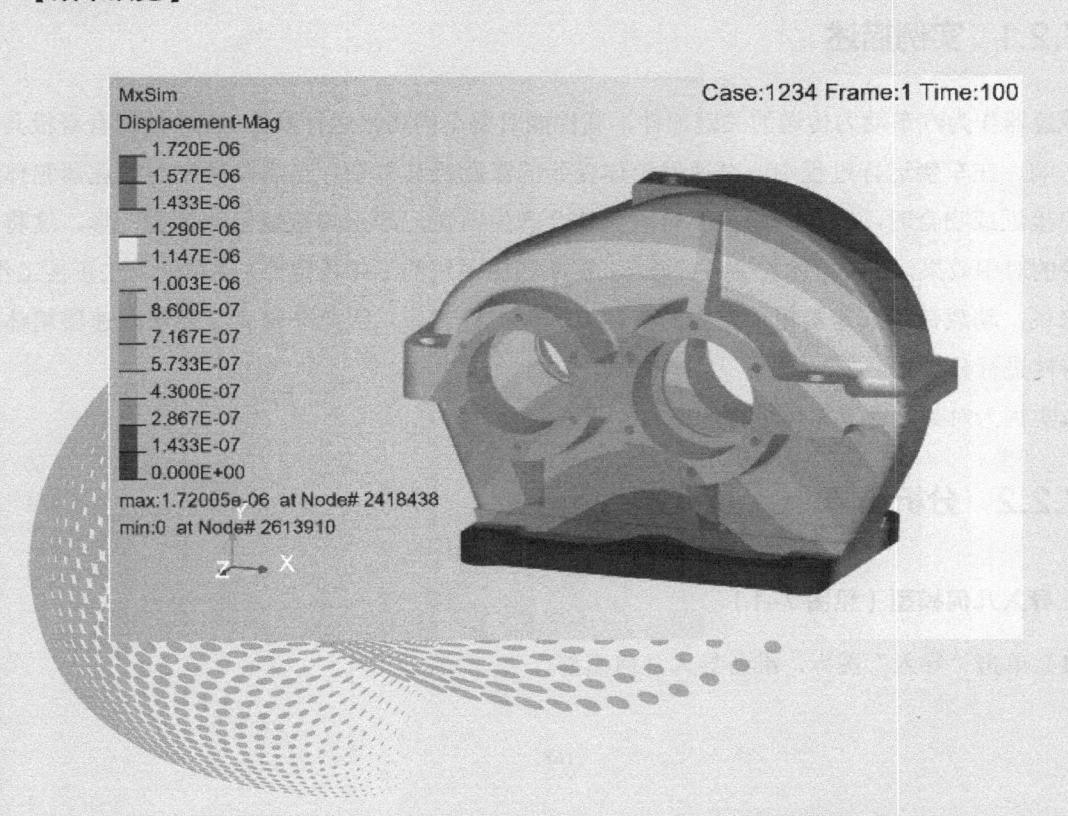

7.1 谐响应分析概述

车辆中的谐响应分析是指利用计算机技术,对车辆的谐响应特性进行数值模拟和分析的方法。在车辆运行过程中,当结构固有频率与外界激励频率及激励力相吻合时,车身或车内的某些部位可能会产生共振,从而产生噪声,严重时会损坏车辆结构。谐响应分析可以通过模拟车辆在不同速度、不同路况下的简谐振动响应,快速判断结构可能产生的共振频率范围,分析车身、车架、悬挂车轮、轮胎等系统的共振特性,以及吸振材料的作用等,从而优化车辆的动力学性能。

谐响应分析通常采用有限元法,将车辆分解成多个小的有限元模型,分别对每个模型进行建模和分析。在分析过程中,可以考虑不同工况、不同路况、不同速度等因素,预测车辆在不同条件下的谐响应特性。通过分析,可以识别出车辆产生谐响应的主要原因,有针对性地采取优化措施,如增加吸振材料、调整悬挂系统等,从而提高车辆的舒适性和安全性。

谐响应分析在车辆工程领域具有广泛的应用,可以帮助车辆制造商和设计师在设计和研发阶段及早发现并解决车辆中的谐响应问题,提高车辆的品质和市场竞争力。

7.2 实例分析——某减速器箱体的谐响应分析

7.2.1 实例描述

减速器作为汽车动力传送的关键部件,其性能对整车的正常运行及其 NVH 性能有着极其重要的影响。在车辆运行过程中,减速器箱体受到的激励极其复杂,当激励频率与减速器箱体固有频率接近或吻合时,减速器箱体不可避免地会产生共振,严重的减速器箱体会变形,这将影响齿轮的对中效果,导致箱体发生疲劳破坏,影响齿轮系统的工作稳定性,使车辆无法正常工作。一般来说,动载荷对减速器箱体产生的破坏要远大于静载荷,因此非常有必要对减速器箱体的动态特性进行分析。

本实例为对某减速器箱体进行的谐响应分析。

7.2.2 分析步骤

1. 导入几何模型(见图 7-1)

(1)单击"导入"图标,准备导入几何模型。

（2）将类型设置为"几何文件"。

（3）单击"浏览"按钮，打开"导入文件"对话框。

（4）通过几何模型所在路径找到对应的几何模型。

（5）双击几何模型或在选择几何模型后单击"打开"按钮。

（6）单击"导入"按钮，导入几何模型，导入后的几何模型会在窗口中显示。

注：在导入过程中可以切换到"命令行"界面，查看模型导入的实时状态。

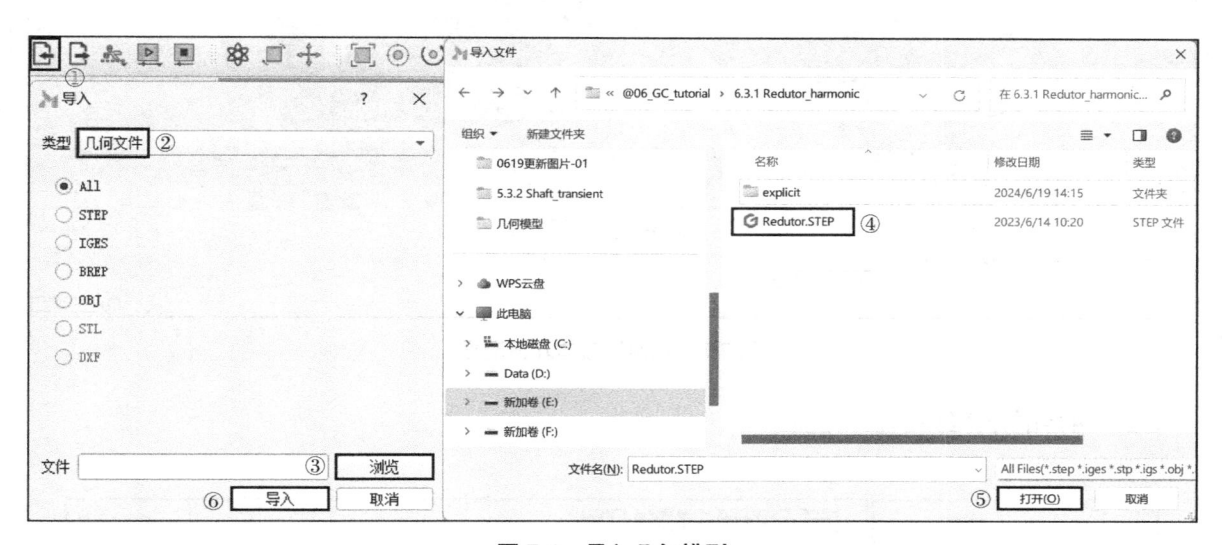

图 7-1　导入几何模型

减速器箱体模型和"命令行"界面如图 7-2 所示。

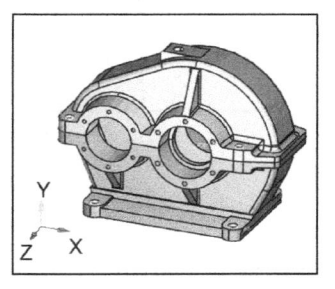

图 7-2　减速器箱体模型和"命令行"界面

2. 网格剖分

1）几何清理详细设置（见图 7-3）

（1）在进行网格剖分前，先对模型进行几何清理。单击"几何"图标，打开几何面板。

（2）单击"自动几何清理"按钮，进入几何清理界面。

（3）将拾取特征设置为"几何面"，框选全部几何面（被选中的几何面会高亮显示）。

(4) 将修复参数设置为"默认"。

(5) 单击"确定"按钮,软件开始自动几何清理,完成后,左下角提示栏会显示"自动几何清理成功!"。

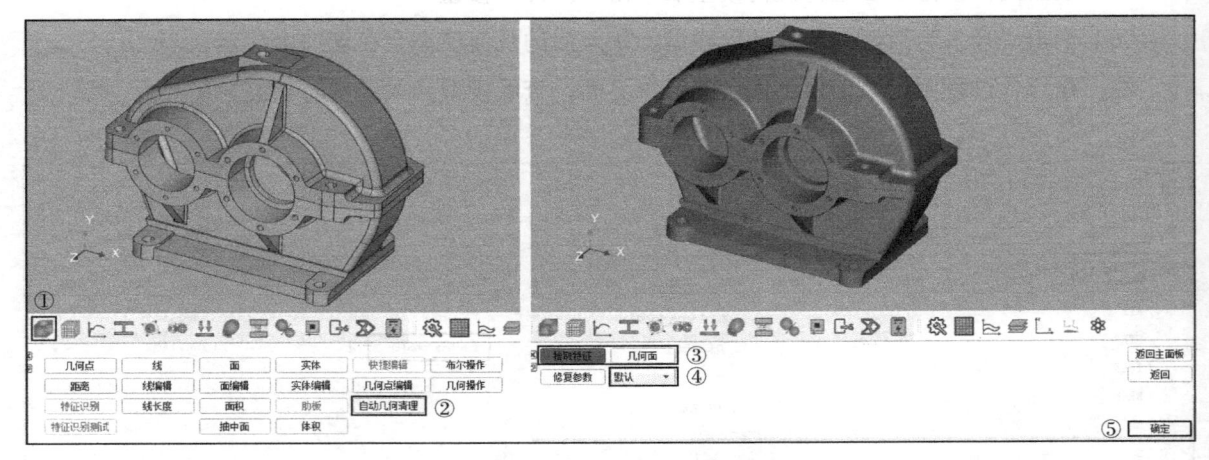

图 7-3 减速器箱体几何清理

2) 网格剖分详细设置(见图 7-4)

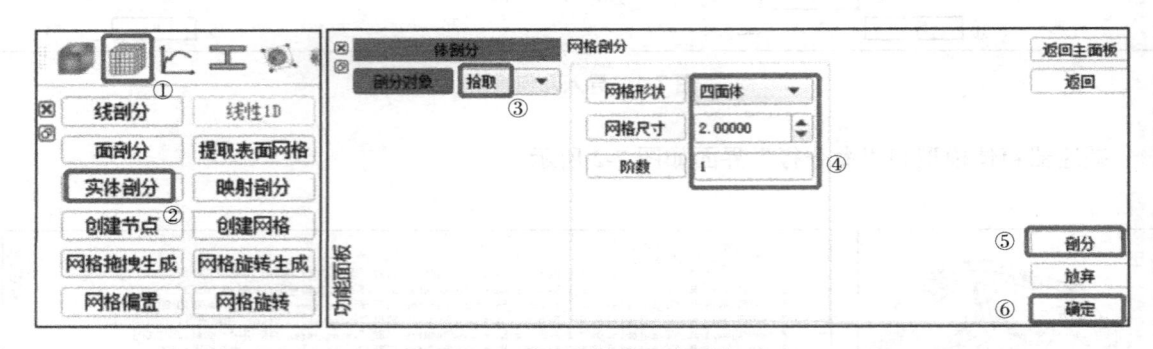

图 7-4 减速器箱体网格剖分

(1) 单击"网格"图标,进入网格剖分面板。

(2) 在网格剖分面板中单击"实体剖分"按钮,进入"体剖分"选项卡。

(3) 将剖分对象设置为"拾取",在窗口中点选几何实体。几何实体颜色变为白色高亮显示时表示被选中,如图 7-5(a)所示。

(4) 在"网格剖分"选项卡中,将网格形状设置为"四面体";将网格尺寸设置为"2.00000",即网格基本尺寸为 2mm;将阶数设置为"1"。

(5) 单击"剖分"按钮,软件开始进行网格剖分,完成后,窗口中的几何实体上会显示白色网格预览线,如图 7-5(b)所示。

(6) 单击"确定"按钮,完成网格剖分,网格预览线变为黑色,如图 7-5(c)所示。

(a)   (b)   (c)

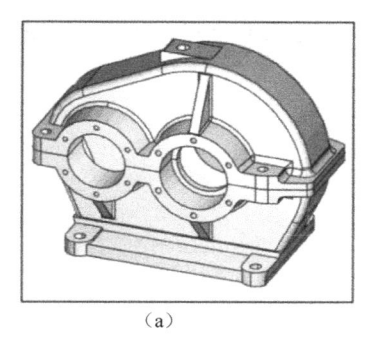

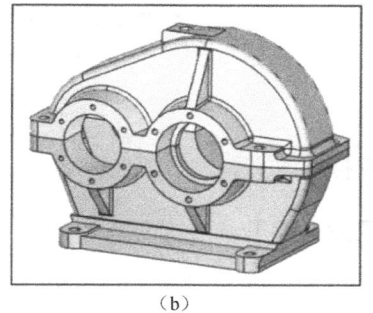

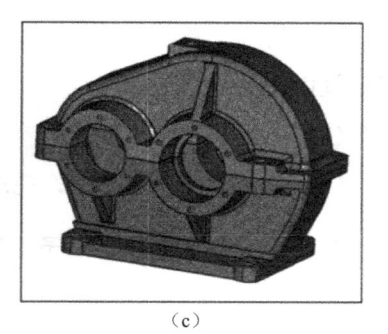

图 7-5 减速器箱体网格剖分

3. 材料定义（见图 7-6）

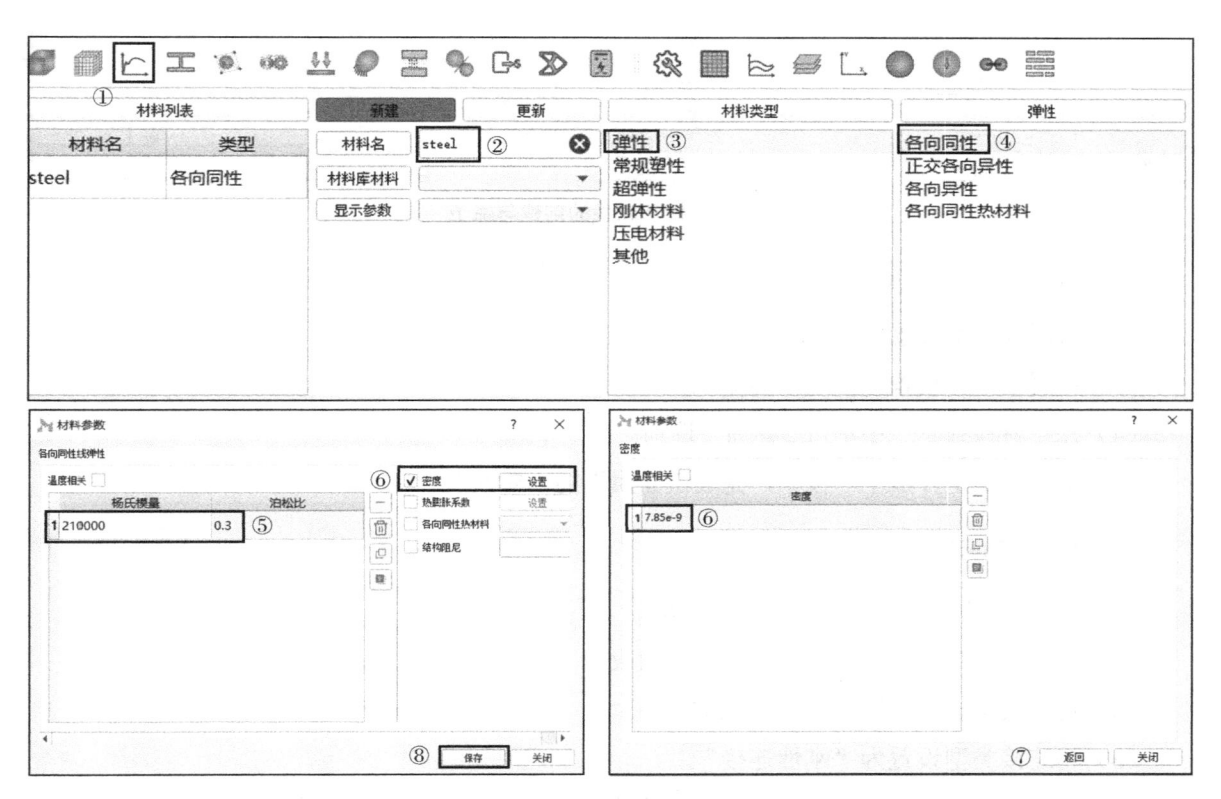

图 7-6 材料定义

（1）单击"材料"图标，进入材料定义面板。

（2）将材料名设置为"steel"。

（3）将材料类型设置为"弹性"。

（4）将弹性设置为"各向同性"。

（5）在弹出的"材料参数"对话框中，将杨氏模量设置为"210000"，将泊松比设置为"0.3"。

（6）勾选"密度"复选框，单击"密度"后的"设置"按钮，在弹出的"材料参数：密度"对话框中输入"7.85e-9"。

（7）单击"返回"按钮。

（8）单击"保存"按钮，完成材料定义。

4. 截面属性的创建与赋予（见图7-7）

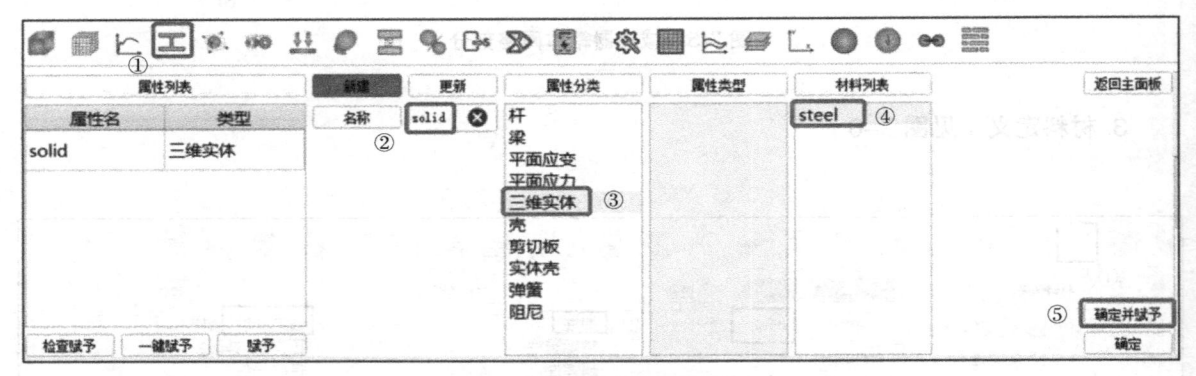

图 7-7 截面属性的创建与赋予

（1）单击"截面"图标。

（2）将属性名称设置为"solid"。

（3）将属性分类设置为"三维实体"。

（4）在"材料列表"中单击"steel"选项。

（5）单击"确定并赋予"按钮，完成截面属性的一键赋予。

5. 创建刚性连接

1）创建施加约束的刚性连接（见图7-8）

（1）单击"连接"图标，进入连接创建面板。

（2）将连接集合名设置为"rigid-SPC"。

（3）将连接类型设置为"刚性连接"。

（4）选择"一对多"单选按钮，将主节点设置为"计算"，即自动计算主节点；将从节点设置为"通过面"。

（5）选取模型底座螺栓孔的内圆柱面节点。

（6）单击"确定"按钮，成功创建一处螺栓孔的刚性连接。

重复上述步骤，创建模型底座其余三处螺栓孔的刚性连接。

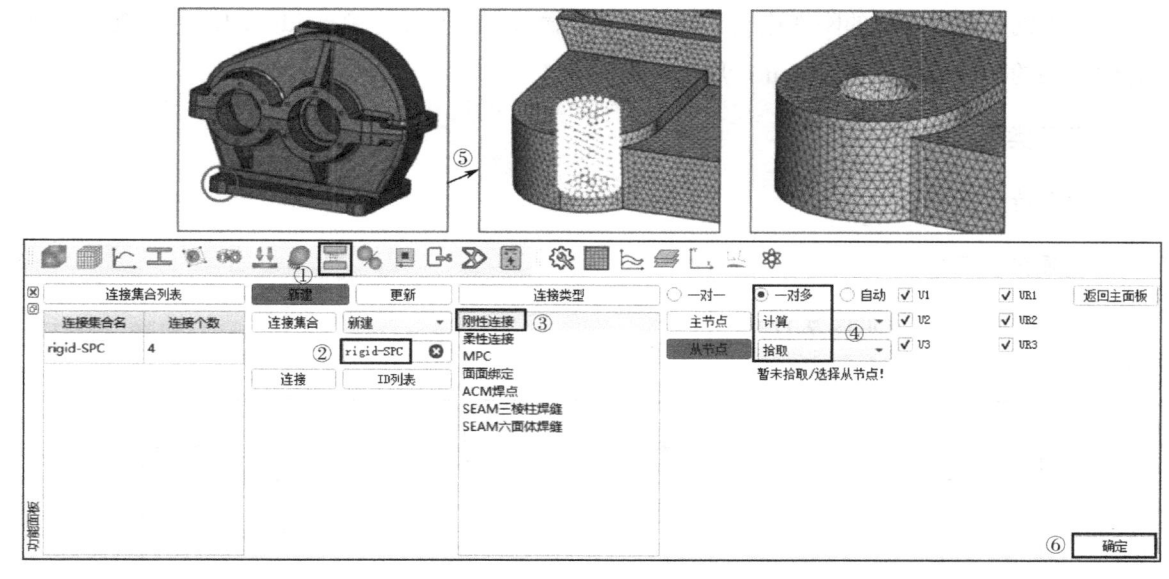

图 7-8 创建施加约束的刚性连接

2）创建模拟螺栓连接的刚性连接（见图 7-9）

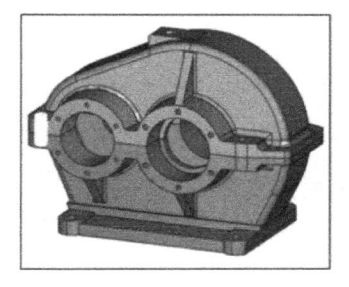

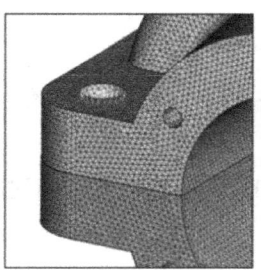

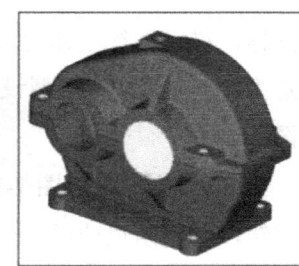

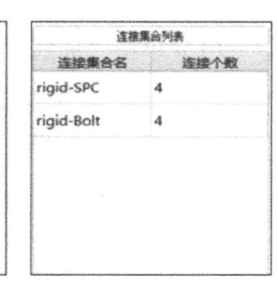

图 7-9 创建模拟螺栓连接的刚性连接

参考"创建施加约束的刚性连接"部分，创建上箱体和底座之间的四处螺栓连接 rigid-Bolt。

3）创建用于施加载荷及定义输出的刚性连接（见图 7-10）

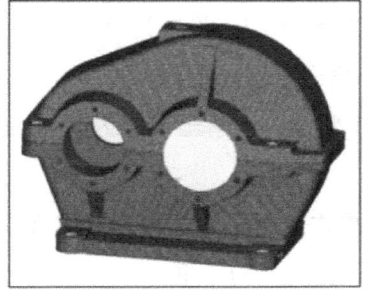

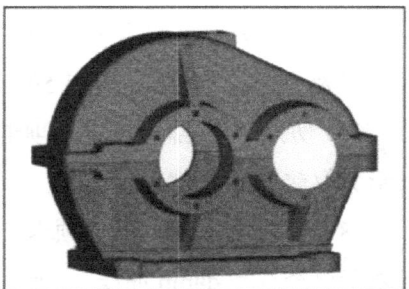

图 7-10 创建用于施加载荷及定义输出的刚性连接

参考"创建施加约束的刚性连接"部分，创建输入轴的刚性连接 rigid-load，用于施加载荷；创建输出轴的刚性连接 rigid-output，用于输出。

6. 单元类型的定义与关联

此项保持默认设置。

7. 创建分析工况

1）创建阻尼曲线（见图 7-11）

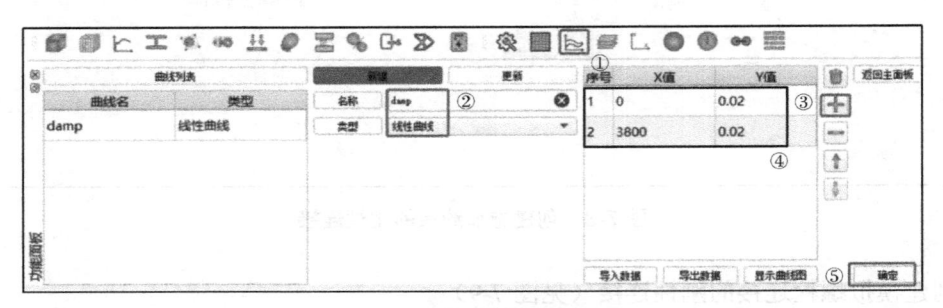

图 7-11　创建阻尼曲线

（1）单击"曲线"图标，进入曲线创建栏。

（2）将曲线名称设置为"damp"，将类型设置为"线性曲线"。

（3）单击"加号"图标。

（4）在"X 值"列、"Y 值"列输入如图 7-11 所示的数值，创建阻尼曲线。

（5）单击"确定"按钮，创建阻尼曲线。

2）创建分析工况（见图 7-12）

（1）单击"分析工况"图标，进入分析工况创建栏。

（2）将工况名设置为"频响分析"。

（3）在"分析类型列表"中单击"线性频响分析（模态法）"选项。

（4）在"频率集合"选项卡中勾选"线性均布 FREQ1"复选框。

（5）单击"加号"图标。

（6）将起始频率设置为"50"，将频率间隔设置为"50"，将间隔个数设置为"69"，表示扫频范围为 50～3500Hz，每隔 50Hz 输出一次分析结果。

（7）切换至"模态参数"选项卡，将模态求解器设置为"Block Lanczos"，将阶数设置为"30"，表示提取前 30 阶模态参数。

（8）切换至"阻尼"选项卡，单击"选择曲线"按钮（图 7-12 中的"选择曲线 -damp"按钮表示已经选择 damp 曲线），弹出"曲线"对话框。

（9）在"曲线"对话框中，将曲线设置为"damp"，单击"确定"按钮，完成阻尼曲线的选择。

（10）单击"确定"按钮，完成分析工况的创建。

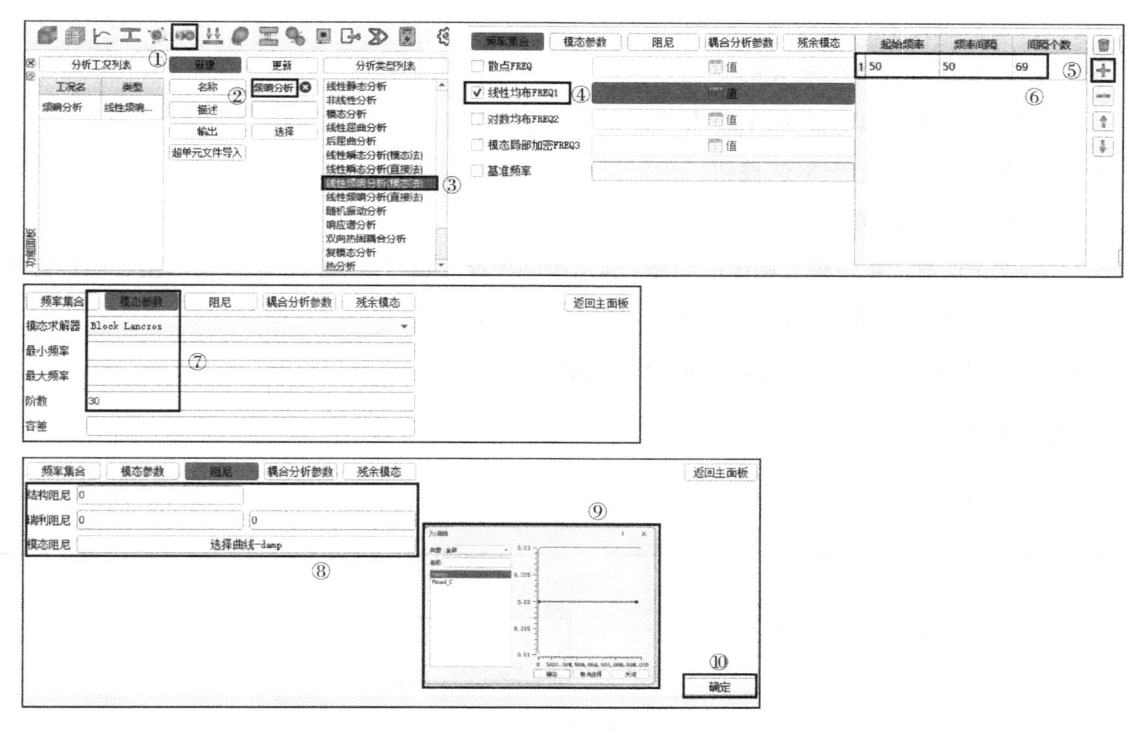

图 7-12 创建分析工况

8. 施加边界条件（见图 7-13）

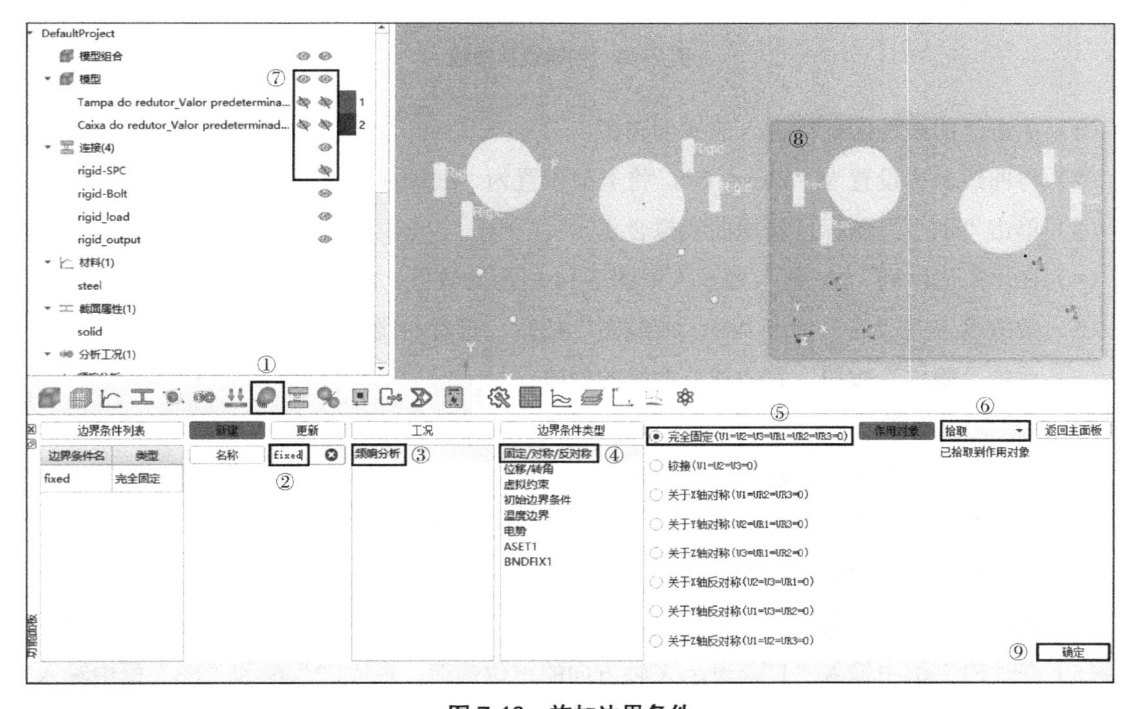

图 7-13 施加边界条件

(1) 单击"边界"图标，进入边界条件创建栏。

(2) 将边界条件名称设置为"fixed"。

(3) 将工况设置为"频响分析"。

(4) 在"边界条件类型"栏中单击"固定/对称/反对称"选项。

(5) 选择"完全固定"单选按钮。

(6) 将作用对象设置为"拾取"。

(7) 为便于选取，单击模型树中的隐藏/显示控制图标，隐藏网格和创建的 rigid-SPC 刚性连接。

(8) 框选如图 7-13 所示的 rigid-SPC 刚性连接的中心节点。

(9) 单击"确定"按钮，完成边界条件的施加。

9. 施加载荷

1）创建载荷曲线（见图 7-14）

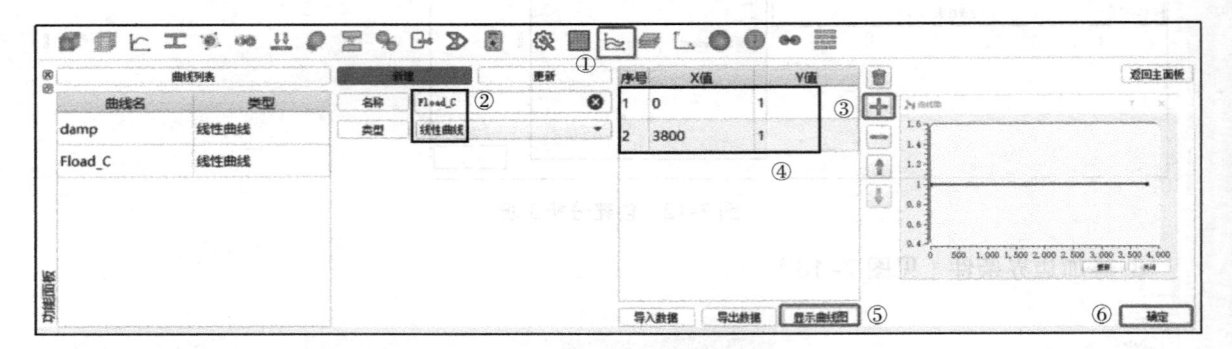

图 7-14　创建载荷曲线

(1) 单击"曲线"图标，进入曲线创建栏。

(2) 将曲线名称设置为"Fload_C"，将类型设置为"线性曲线"。

(3) 单击"加号"图标，新增曲线拟合点。

(4) 在"X 值"列、"Y 值"列输入如图 7-14 所示的数值。

(5) 数值输入完成后，单击"显示曲线图"按钮，查看曲线的拟合图形。

(6) 单击"确定"按钮，完成载荷曲线的创建。

2）创建集中力载荷（见图 7-15）

(1) 单击"载荷"图标，进入载荷创建栏。

(2) 将载荷名称设置为"Force"。

(3) 将工况设置为"频响分析"。

(4) 将载荷类型设置为"集中力"。

(5) 在"F1"框中输入"1"，表示 X 轴方向的单位载荷；在"F2"框和"F3"框中输入 0，分别表示 Y 轴、Z 轴方向的单位载荷。

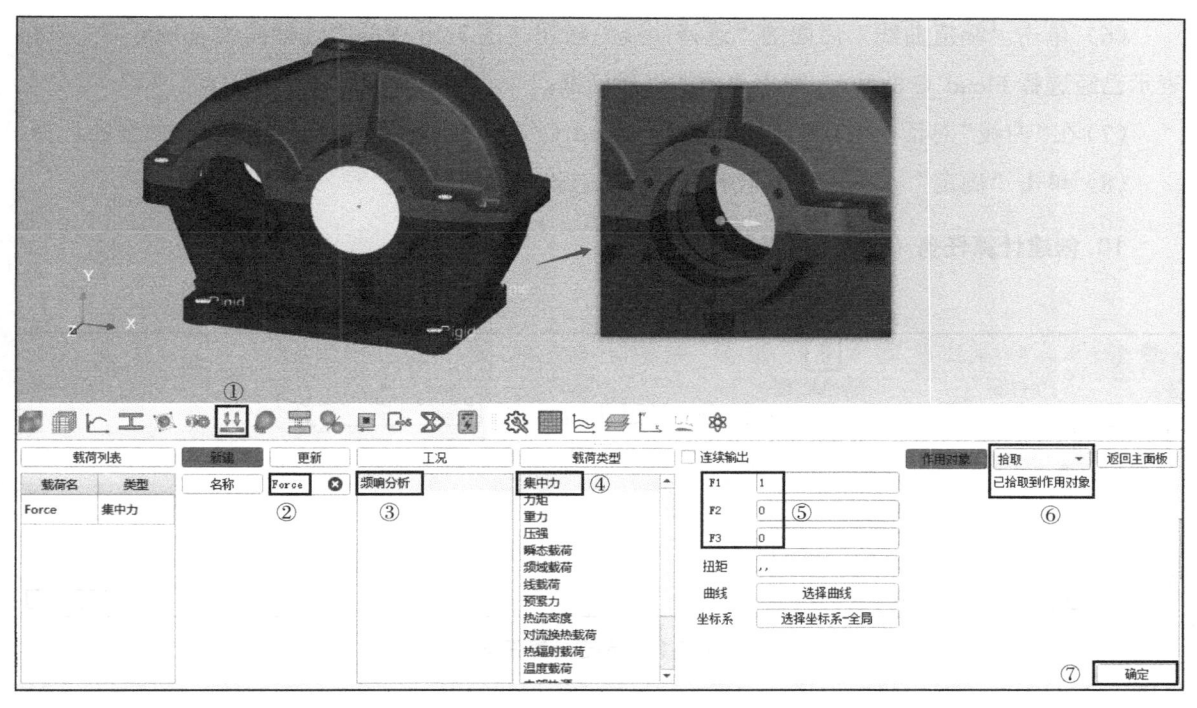

图 7-15 创建集中力载荷

(6) 将作用对象设置为"拾取",参考"施加边界条件"部分,选取如图 7-15 所示的刚性连接的中心节点作为加载点。

(7) 单击"确定"按钮,完成集中力载荷的创建。

3) 创建谐响应分析动态载荷(见图 7-16)

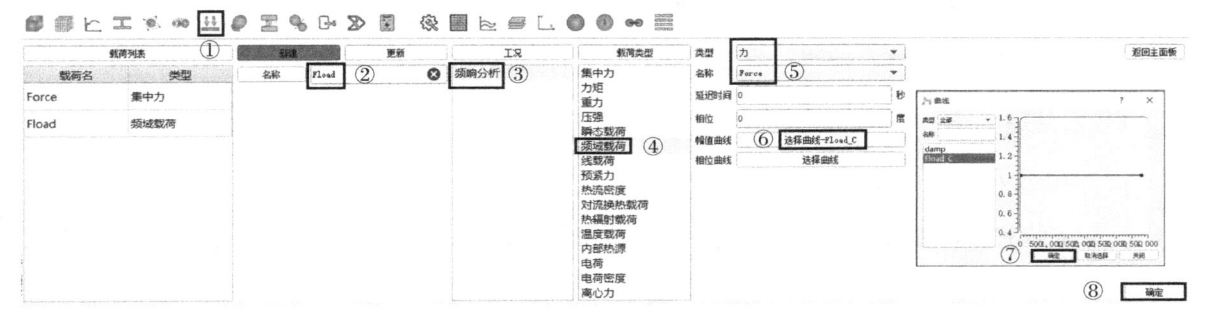

图 7-16 创建谐响应分析动态载荷

(1) 单击"载荷"图标,进入载荷创建栏。

(2) 将载荷名称设置为"Fload"。

(3) 将工况设置为"频响分析"。

(4) 将载荷类型设置为"频域载荷"。

(5) 将类型设置为"力",将名称设置为"Force"。

（6）单击"幅值曲线"后面的"选择曲线"按钮（图 7-16 中的"选择曲线 -Fload_C"按钮表示已经选择 Fload_C 曲线），弹出"曲线"对话框。

（7）在"曲线"对话框中，将曲线设置为"Fload_C"，单击"确定"按钮，完成幅值曲线的选择。

（8）单击"确定"按钮，完成谐响应分析动态载荷的创建。

10. 创建计算任务（见图 7-17）

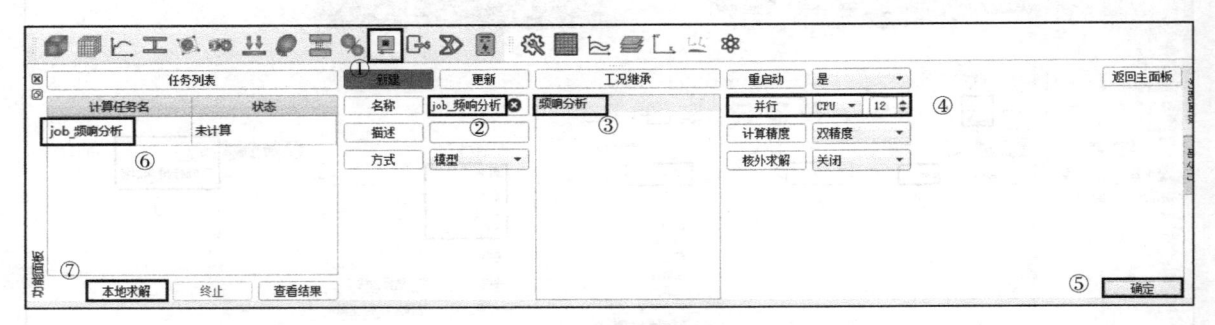

图 7-17 创建计算任务

（1）单击"计算任务"图标，创建计算任务。

（2）将计算任务名称设置为"job_频响分析"。

（3）"工况继承"处默认为已创建的"频响分析"工况。

（4）将并行设置为"CPU"；在对应的数值框中输入"12"，即 CPU 的最大线程数（以计算机的实际最大线程数为准）。

（5）单击"确定"按钮，完成计算任务的创建。

（6）在"任务列表"中单击"job_频响分析"。

（7）单击"本地求解"按钮，启动求解。

11. 后处理

1）谐响应位移云图（见图 7-18）

（1）求解完成，软件会自动跳转至后处理界面，也可以通过单击"云图"图标，手动进入后处理界面。

（2）当前帧默认为"1.频响分析_1"，即初始频率下的结构位移云图；变量默认为"Displacement"，即位移；分量默认为"Mag"，即显示合位移。

（3）可通过更改当前帧，显示不同频率时的结构位移云图。

（4）单击"确定"按钮，在窗口中显示谐响应位移云图，即频率为 750Hz 时的结构位移云图（窗口右上角会显示当前频率信息）。

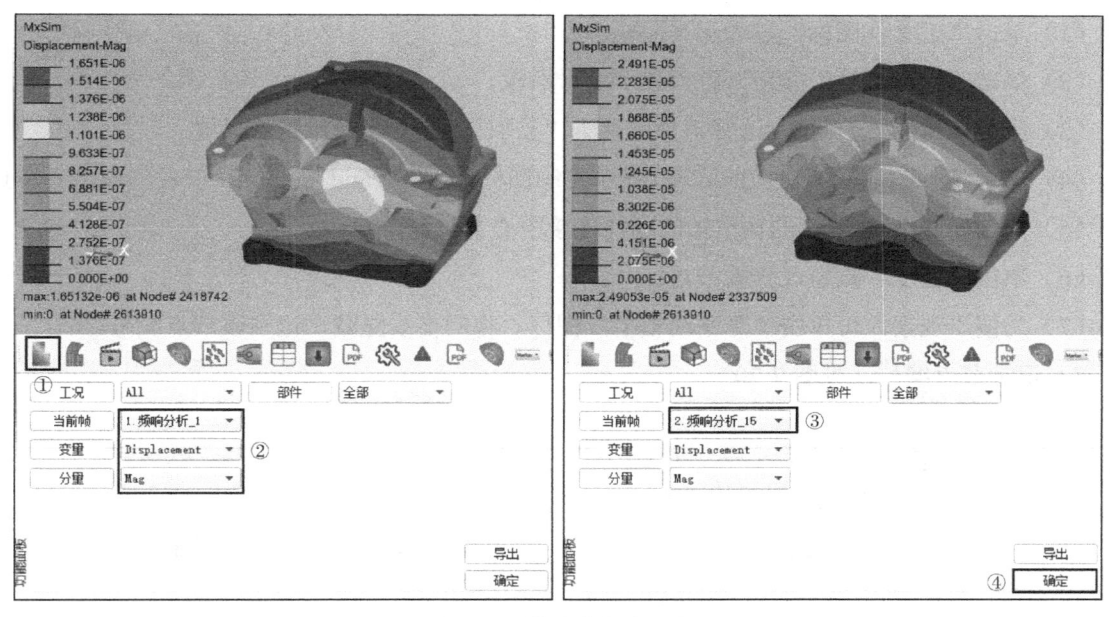

图 7-18 谐响应位移云图

2）输出特定节点处的频响曲线（见图 7-19）

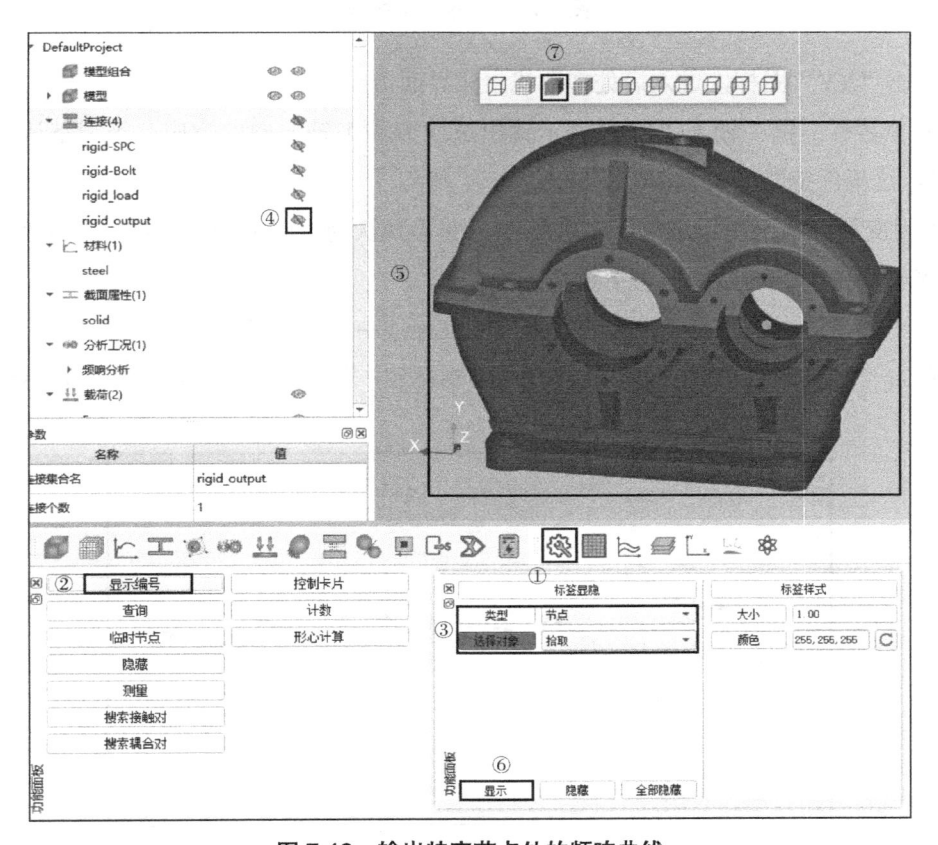

图 7-19 输出特定节点处的频响曲线

(1) 单击"工具"图标,进入工具面板。

(2) 单击"显示编号"按钮,进入显示编号面板。

(3) 类型默认为"节点",选择对象默认为"拾取",此处均保持默认设置。

(4) 单击"rigid_output"对应的隐藏/显示控制图标,隐藏"rigid_output",以便选取中心节点。

(5) 点选如图 7-19 所示的输出轴的刚性连接中心节点。

(6) 单击"显示"按钮,查看节点编号。

(7) 为便于观察,可单击"隐藏线模型"图标,将网格线隐藏,记录该节点编号。

3) 记录节点编号(见图 7-20)

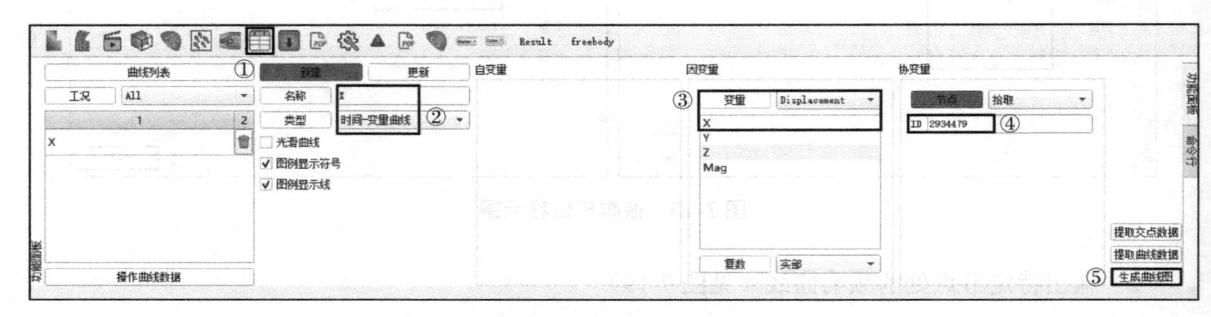

图 7-20 记录节点编号

(1) 单击"XY"图标,进入后处理曲线生成界面。

(2) 在"名称"框中输入"X",表示输出选取节点 X 轴方向的响应;类型默认为"时间-变量曲线",这里保持默认设置。

(3) "因变量"选区用于选取 Y 轴数据源,变量默认为"Displacement",单击"X"选项,表示输出 X 轴方向的位移结果作为 Y 轴数据源。

(4) 在"ID"框中输入前面记录的输出轴刚性连接中心节点编号。

(5) 单击"生成曲线图"按钮,软件自动绘制曲线,生成的频响曲线如图 7-21 所示。

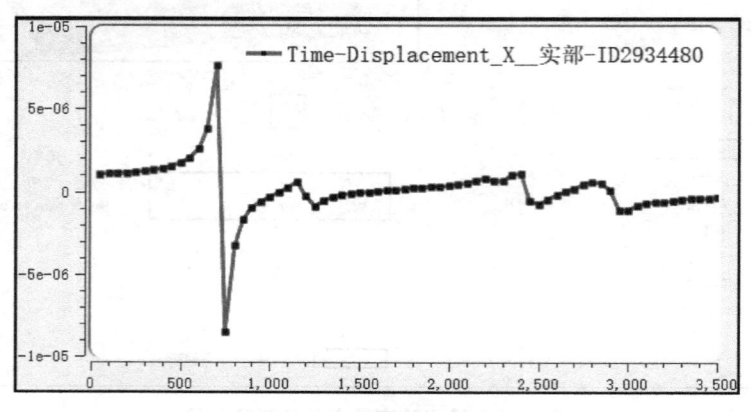

图 7-21 频响曲线

第 8 章　车辆碰撞安全性分析

【本章导读】

　　汽车的碰撞安全性决定了因碰撞造成的乘员受害程度。车辆碰撞安全性分析就是通过对车身结构的材料和设计进行优化，使其获得合理的耐撞性和吸能性，以保障车内乘员有足够的生存空间，以及车外行人受到最低限度的伤害；对乘员约束系统进行研究，通过合理布置安全带、安全气囊等，或者应用自适应约束系统技术，降低在碰撞发生时乘员受到的冲击伤害及二次碰撞伤害。另外，在人体生物力学的基础上，对乘员及行人的损伤机理和撞击响应进行分析，以设计车身安全结构和车外安全装置，也是汽车被动安全技术的重点研究方向。

【效果预览】

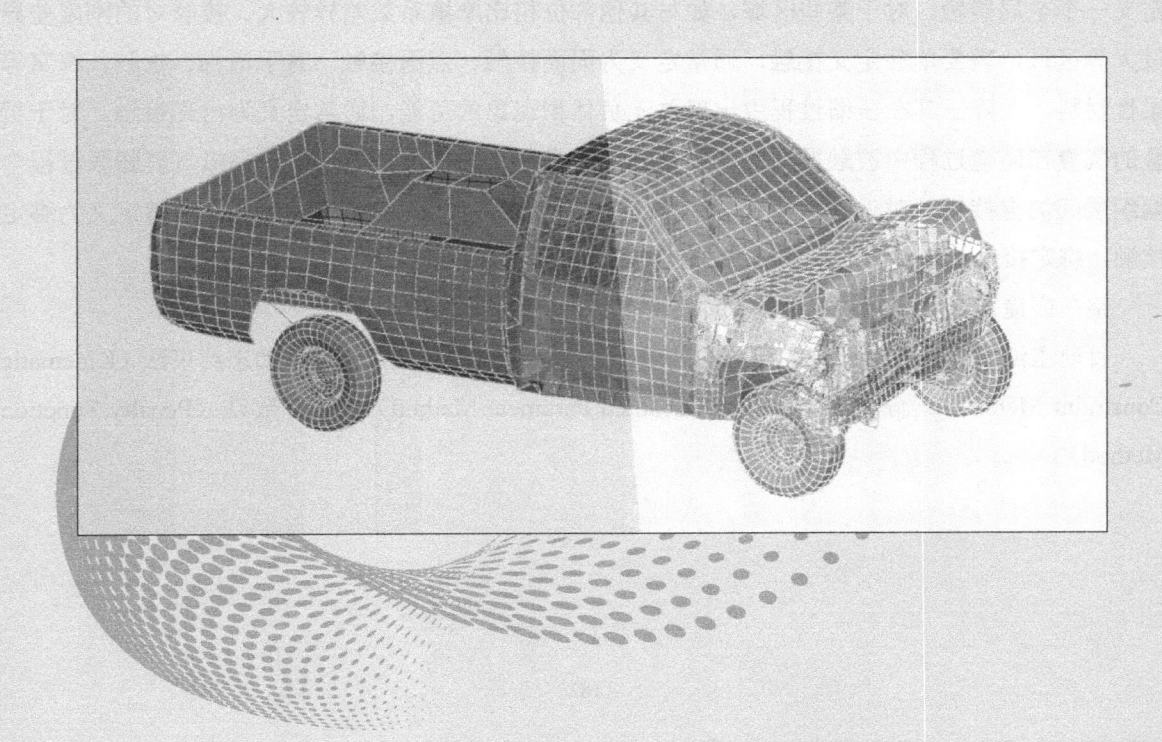

8.1 车辆碰撞安全性分析概述

常见的车辆碰撞事故形式包括正碰、侧碰、后碰、偏置碰、翻滚、车与行人的碰撞等。通常一辆整车是由 2 万多个零部件组成的，一个完备的整车碰撞仿真建模虽然采用了大量的简化方式，但仍涉及繁多的总成，如白车身、车身开闭件（四门两盖，即前后车门、发动机舱盖、后备厢盖或尾门）、座椅、假人、乘员保护系统（安全带和安全气囊）、底盘结构（悬架系统、转向系统、传动系统等）、发动机/电驱动系统、内饰结构、轮胎等。从数值仿真的角度来看，整车碰撞仿真是一个高度非线性过程。碰撞是一个瞬时大变形过程。碰撞过程虽然一般只有短暂的 $0.1 \sim 0.2s$，但在碰撞仿真过程中，车身结构的响应早已超出简单的小变形弹性行为范畴，上千个车体部件在短时间内会发生剧烈的摩擦、挤压、错位等相互作用，部件之间的接触表现为强非线性。

在进行整车碰撞分析有限元仿真时，为了获取精确的仿真结果，接触算法的准确性及稳定性成为整车碰撞仿真计算的重中之重。从整车碰撞仿真经验上来看，接触算法会直接影响整车系统的能量平衡，接触算法的不合理或不稳定会造成内能及滑移能异常，进而影响整车模型的计算精度。同时，接触算法的不合理会造成接触区域应力失真、单元畸变，甚至直接导致有限元计算程序崩溃。

车辆碰撞安全性分析中常见的接触形式有全局接触、面面接触、内部接触、气囊接触及绑定接触。鉴于整车模型的规模，除特殊要求外，为降低接触对定义的难度，通常整车模型需要定义一个全局接触。对于某些区域，如与其他部位相比摩擦系数差异较大、接触对的刚度差异过大等区域，需要单独定义接触，通常定义为面面接触、点面接触。对于泡棉、橡胶、蜂窝等柔性材料，为降低其在压缩过程中出现单元负体积现象的可能，通常定义为内部接触。对于折叠的气囊在碰撞过程中被触发后的膨胀仿真，通常定义为气囊接触，用于模拟气囊膨胀过程中编织层间的自接触。对于汽车中壳—壳、壳—实体、焊点—壳的连接类问题，通常定义为绑定接触，绑定接触算法包含约束绑定算法和罚函数类绑定算法，应用情况各不相同。

整车碰撞仿真中与接触相关的项如图 8-1 所示。

目前主流商业软件对于接触问题的处理，主要包含三种算法，分别为动态约束法（Kinematic Constraint Method）、分布参数法（Distributed Paramete Method）、罚函数法（Penalty Function Method）。

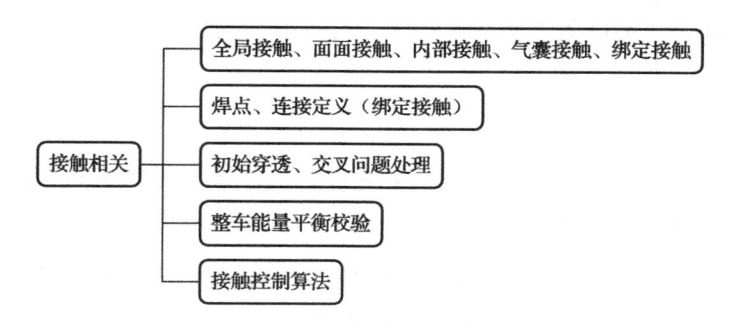

```
接触相关 ┬── 全局接触、面面接触、内部接触、气囊接触、绑定接触
         ├── 焊点、连接定义（绑定接触）
         ├── 初始穿透、交叉问题处理
         ├── 整车能量平衡校验
         └── 接触控制算法
```

图 8-1　整车碰撞仿真中与接触相关的项

1）动态约束法

动态约束法是由 Hughes 等在 1976 年提出的。动态约束法的基本原理是，在每个时间步 Δt 修正构形之前，搜索所有未与主面（Master Surface）接触的从节点，看从节点是否在此 Δt 时间内穿透了主面。若是，则缩小 Δt，使那些穿透主面的从节点都不穿透主面，并使其正好位于主面上。在计算下个时间步 Δt 之前，对所有已经和主面接触的从节点施加边界条件，以保证从节点与主面接触而不穿透。此外，应评估接触单元的受力状态，检查那些和主面接触的从节点所属单元是否受到拉应力作用。如果从节点所属单元受到拉应力作用，那么算法施加释放条件，使从节点与主面脱离。

动态约束法存在的主要问题是，如果主面网格剖分得比从面细，局部区域的主节点可以无约束穿透从面（Slave Surface）（这是因为约束只施加在从节点上），随之就会形成所谓的"纽结"（Kink）现象。当接触界面上的压力较大时，不管单元采用单点积分算法还是多点积分算法，这种现象都极易发生。当然，质量高的网格剖分可以减弱这种现象。而对于大多数问题，初始构形中质量较好的网格在经过多次迭代后可能会变得很糟糕，如爆炸气体在结构中的传播。由于节点约束算法相对复杂，目前在显式动力学软件中仅用于固连（Tied Contact）与固连断开（Tiedbreak Contact）类型的接触界面（统称固连接触），主要用来将结构网格中不协调的部分连接起来。

2）分布参数法

分布参数法也是一种发展时间较长的接触界面算法，Wilkins 在 1964 年成功地将此算法应用在 HEMP 程序中，Burton 等则于 1982 年将此算法应用在 TENSOR 分析程序中。与动态约束法相比，分布参数法具有比较好的网格稳定性。目前，在显式动力学软件中此算法主要用于处理接触-滑动界面问题。

分布参数法的基本原理是，先将每个正在接触的从单元（Slave Element）的一半质量分配到被接触的主面上，同时基于每个正在接触的从单元的内应力计算出作用在接受质量分配的主面上的分布压力。在算法完成质量和压力的分配后，修正主面的加速度。再对从节点的加速度及速度施加约束，从而保证从节点只能在主面上滑动，不会穿透主面，避免了接触反弹现象。这种算法主要用于处理接触界面具有相对滑动而不可分开的问题。因此，在结构计算中，该算法的应用范围相对较小。

3）罚函数法

罚函数法的基本原理是，在每个时间步 Δt 先检查从节点是否穿透了主面。若没有穿透，则不做任何处理；若穿透，则在该从节点与被穿透的主面间引入一个比较大的界面接触力，接触力的大小与穿透深度、主面的刚度成正比。在物理上，这相当于在两者之间设置一个法向弹簧，用来限制从节点对主面的穿透。接触力称为罚函数值。

8.2 实例分析——汽车前保险杠碰撞分析

8.2.1 实例描述

本实例演示对汽车前保险杠的碰撞分析。

8.2.2 分析步骤

1. 导入几何模型（见图 8-2）

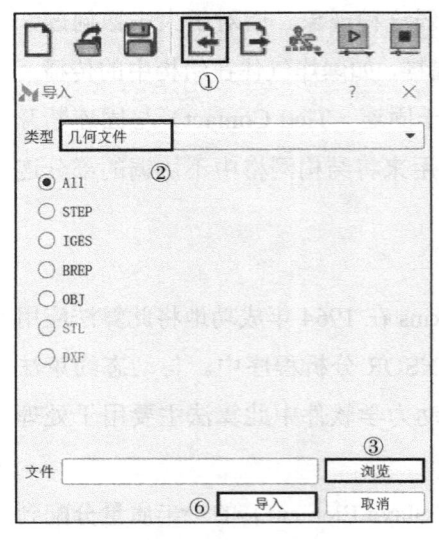

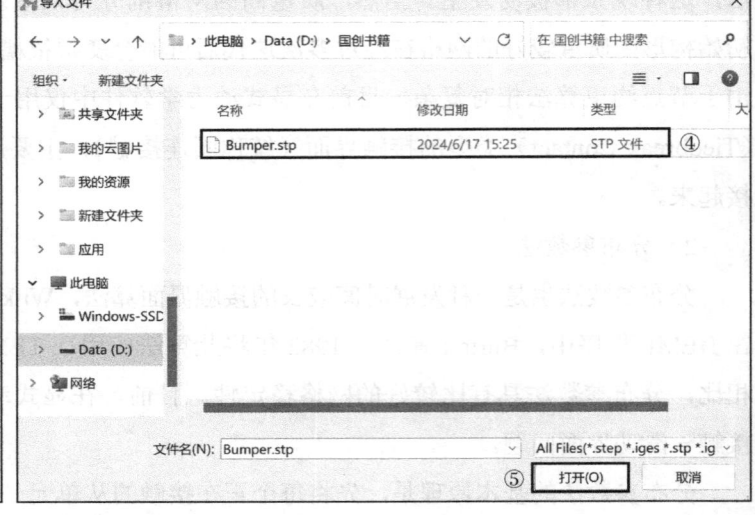

图 8-2 导入几何模型

（1）单击"导入"图标，准备导入几何模型。

(2) 将类型设置为"几何文件"。

(3) 单击"浏览"按钮,打开"导入文件"对话框。

(4) 通过几何模型所在路径找到对应的几何模型。

(5) 双击几何模型或在选择几何模型后单击"打开"按钮。

(6) 单击"导入"按钮,导入几何模型,导入后的几何模型会在窗口中显示。

注:在导入过程中可以切换到"命令行"界面,查看模型导入的实时状态。

保险杠模型和"命令行"界面如图 8-3 所示。

图 8-3 保险杠模型和"命令行"界面

2. 网格剖分

1) 几何清理详细设置(见图 8-4)

(1) 在进行网格剖分前,先对模型进行几何清理。单击"几何"图标,打开几何面板。

(2) 单击"自动几何清理"按钮,进入几何清理界面。

(3) 将拾取特征设置为"几何面",框选所有几何面(被选中的几何面会高亮显示)。

(4) 将修复参数设置为"默认"。

(5) 单击"确定"按钮,软件开始自动几何清理,完成后,左下角提示栏会显示"自动几何清理成功!"。

2) 网格剖分详细设置(见图 8-5)

(1) 单击"网格"图标,打开网格剖分面板。

(2) 在网格剖分面板中单击"面剖分"按钮,进入"面剖分"选项卡。

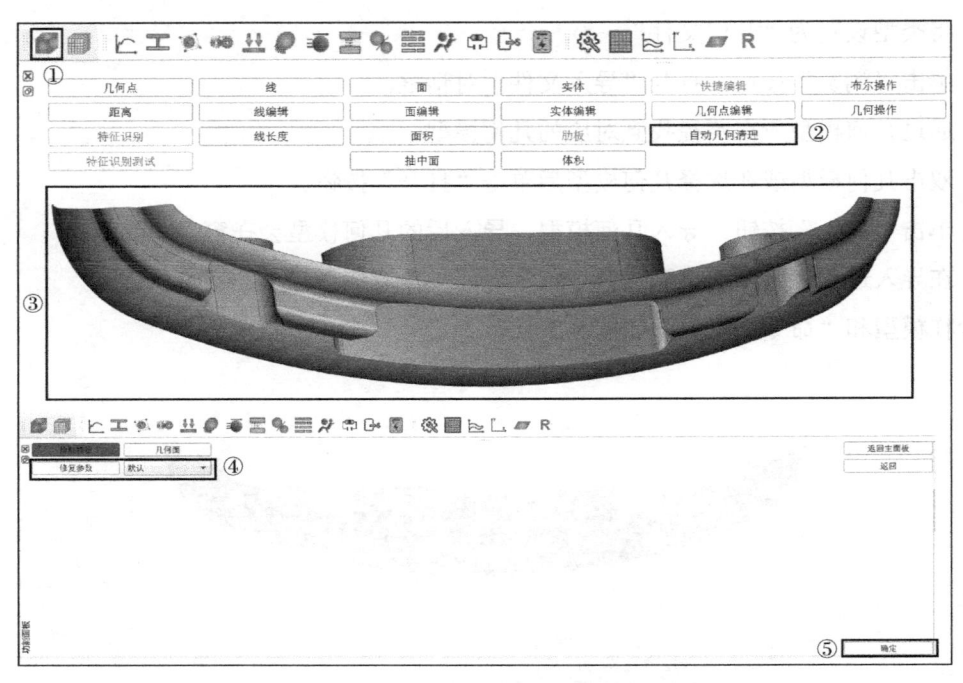

图 8-4 保险杠几何清理

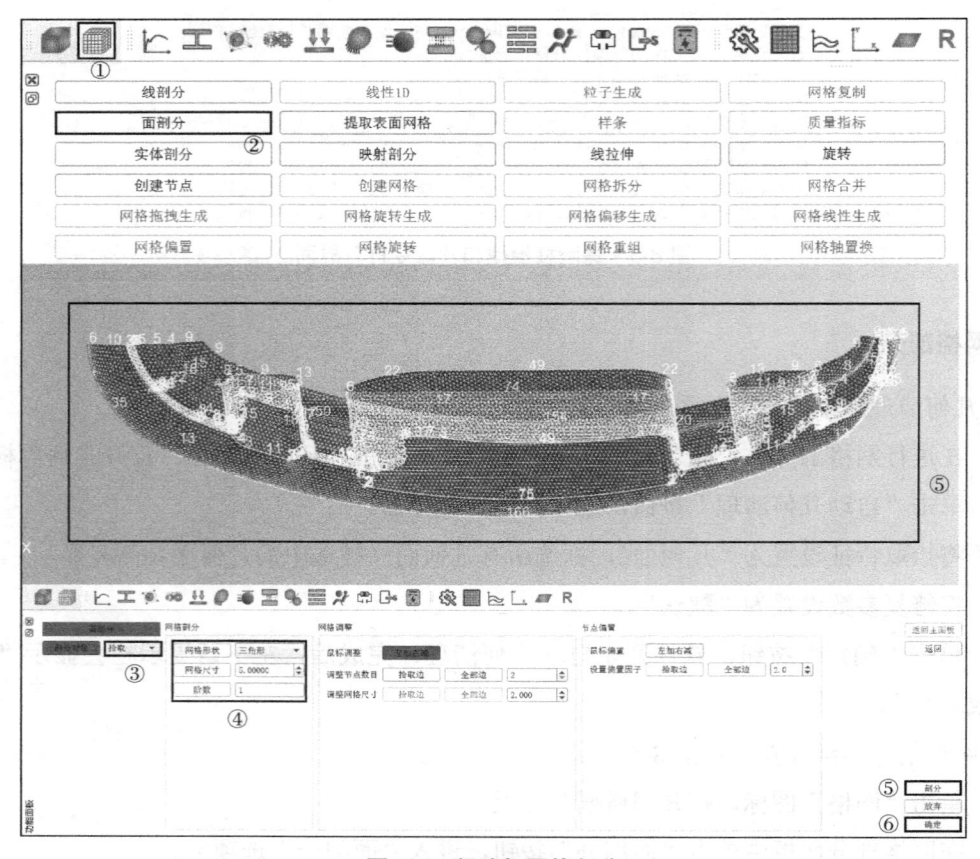

图 8-5 保险杠网格剖分

（3）将剖分对象设置为"拾取"，在窗口中点选几何实体。几何实体颜色变为白色高亮显示时表示被选中。

（4）在"网格剖分"选项卡中将网格形状设置为"三角形"；将网格尺寸设置为"5.00000"，即网格基本尺寸为5mm；将阶数设置为"1"。

（5）单击"剖分"按钮，软件开始进行网格剖分，完成后窗口中的几何实体上会显示白色网格预览线。

（6）单击"确定"按钮，完成网格剖分，网格预览线变为黑色。

3. 材料定义

（1）单击"材料"图标，进入材料定义面板。

（2）将材料名设置为"Material_1"。

（3）将材料类型设置为"常规塑性"。

（4）将硬化类型设置为"运动硬化"。

（5）在弹出的"材料参数：运动硬化"对话框中输入如图 8-6 所示的参数。

（6）单击"保存"按钮，完成材料定义。

（7）在"材料列表"中显示"Material_1"。

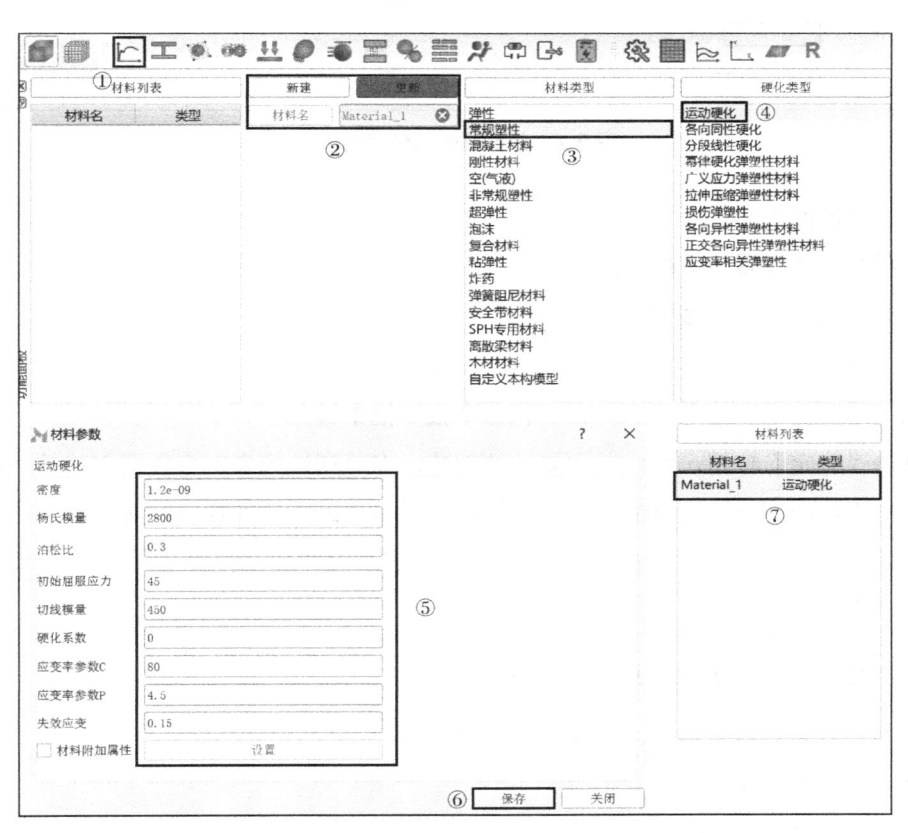

图 8-6　材料定义

4. 截面属性的创建与赋予（见图 8-7）

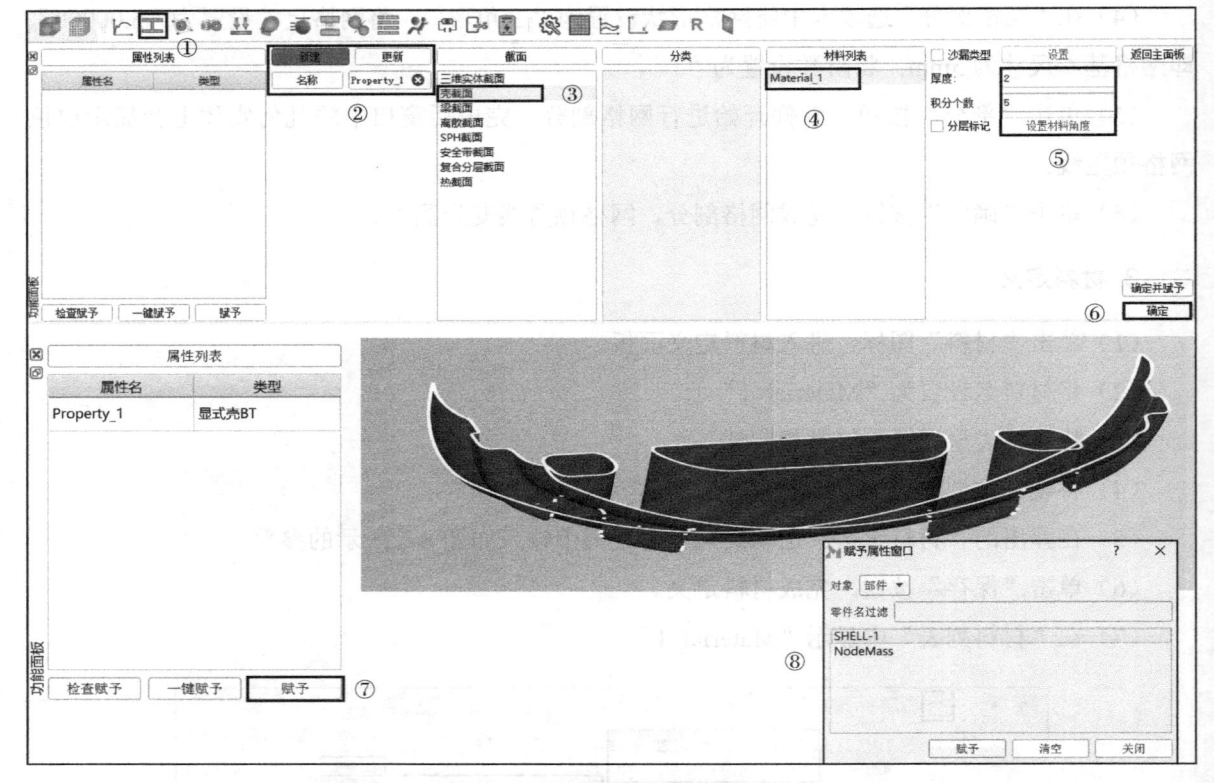

图 8-7 截面属性的创建与赋予

（1）单击"截面"图标。

（2）将属性名称设置为"Property_1"。

（3）将截面设置为"壳截面"。

（4）在"材料列表"中单击"Material_1"选项。

（5）在"厚度"框中输入"2"，在"积分个数"框中输入"5"。

（6）单击"确定"按钮，完成截面属性的创建，在"属性列表"中显示创建的截面属性。

（7）单击"属性列表"下方的"赋予"按钮，弹出"赋予属性窗口"对话框。

（8）将对象设置为"部件"，单击"SHELL-1"选项，模型轮廓高亮显示，单击"赋予"按钮，截面属性赋予成功。

5. 单元类型的定义与关联（见图 8-8）

（1）单击"单元类型"图标，进入单元选择面板。

（2）单击"壳"按钮。

（3）将三角形设置为"C0"。

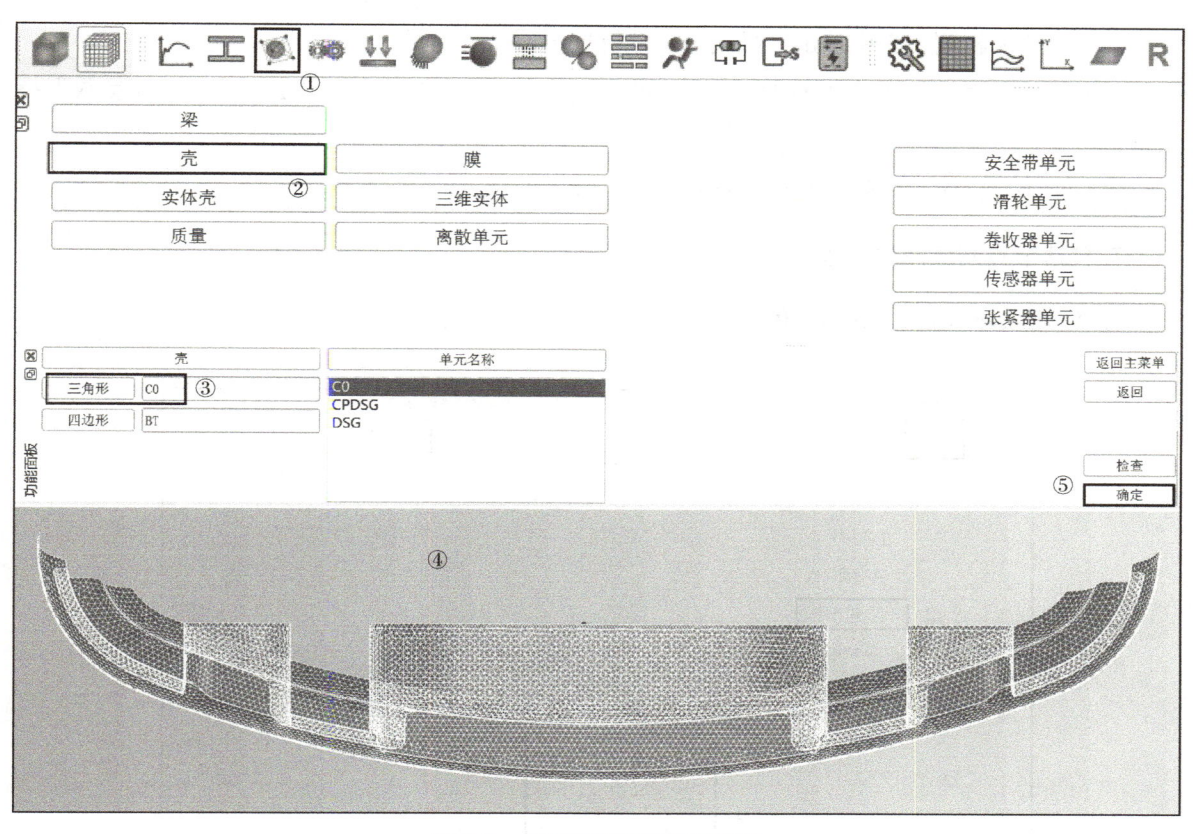

图 8-8 单元类型的定义与关联

（4）框选所有网格使其高亮显示。

（5）单击"确定"按钮，完成壳单元类型的定义与关联。

6. 创建分析工况（见图 8-9）

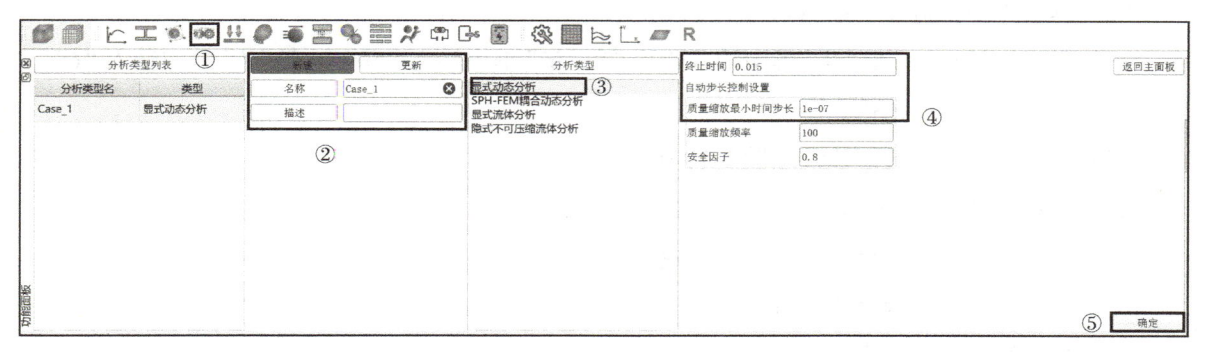

图 8-9 创建分析工况

（1）单击"分析工况"图标，进入分析工况创建栏。

（2）将工况名设置为"Case_1"。

(3) 在"分析列表"中单击"显式动态分析"选项。

(4) 将终止时间设置为"0.015",将质量缩放最小时间步长设置为"1e-07",其他参数保持默认值。

(5) 单击"确定"按钮,完成分析工况的创建。

7. 创建节点刚体及质量单元

1) 创建额外节点(见图 8-10)

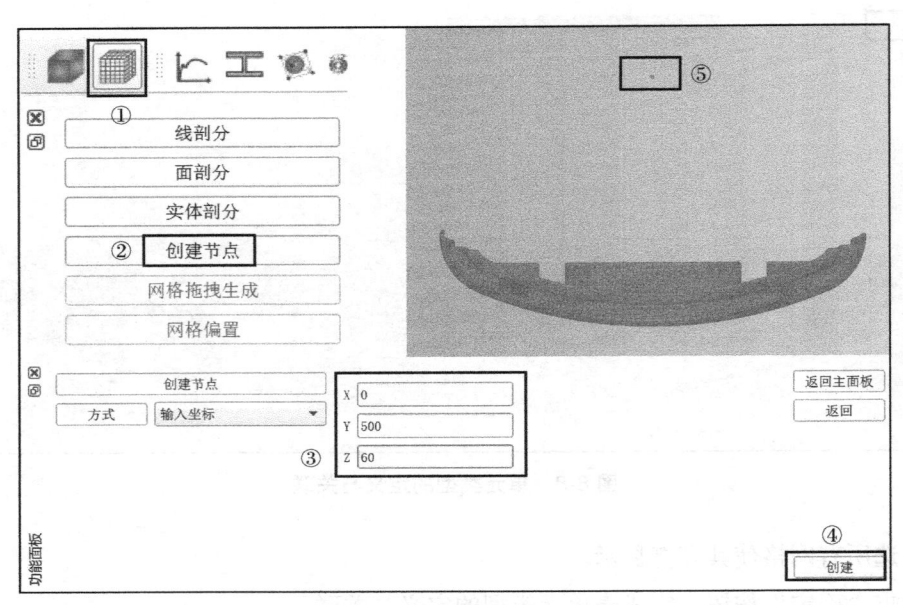

图 8-10 创建额外节点

(1) 单击"网格"图标,进入节点创建面板。

(2) 单击"创建节点"按钮。

(3) 输入节点坐标,在"X"框中输入"0",在"Y"框中输入"500",在"Z"框中输入"60"。

(4) 单击"创建"按钮。

(5) 完成额外节点的创建,如图 8-10 所示。

2) 创建用于连接质量单元的节点刚体(见图 8-11)

(1) 单击"连接"图标,进入连接创建面板。

(2) 将连接名设置为"Connact_1"。

(3) 将连接类型设置为"节点刚体"。

(4) 选择"一对多"单选按钮,在"主节点"框中输入创建的额外节点的 ID,将从节点设置为"拾取",并选择如图 8-11 所示的保险杠内测连接点。

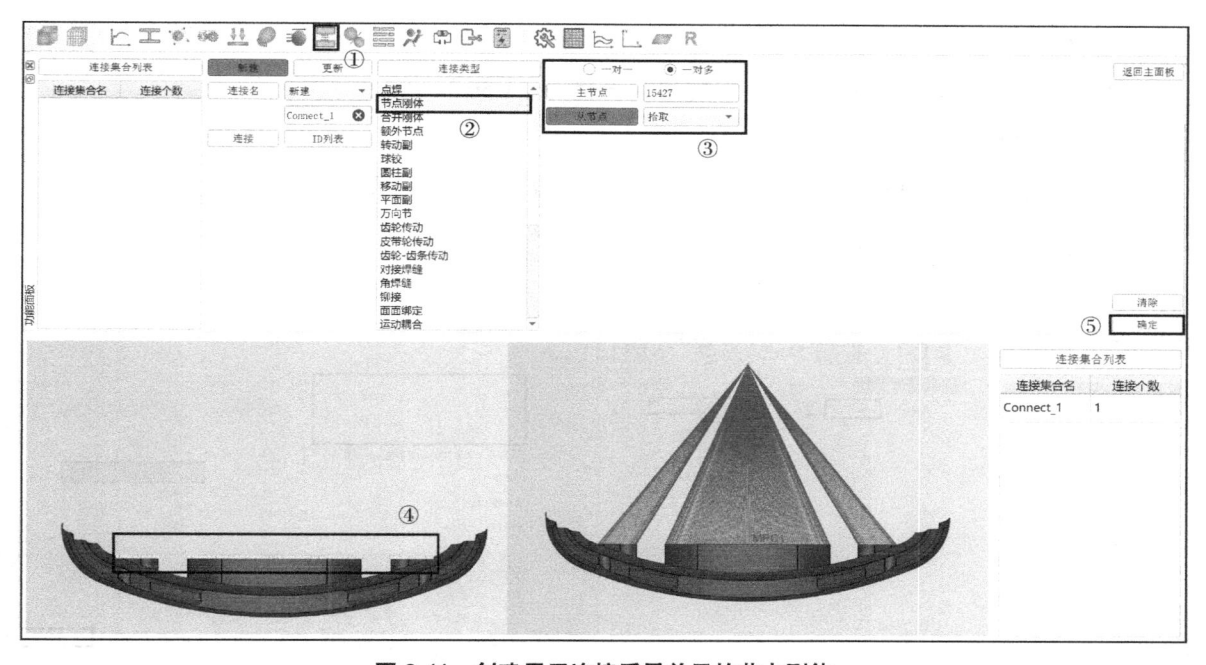

图 8-11 创建用于连接质量单元的节点刚体

(5) 单击"确定"按钮,完成连接的创建。

3) 创建质量单元(见图 8-12)

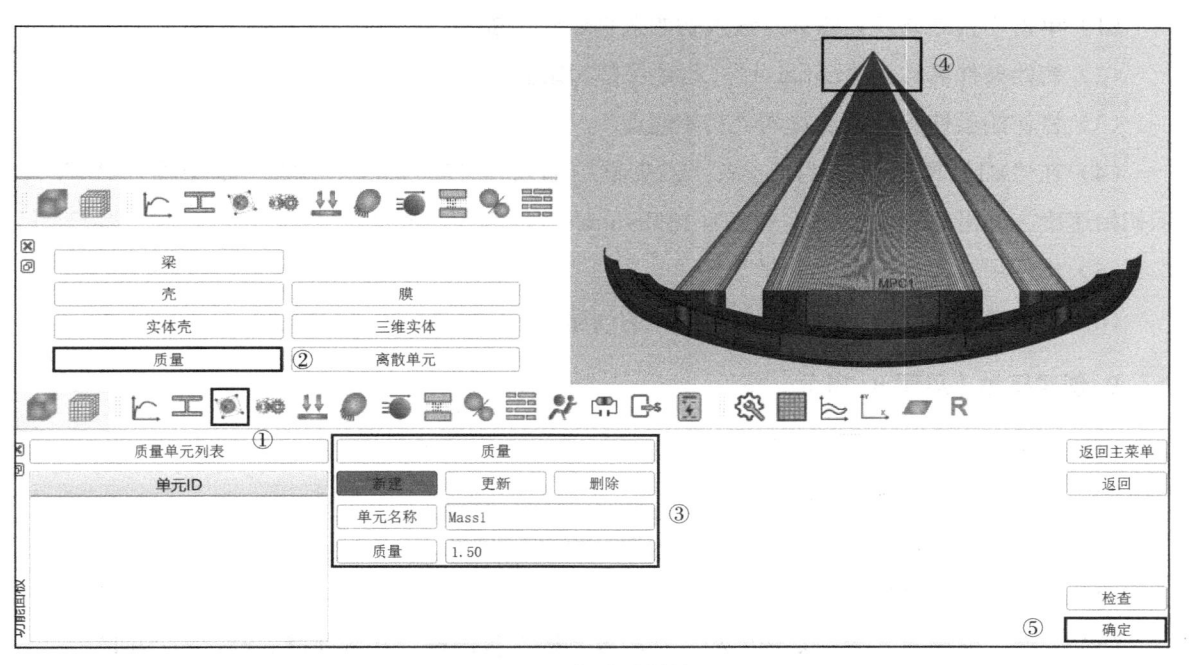

图 8-12 创建质量单元

(1) 单击"单元"图标。

（2）单击"质量"按钮，进入质量单元创建面板。

（3）将单元名称设置为"Mass1"，将质量设置为"1.50"。

（4）点选创建的额外节点。

（5）单击"确定"按钮，完成质量单元的创建，如图 8-12 所示。

8. 创建初始条件（见图 8-13）

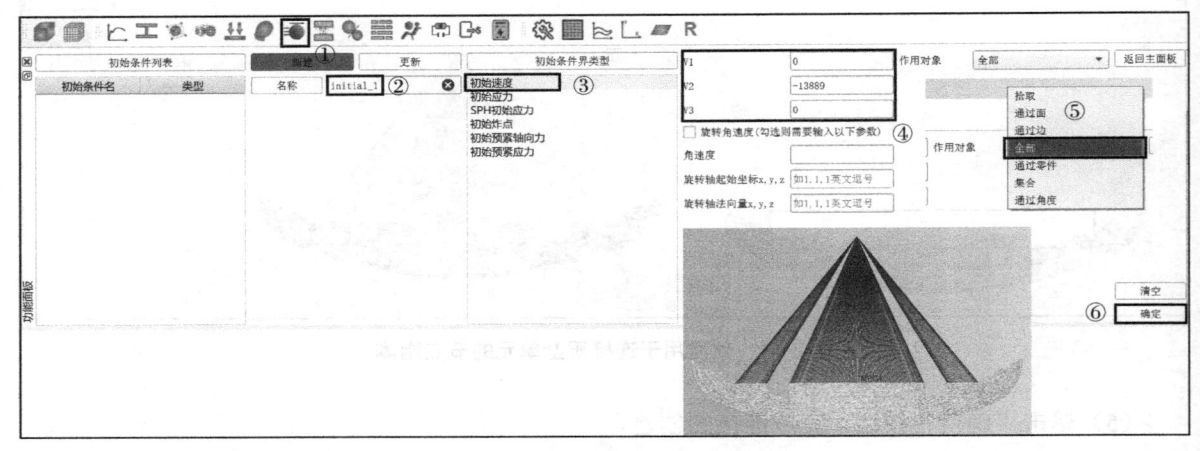

图 8-13　创建初始条件

（1）单击"初始条件"图标，进入初始条件创建面板。

（2）初始条件名称为"initial_1"，此处保持初始值。

（3）将初始条件界类型设置为"初始速度"。

（4）在"V1"框中输入"0"，在"V2"框中输入"-13889"，在"V3"框中输入"0"，表示初始速度方向沿 Y 轴负方向，大小为 13889mm/s（约为 50km/h）。

（5）将作用对象设置为"全部"。

（6）单击"确定"按钮，完成初始条件的创建。

9. 创建接触（见图 8-14）

（1）单击"接触"图标，进入接触创建栏。

（2）将接触名称设置为"Contact_1"。

（3）将接触类型设置为"全局搜寻接触"。

（4）勾选"自接触"复选框。

（5）勾选"静摩擦系数"复选框和"动摩擦系数"复选框，并将其值均设置为"0.1"。

（6）单击"确定"按钮，完成接触的创建。

图 8-14 创建接触

10. 创建刚性墙（见图 8-15）

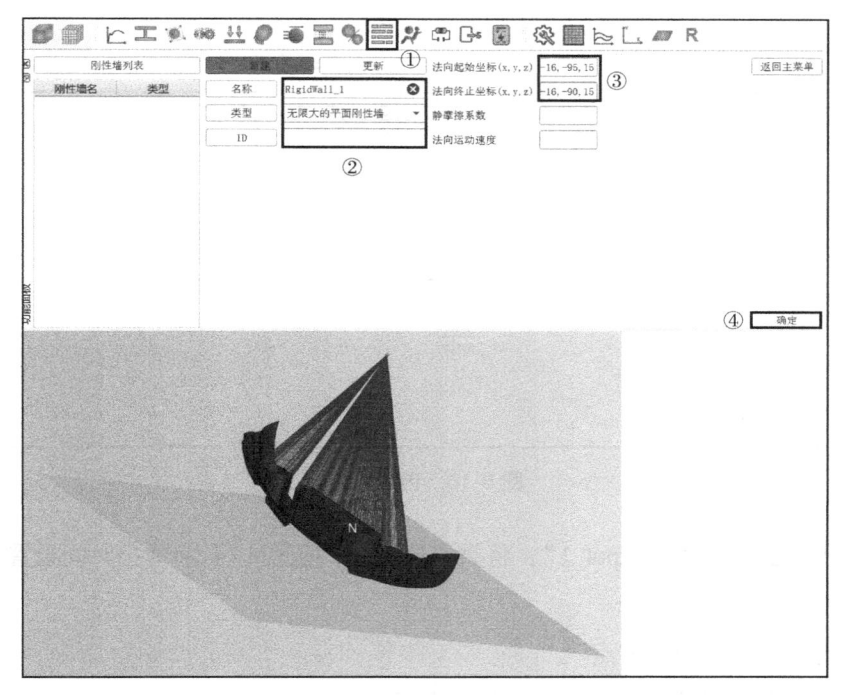

图 8-15 创建刚性墙

（1）单击"刚性墙"图标，进入刚性墙创建栏。

（2）将刚性墙名称设置为"Rigidwall_1"，将类型设置为"无限大的平面刚性墙"。

（3）输入刚性墙的法向起始坐标和法向终止坐标，具体数值如图 8-15 所示。

（4）单击"确定"按钮，完成刚性墙的创建。

11. 创建输出（见图 8-16）

（1）单击"输出"图标，进入输出创建栏。

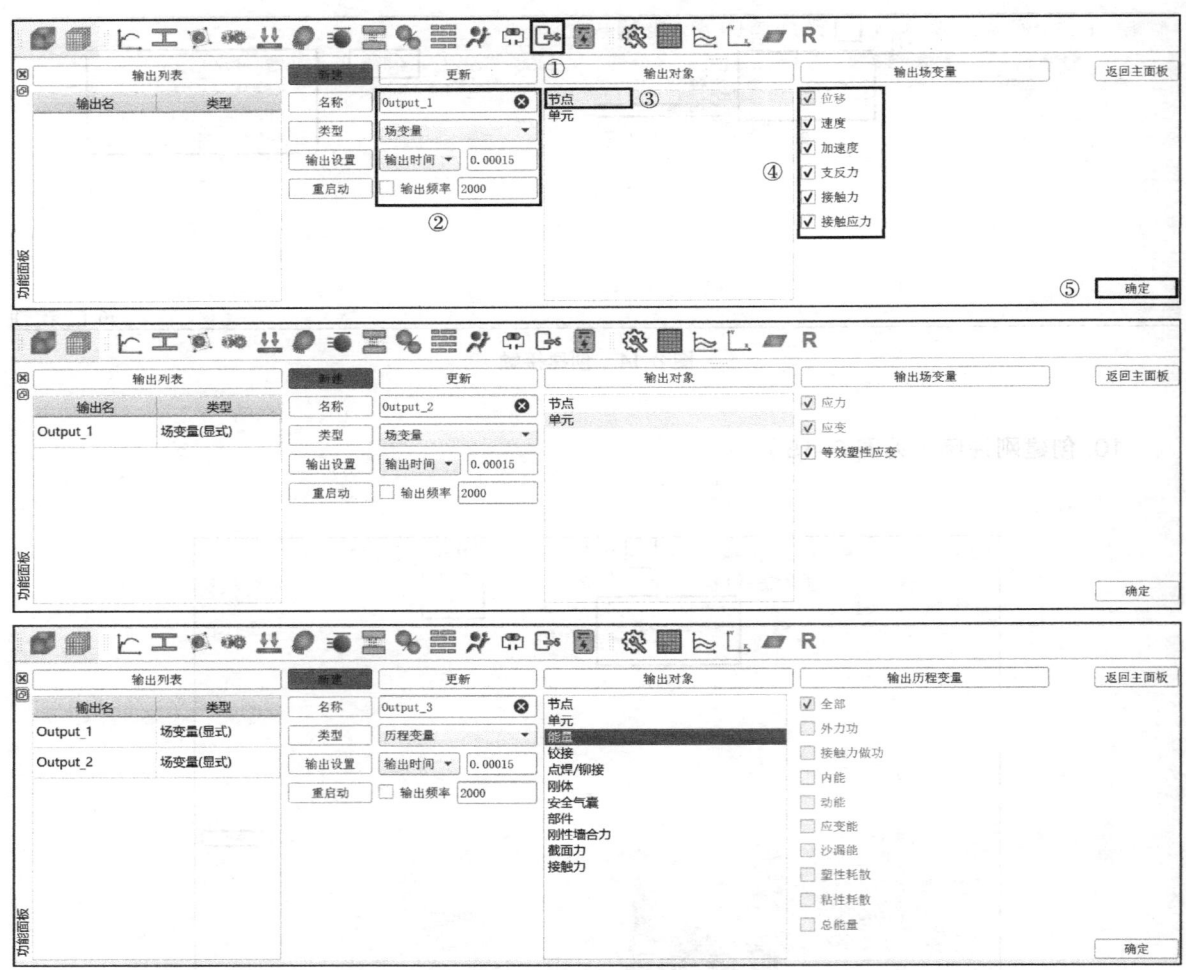

图 8-16 创建输出

（2）将输出名称设置为"Output_1"；将类型设置为"场变量"；将输出时间设置为"0.00015"，表示输出 100 帧。

（3）将输出对象设置为"节点"。

（4）勾选"输出场变量"选区中的所有复选框。

（5）单击"确定"按钮，完成一个输出的创建。

参考以上步骤，完成其他场变量及历程变量的创建。

12. 创建计算任务（见图 8-17）

（1）单击"计算任务"图标，创建新的计算任务。

（2）将计算任务名称设置为"job_1"。

（3）将并行设置为"GPU"；在"线程数"数值框中输入"1"（也可以将并行设置为"CPU"，CPU 线程数以计算机的实际最大线程数为准）。

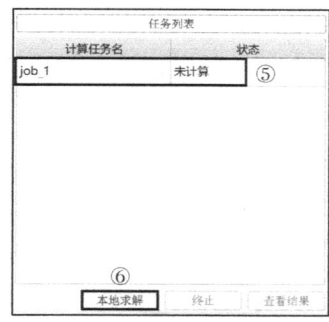

图 8-17 创建计算任务

（4）单击"确定"按钮，完成计算任务的创建。

（5）在"任务列表"中选择"job_1"。

（6）单击"本地求解"按钮，启动求解。

8.3 实例分析——简易卡车碰撞安全性仿真

8.3.1 实例描述

车辆碰撞仿真技术是基于 CAE 软件，通过一定的数学关系，在给定若干已知参数的情况下，模拟车辆碰撞的过程。通过 CAE 软件仿真分析，能够分析车身主要结构部件的碰撞变形及动态响应，评估车辆结构变化对车身碰撞后生存空间的影响，预测车辆结构设计缺陷，提出切实可行的改进措施，以指导产品研发，从而为汽车安全性能的提高提供必要的数据参考和理论指导。

本实例为简易卡车碰撞安全性仿真，主要演示相应的仿真流程，详细设置可参考随书资源。

8.3.2 分析步骤

1. 导入计算文件（见图 8-18）

（1）单击"导入"图标，准备导入计算文件。

(2)将类型设置为"计算文件"。
(3)单击"浏览"按钮,打开"导入文件"对话框。
(4)通过计算文件所在路径找到对应的计算文件。
(5)双击计算文件或单击计算文件后单击"打开"按钮。
(6)单击"导入"按钮,导入计算文件,导入后的计算文件会在窗口中显示。

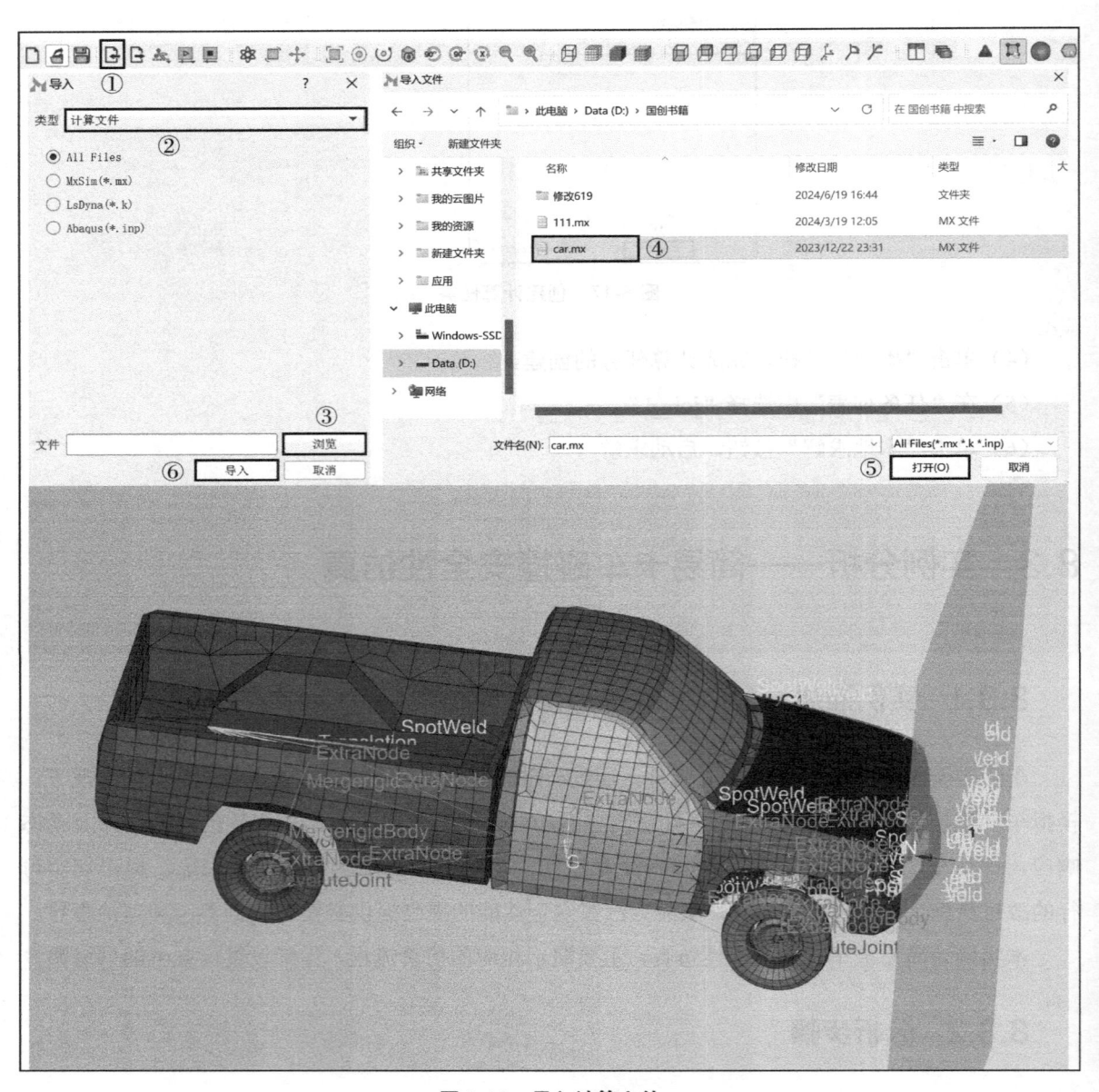

图 8-18 导入计算文件

2. 材料定义（见图 8-19）

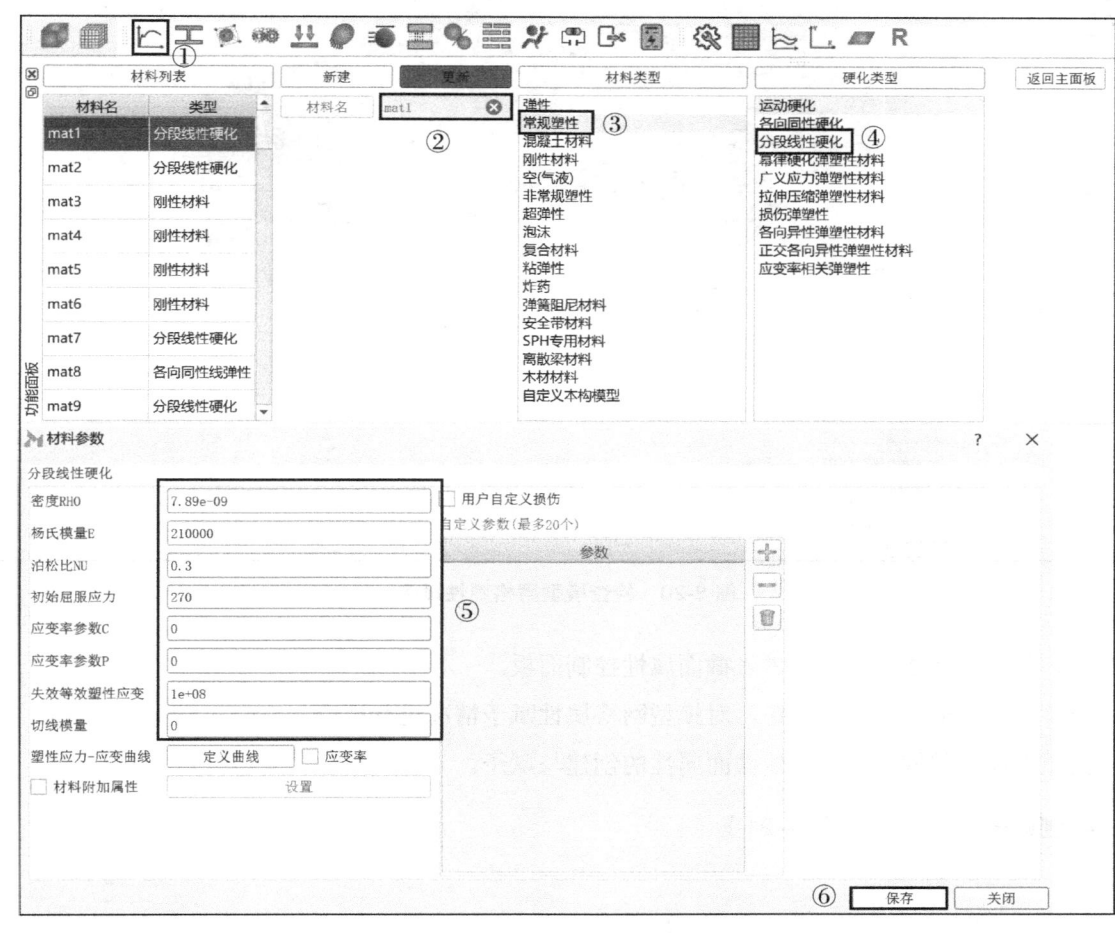

图 8-19　材料定义

（1）单击"材料"图标，进入材料定义面板。

（2）将材料名设置为"mat1"。

（3）将材料类型设置为"常规塑性"。

（4）将硬化类型设置为"分段线性硬化"。

（5）在弹出的"材料参数：分段线性硬化"对话框中输入如图 8-19 所示的参数。

（6）单击"保存"按钮，完成材料的定义。

依次完成其他材料的定义，计算文件已完成相应材料定义。

3. 检查模型网络属性赋予（见图 8-20）

（1）展开模型树下的截面属性收集器。

（2）单击一个截面属性选项，图形区中对应的零部件会高亮显示。

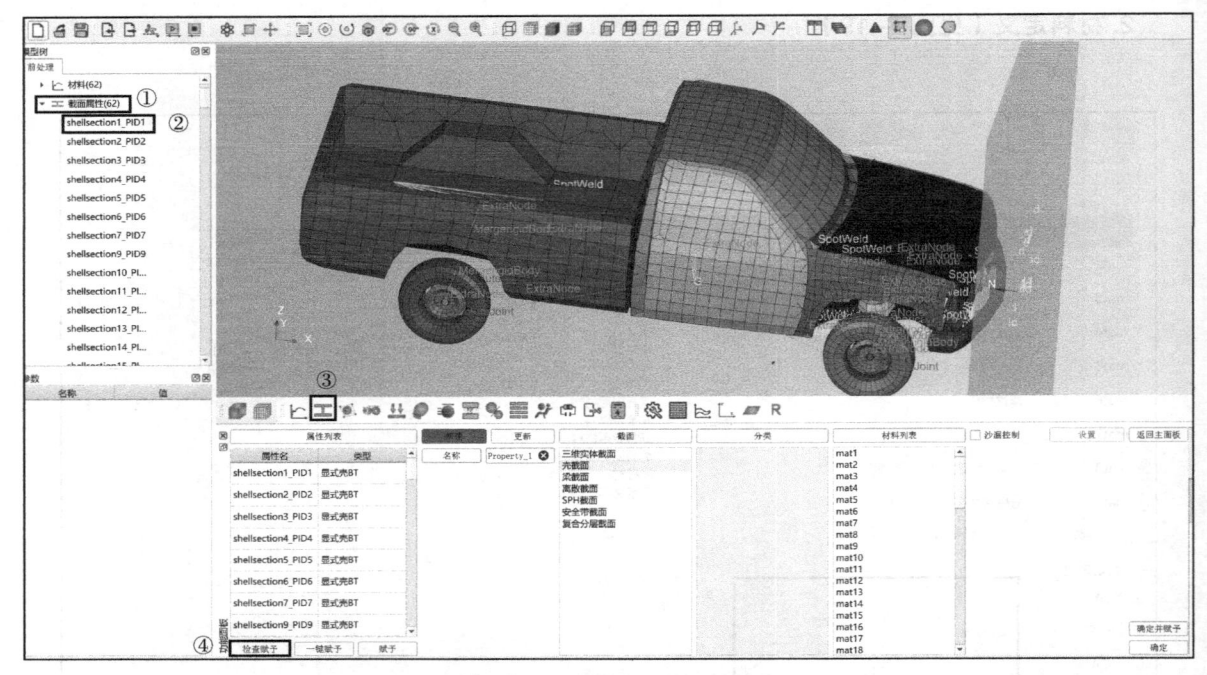

图 8-20　检查模型网格属性赋予

(3) 单击"截面"图标,进入截面属性控制面板。

(4) 单击"检查赋予"按钮,对模型网格属性赋予情况进行检查。

按照上述步骤依次完成其他截面属性的创建与赋予。

4. 创建分析工况 (见图 8-21)

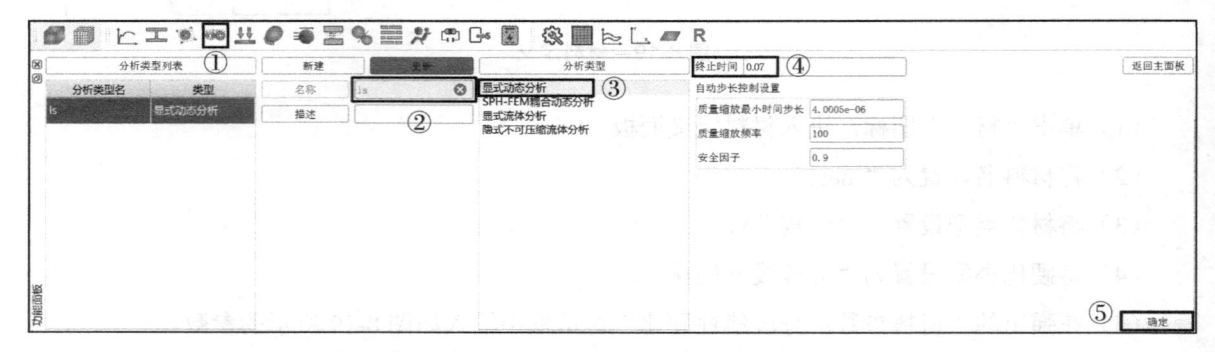

图 8-21　创建分析工况

(1) 单击"分析工况"图标,进入分析工况创建栏。

(2) 将分析类型名称设置为"ls"。

(3) 将分析类型设置为"显式动态分析"。

(4) 在"终止时间"框中输入"0.07","自动步长控制设置"选区中的参数保持默认值。

（5）单击"确定"按钮，完成分析工况的创建。

按照上述步骤依次完成其他工况的创建。

5. 施加载荷（见图 8-22）

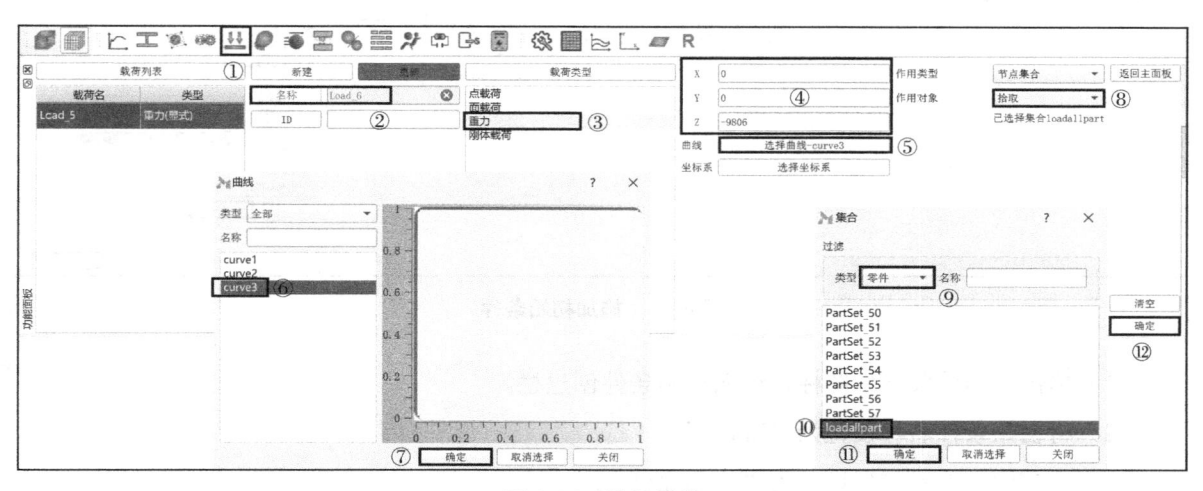

图 8-22 施加载荷

（1）单击"载荷"图标，进入载荷创建栏。

（2）在"名称"框中输入载荷名称"Load_6"。

（3）将载荷类型设置为"重力"。

（4）在"Z"框中输入"-9806"，表示重力方向朝 Z 轴负方向，大小为 9806。

（5）单击"选择曲线"按钮（图 8-22 中的"选择曲线 -curve3"按钮表示已选择 curve3 曲线），弹出"曲线"对话框。

（6）在"曲线"对话框中，选择载荷的施加曲线，此处选择的是"curve3"。

（7）单击"曲线"对话框中的"确定"按钮，完成曲线的选择。

（8）将作用对象设置为"集合"，弹出"集合"对话框。

（9）在"集合"对话框中，将类型设置为"零件"，下方框中显示建立的所有零件集合。

（10）选择载荷需要施加载荷的作用集，此处选择"loadallpart"。

（11）单击"集合"对话框中的"确定"按钮，完成集合的选择。

（12）单击"确定"按钮，完成载荷的施加。

6. 施加边界条件

本实例不涉及边界条件，故不施加边界条件。

7. 施加初始条件（见图 8-23）

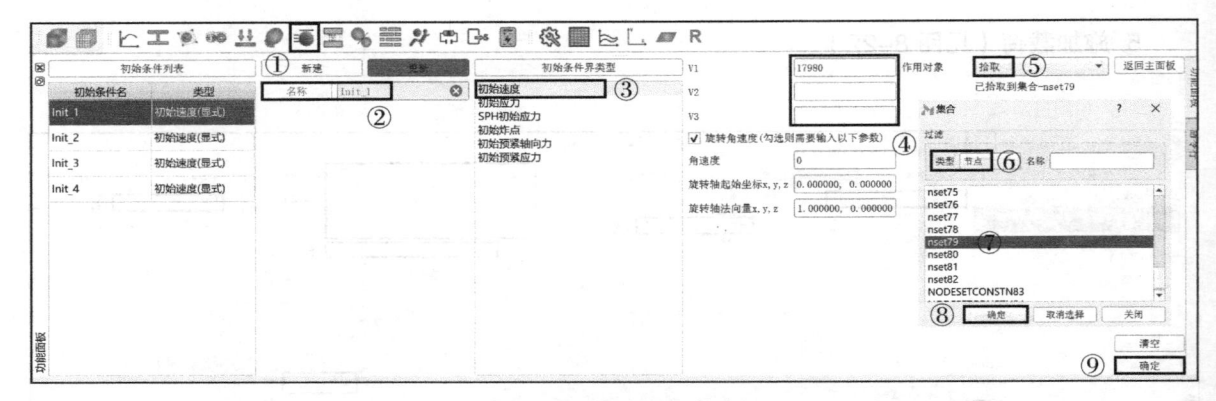

图 8-23　施加初始条件

（1）单击"初始条件"图标，进入初始条件创建栏。

（2）将初始条件名称设置为"Init_1"。

（3）将初始条件界类型设置为"初始速度"。

（4）在"V1"框中输入"17980"，表示初始速度方向沿 X 轴正方向，大小为 17980mm/s。

（5）将作用对象设置为"集合"，弹出"集合"对话框。

（6）在"集合"对话框中，将类型设置为"节点"，下方框中显示创建的所有节点集合。

（7）选择初始速度作用集合，此处选择"nest79"。

（8）在"集合"对话框中单击"确定"按钮，完成集合的选择。

（9）单击"确定"按钮，完成初始条件的创建。

按照上述步骤，依次创建初始条件 Init_2、Init_3、Init_4、Init_5，计算文件已完成相应初始条件施加。

8. 创建连接（见图 8-24）

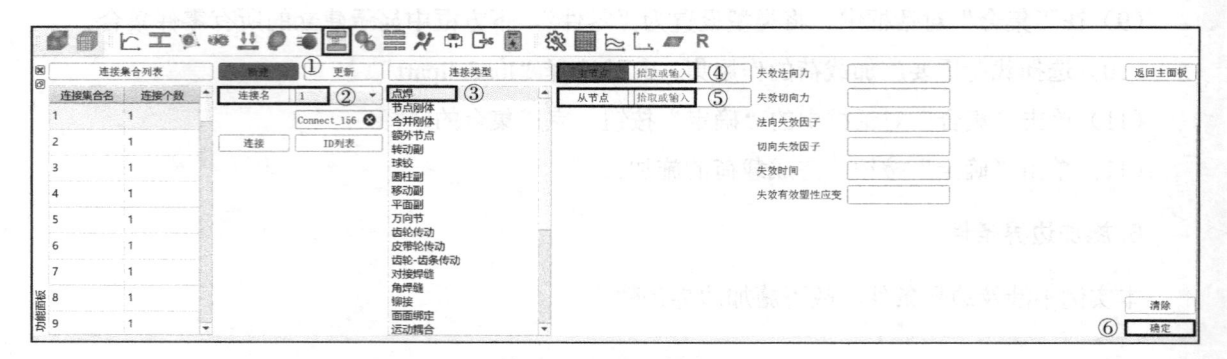

图 8-24　创建连接

（1）单击"连接"图标，进入连接创建面板。

（2）将连接集合名设置为"1"。

（3）将连接类型设置为"点焊"。

（4）通过拾取点的方式或键入节点 ID 的方式选择主节点。

（5）通过拾取点的方式或键入节点 ID 的方式选择从节点。

（6）单击"确定"按钮，完成连接的创建。

按照上述步骤依次完成其他连接的创建。

9. 创建接触（见图 8-25）

图 8-25　创建接触

（1）单击"接触"图标，进入接触创建栏。

（2）将接触名称设置为"contact1"。

（3）将接触类型设置为"部件间接触"。

（4）将部件集合设置为"PartSet_57"。

（5）单击"确定"按钮，完成接触的创建。

10. 创建输出（见图 8-26）

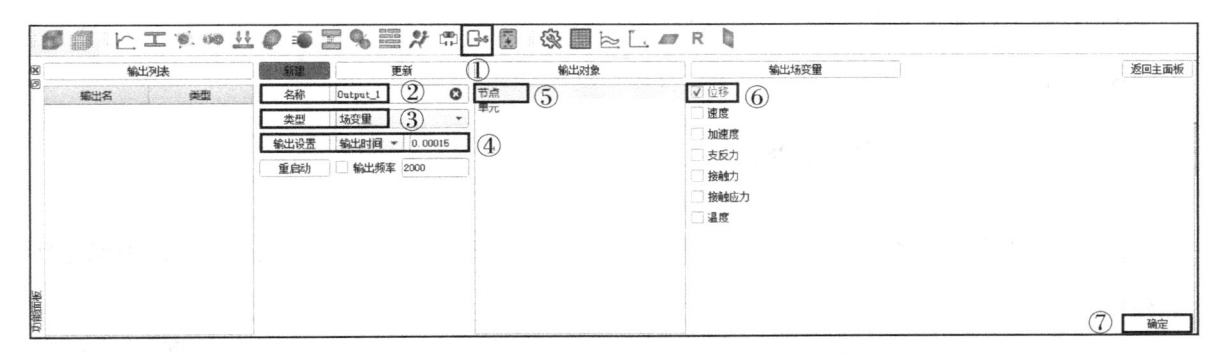

图 8-26　创建输出

(1)单击"输出"图标,进入输出创建栏。

(2)将输出名称设置为"Output_1"。

(3)将类型设置为"场变量",也可以设置为"历程变量"。

(4)将输出设置设置为"输出时间",并在后面的框中输入输出时间间隔。

(5)将输出对象设置为"节点"。

(6)根据实际需要,在"输出场变量"选区勾选需要输出的变量,此处勾选"位移"复选框。

(7)单击"确定"按钮,完成输出的创建。

按照上述步骤,依次完成其他输出的创建。

11. 创建计算任务(见图8-27)

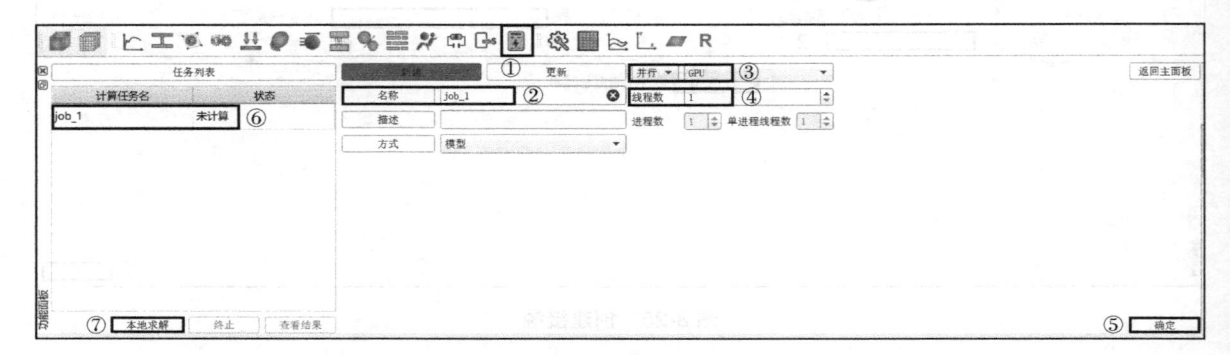

图 8-27 创建计算任务

(1)单击"计算任务"图标,创建新的计算任务。

(2)将计算任务名称设置为"job_1"。

(3)将并行设置为"GPU"。

(4)在"线程数"数值框中输入"1",根据 GPU 的最大线程数来输入。

(5)单击"确定"按钮,完成计算任务的创建。

(6)在"任务列表"中单击"job_1"。

(7)单击"本地求解"按钮,启动求解。

12. 后处理

1)后处理云图设置(见图8-28)

(1)单击"云图"图标,进入后处理界面。

(2)当前帧默认为"1.1",单击下拉按钮,可根据需要选择显示其他帧的结果。此处保持默认设置。

(3)变量默认为"Displacement",即位移,单击下拉按钮,可选择"Velocity"(速度)、"Stress"

（应力）、"Strain"（应变）等其他在前处理输出中定义的变量。此处保持默认设置。

（4）分量默认为"Mag"，即合位移，单击下拉按钮，可根据需要选择当前选择的变量的其他分量。此处保持默认设置。

（5）设置完上述选项后单击"确定"按钮，即可显示当前选择的当前帧的变量的分量对应的云图。

（6）单击"变形图"图标。

（7）在"显示构型"下拉列表中，若选择"仅显示当前构型"选项，则表示云图显示在当前帧变形后的模型下；若选择"仅显示初始构型"选项，则表示云图显示在初始未变形的模型下；若选择"同时显示"选项，则表示云图显示在当前帧变形后的模型下同时显示初始未变形的模型。此处选择的是"仅显示当前构型"选项。

（8）将变形系数设置为"1"。变形系数用于设置窗口中变形图的显示比例，可按需要修改。

（9）单击"确定"按钮，即可在窗口中显示当前设置的显示构型及变形系数下的云图。

主窗口显示的云图如图 8-28 所示。

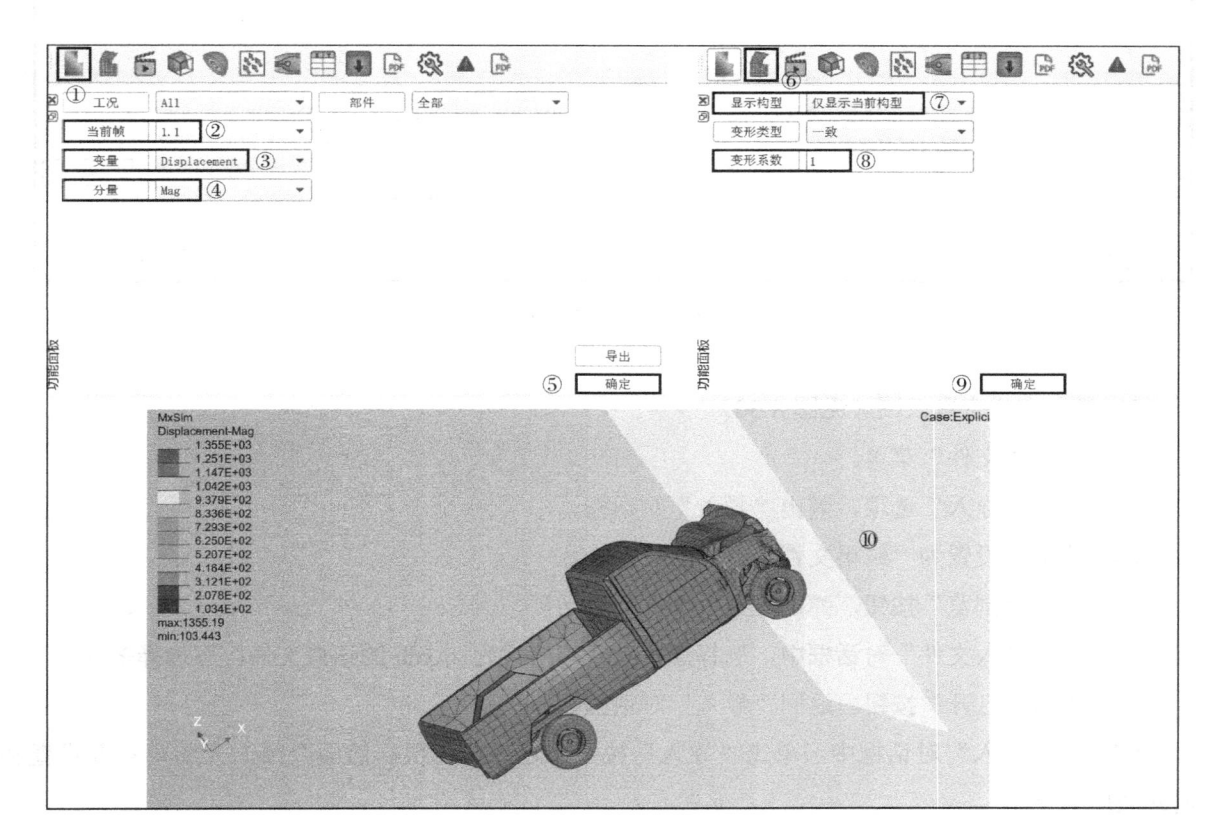

图 8-28 后处理云图设置

2)动画设置(见图 8-29)

(1)单击"动画"图标。

(2)单击"生成动画"按钮,主窗口显示的云图动画为上面设置的条件下的云图。

(3)在动画控制画板中,从左至右依次为"初始帧"按钮、"上一帧"按钮、"播放云图动画"按钮、"下一帧"按钮、"最后一帧"按钮。

(4)在"帧速率"数值框中输入"10",用于调整动画播放速率。

(5)单击"输出动画"按钮,弹出"动画输出"对话框。

(6)在"名称"框中输入动画的名称,自定义即可。

(7)单击"浏览"按钮,选择输出动画的存储位置。

(8)格式默认为"gif",可根据实际情况进行设置,此处保持默认设置。

(9)单击"确定"按钮,完成导出。

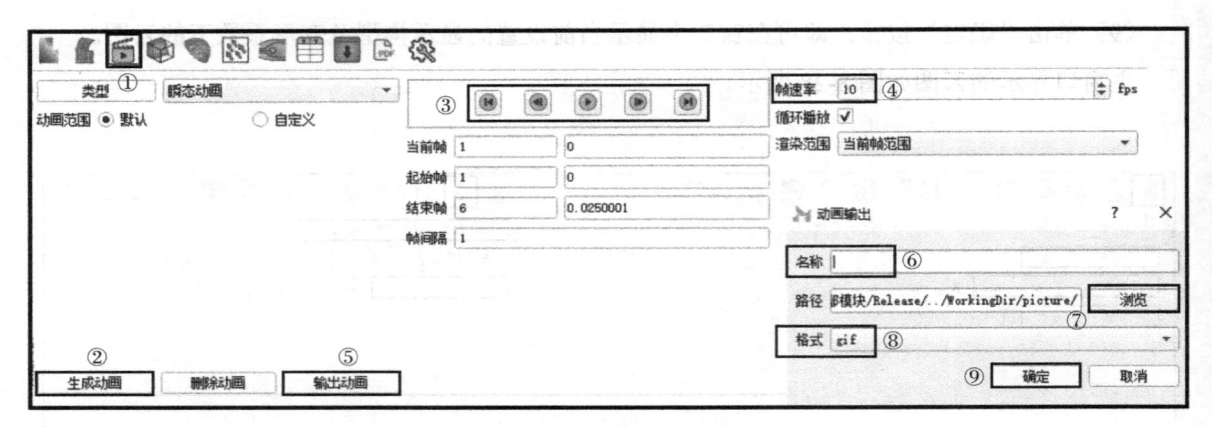

图 8-29　动画设置

3)导入方式查看云图(见图 8-30)

(1)单击"文件"菜单。

(2)单击"导入"选项,弹出"导入"对话框。

(3)将类型设置为"结果文件"。

(4)单击"浏览"按钮,弹出"导入文件"对话框。

(5)在"导入文件"对话框中,选择想要查看的格式为 .mxdb 的结果文件,可选择多项。

(6)单击"打开"按钮,返回"导入"对话框。

(7)在"导入"对话框中,单击"导入"按钮。之后即可根据前面介绍的云图查看方式查看想要的结果。

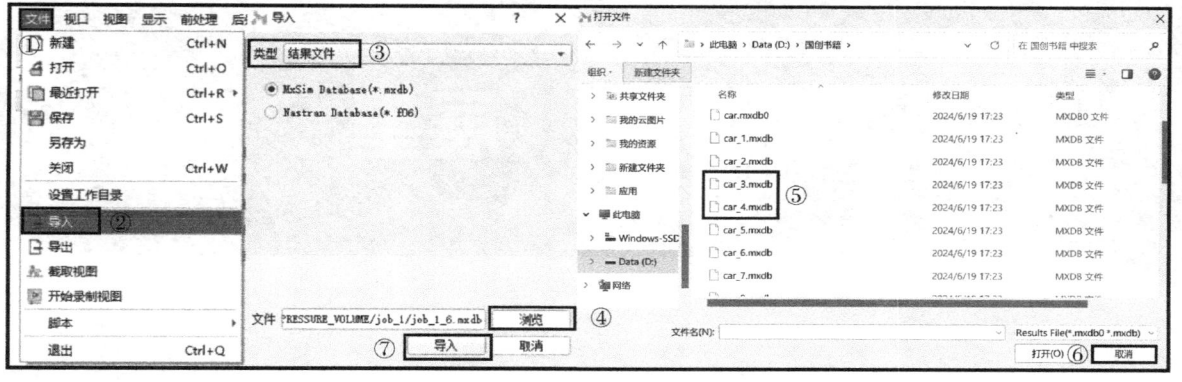

图 8-30　导入方式查看云图

第 9 章　展望

【本章导读】

本章从宏观层面总结了工业 CAE 软件领域的发展现状，展望了云服务和大数据分析等前沿技术在 CAE 领域的应用前景，同时介绍了国内自主可控的数字化仿真云平台，包括其设计理念、技术架构和功能模块等，并提供了学习平台的视频演示二维码，方便读者进一步了解相关内容和进行实际操作。

9.1　CAE 软件领域技术展望

在全球范围内，汽车 CAE 软件产业已相当成熟，美国 Ansys 公司、Altair Engineering 公司和法国 Dassault Systèmes 公司等，凭借技术领先优势在国际市场占有重要地位。这些软件可提供全面的工程模拟方案，助力工程师设计质量更轻、更安全、性能更佳的汽车。国外 CAE 软件产业的领先地位得益于全球化的市场战略和本地化的服务支持，为全球车企提供专业化解决方案。

我国汽车产业的飞速发展，推动汽车 CAE 软件需求的持续增长，国内企业纷纷布局 CAE 软件产品。然而，相较于国际成熟软件产品，我国 CAE 软件在算法成熟度、用户界面友好度和工程应用稳定性等方面仍存在一定差距。但随着研发投入的不断增加和行业经验的累积，国内 CAE 软件正在逐步优化升级，市场份额逐步扩大，并在某些特定细分市场中展现出强竞争力。

总体而言，汽车 CAE 软件产业在全球范围内正在经历技术创新与市场扩展的双重推动。随着汽车工业向电动化、智能化转型趋势的推进，结合新材料应用和新能源技术的需求，CAE 软件拥有前景广阔的市场。各国制造商及设计团队为缩短产品开发周期、降低成本并优化产品性能，对更高性能、更可靠的 CAE 工具存在需求。云服务、大数据分析等新兴技术的融入，进一步提升了 CAE 软件的性能，加大了其应用范围，使其在车型设计、新材料开发及安全性验证等方面更加高效和精确。整个产业正向更开放、竞争更激烈的格局演变，对于从事 CAE 软件研发和应用的企业，这既是机遇又是挑战。

9.2 工业软件辅助技术展望

9.2.1 工业云平台技术

工业云平台技术具有强大的数据处理能力和灵活的集成性，能为企业建立一个统一产品开发业务流程、研发数据及研发工具的管理平台，包括软件上云、线上协同及数据上云。该技术支持汽车研发设计全生命周期流程的云端管理，贯通从汽车设计、仿真到测试验证的所有环节，实现汽车研发仿真的全流程化集成和管理、数据共享和协同设计；不仅促进了跨部门、跨领域的数据流动和信息交流，提升了整体研发效率，而且保证了研发质量，赋能整车企业和零部件厂商的数字化转型（见图 9-1）。

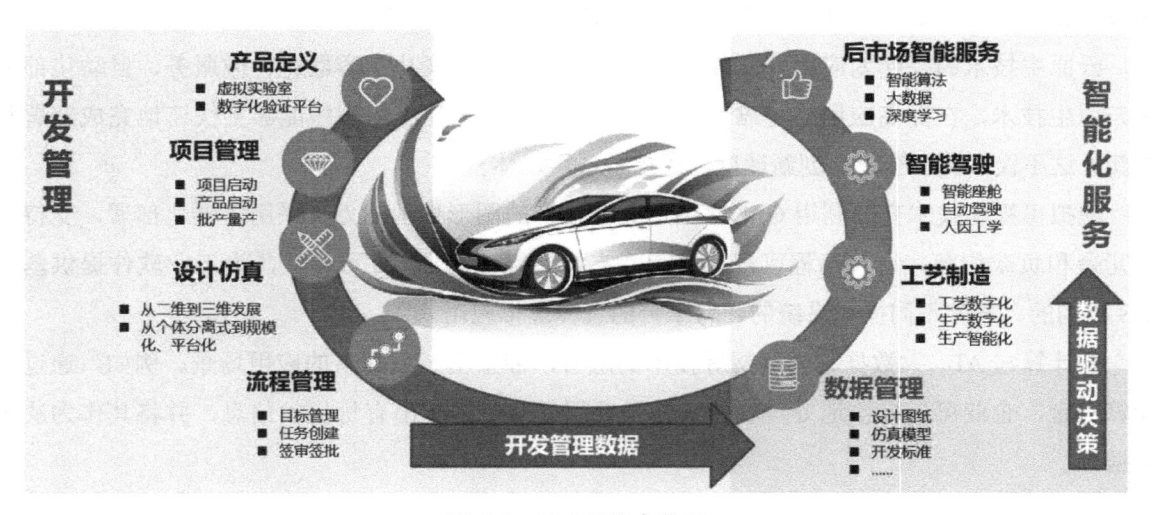

图 9-1 工业云平台蓝图

1. 软件上云

从单机软件到云端软件的转变，成功解决了长期困扰企业的软件孤岛问题。将许可统一部署在云端，不仅可以实现软件许可的统一监控和管理，更可以使软件许可的自动调配成为可能，极大地增强了灵活性，有效避免了资源闲置。

2. 线上协同

从传统的线下任务分配模式转型为线上协同任务分配模式，是解决软件人员孤岛问题、提升团队协作效率的关键步骤。通过智能化的任务分配系统，团队可以快速、准确地根据成员的能力、工作量和项目需求，对任务进行自动或手动分配。系统能够实时更新任务的状态和进度，每个团队成员都可以随时查看任务列表，了解当前的工作进度。

3. 数据上云

数据管理从本地离线到线上统筹的转变，已经成为解决软件数据孤岛问题的关键。数据统一线上管理，极大地丰富了企业的数据资产。过去，数据散落在各个部门、各个团队的本地存储中，难以形成统一的数据视图。而现在，所有数据都集中存储在线上平台，形成宝贵的数据财富。

9.2.2　软件云化技术

软件云化一般可采用云原生技术、虚拟可视化技术等云计算技术，与 AI 大模型相结合，建设超大规模的云计算数据中心。软件云化技术为操作简单、远程可视化、轻量化、无感知的云端工业软件的软件服务提供了技术支撑，实现了资源的高效调度和灵活分配，使企业可以按需获取计算资源、存储资源和网络资源，从而降低运营成本，提高运营效率。

云原生技术的兴起为应用开发和管理带来了革命性的变化。容器化、微服务、自动化部署等云原生技术，在提高应用的可靠性和可伸缩性的同时，使应用程序能够更快速地完成部署和更新。这不仅加快了企业的创新速度，还提升了用户体验。

虚拟可视化技术充分利用 GPU（图形处理器）的图形处理能力，采用集群化部署，支持多机冗余和负载均衡；通过远程可视化协议，支持二维/三维软件可视化，为工业软件提供基于 B/S 架构的、兼容不同操作系统的、跨平台的远程虚拟应用。

云计算与 AI、大数据、物联网等技术的融合，催生出一系列新的应用场景。例如，通过云计算平台，企业可以轻松地处理和分析海量数据，从中挖掘出有价值的信息，并将其作为决策依据。

9.2.3　硬件技术

GPU 和 CPU 作为计算机硬件技术的两大核心，近年来取得了显著的技术进步。

多核心、高性能的 CPU 被广泛应用于云计算服务器。例如，现代处理器的 Intel Xeon 或 AMD EPYC 系列，它们的多核设计和高级功能使云计算系统能够处理海量数据，完成更复杂的计算任务。

同时，GPU 为云计算提供了强大的计算能力，尤其是在图形渲染、深度学习及 GPU 加速计算等方面，不断刷新了工业软件的计算速度。未来，CPU 可在物理模拟、数据分析等方面发挥更大优势。

9.2.4 云端数据管理与分析

云端数据管理是利用计算机硬件和软件技术对数据进行有效的收集、存储、处理和应用的过程，将数据转化为有用的信息以支持业务决策和运营，包括数据规划、数据建模、数据架构设计、数据存储和备份、数据安全和隐私、数据质量管理、数据集成和共享、数据分析和挖掘等。

随着计算机技术的发展，数据管理经历了从人工管理、文件系统到数据库系统等多个阶段，数据管理的技术和方法在不断更新和完善。现代数据管理技术包括关系型数据库管理系统、非关系型数据库、数据仓库、数据湖、大数据分析与处理、数据挖掘技术，以及实时数据处理等，这些技术都在不同的场景中发挥着重要的作用。

实时数据流处理系统能够实时接收、处理和分析数据流，实时捕捉和响应数据的变化，进而进行实时决策和预警，适用于需要实时响应的场景，如汽车智能物联网。

9.2.5 辅助工具

面向汽车设计及仿真业务流程，通过调度器建立仿真工具链，可以实现复杂工具流程（如整车被动安全、Trimmed Body）和多学科耦合（如结构疲劳、流固耦合）流程的标准化及自动化；封装现有程序和脚本（前后处理、求解器等），发布功能块（Functional Block），复杂的工具子流程（Sub-Procedure）也可被封装为功能块，便于工程师管理和调试。功能块之间通过文件或进程接口相互实现数据传输。系统预先封装一批常用的前后处理和求解器等工具软件，以及逻辑控制等内置功能块，便于工程师将仿真规范搭建为流程，并通过 AI 智能算法持续优化应用。

9.3 国创数字化仿真云平台

国创数字化仿真云平台是一个面向整车设计研发的、汇聚多款国产自研汽车设计仿真商业软件产品的、能提供汽车设计研发全生命周期管理的云服务平台。该云平台汇集支持汽车仿真分析的热管理仿真分析、碰撞安全性分析、汽车电控算法科学计算、多物理场仿真验证等多个商业化国产自研软件工具，通过统一平台为用户提供服务，降低许可费用，减轻汽车厂对于未来商业软件使用权限的焦虑，同时为高校培养新型仿真工程师提供一体化教育平台，促进汽车研发产业健康发展。

该云平台由四大模块组成，云设计平台、仿真工具链、仿真数据管理、设计数据管理。云设计平台作为整个云平台的基础底座，承载其余三大模块，完成对整车研发流程从 0 到 1 的支持。

9.3.1 云资源管理

云平台支持 Windows 和 Linux 操作系统上常见的三维设计仿真应用及办公教学应用，可跨操作系统、跨地理位置对所需资源进行访问。云平台采用高安全级别的可视化协议，该可视化协议支持图形传输、操作传递、共享、加密/解密、数据压缩等。其技术要点参考当前主要可视化协议的功能要求、技术特性，同时独立于当前主要可视化协议，形成自主可控的、新的协议栈与协议层。

云平台的资源管理与调度功能支持多种类型应用软件的通用中间件集成应用，包括机械行业设计软件、仿真软件、芯片设计软件、科学计算软件、大数据分析软件等。这些不同类型的应用软件可以被同时集成到资源管理与调度软件管理的计算集群中，实现了多领域、多学科、多种类型应用资源的充分共享。云平台采用混合云方式实现资源的弹性伸缩配置。云架构如图 9-2 所示。

9.3.2 设计数据管理

设计数据管理系统依托于云设计平台，可提供企业级项目管理服务，主要包括项目库管理服务、模板管理服务、计划管理服务、经费管理服务等。引擎也可对产品设计过程和设计数据管理场景进行支撑，在统一建模基础上，实现产品设计数据管理服务，主要包括产品结构（E-BOM）管理服务、零部件管理服务、图文档管理服务、审批管理服务、变更管理服务、基线管理服务、工作流管理服务，以及编码权限管理服务等基础功能管理服务。设计数据管理如图 9-3 所示。

9.3.3 仿真数据管理

仿真数据管理依托于云设计平台，可建立整车研发平台管理汽车仿真流程，分解整车性能目标，并根据开发目标分配仿真任务，实现业务流程的标准化及自动化，如图 9-4 所示。

在引擎中，仿真工程师在接收到仿真任务后，根据接收到的设计模型和数据，开展仿真验证工作，并按照相应分析工况要求执行仿真任务，包括前处理、求解、后处理、生成仿真报告等。在完成仿真后，仿真工程师将仿真验证结果及分析报告反馈给设计师。

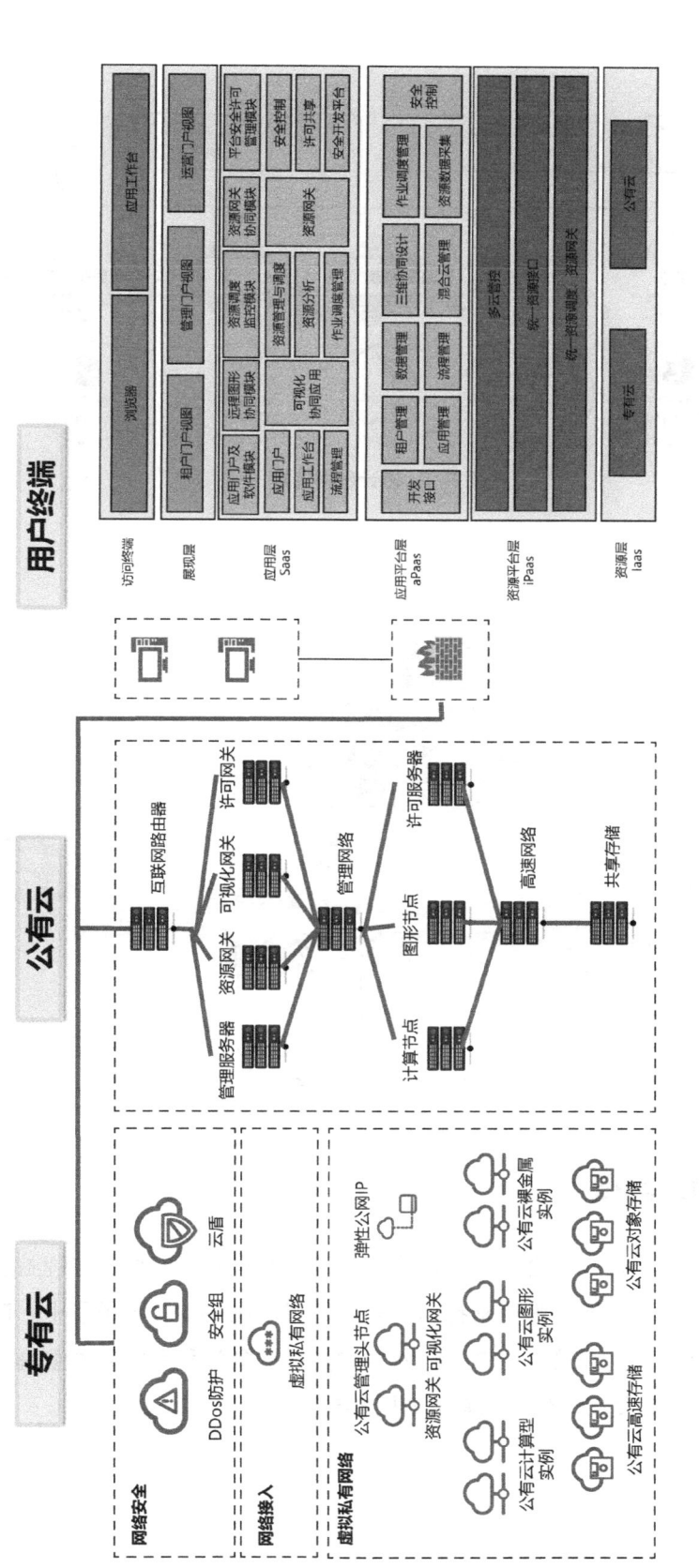

图 9-2 云架构

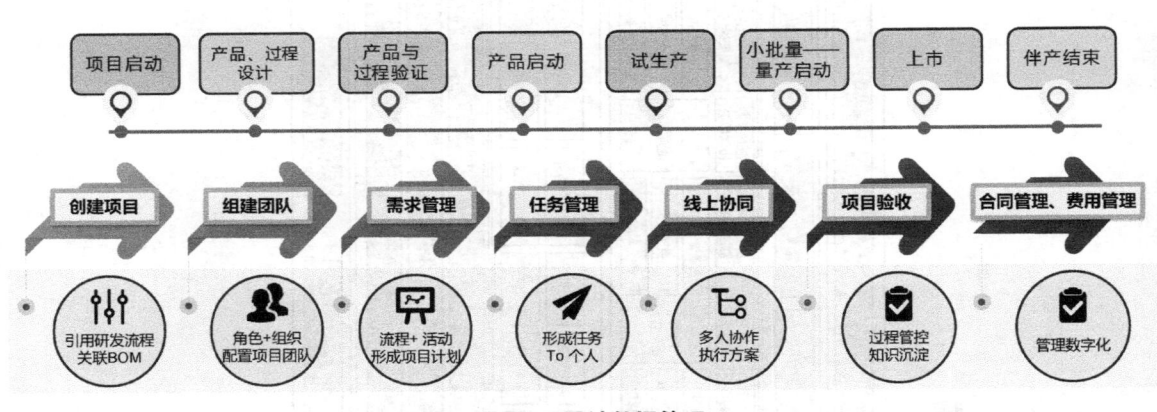

图 9-3 设计数据管理

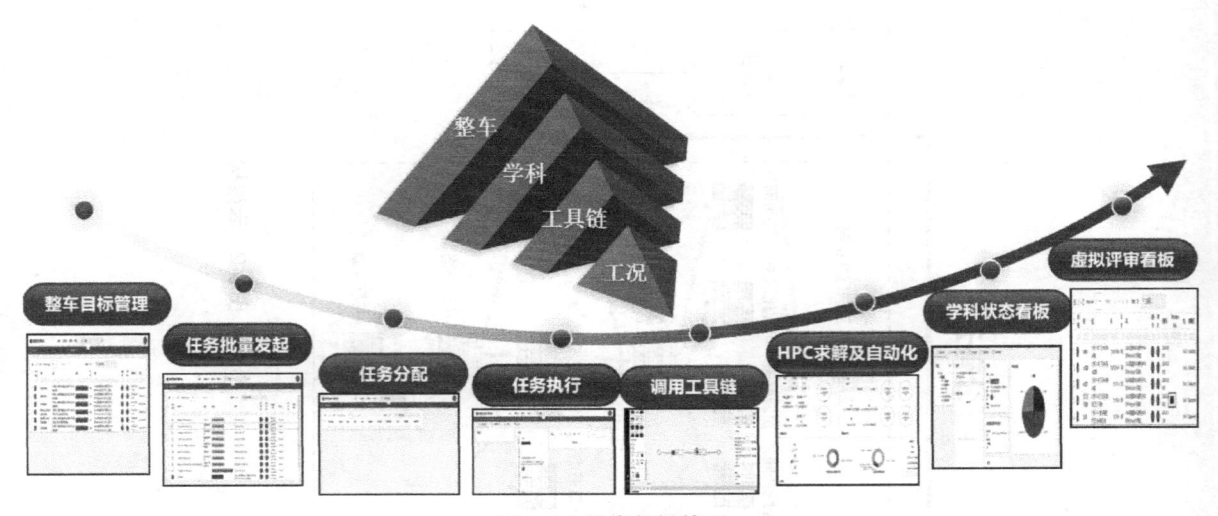

图 9-4 仿真数据管理

9.3.4 仿真工具链

仿真工具链依托于云设计平台,可实现仿真模型及结果复用、仿真流程封装、多学科联合仿真封装、多物理场参数优化。为了支持国产软件替代,在模型复用场景中,以标准格式作为中间介质,为工具软件厂商和第三方文件搭建桥梁,打通多学科间的数据壁垒,快速实现已有商业模型在国产软件中的复用。仿真工具链如图 9-5 所示。

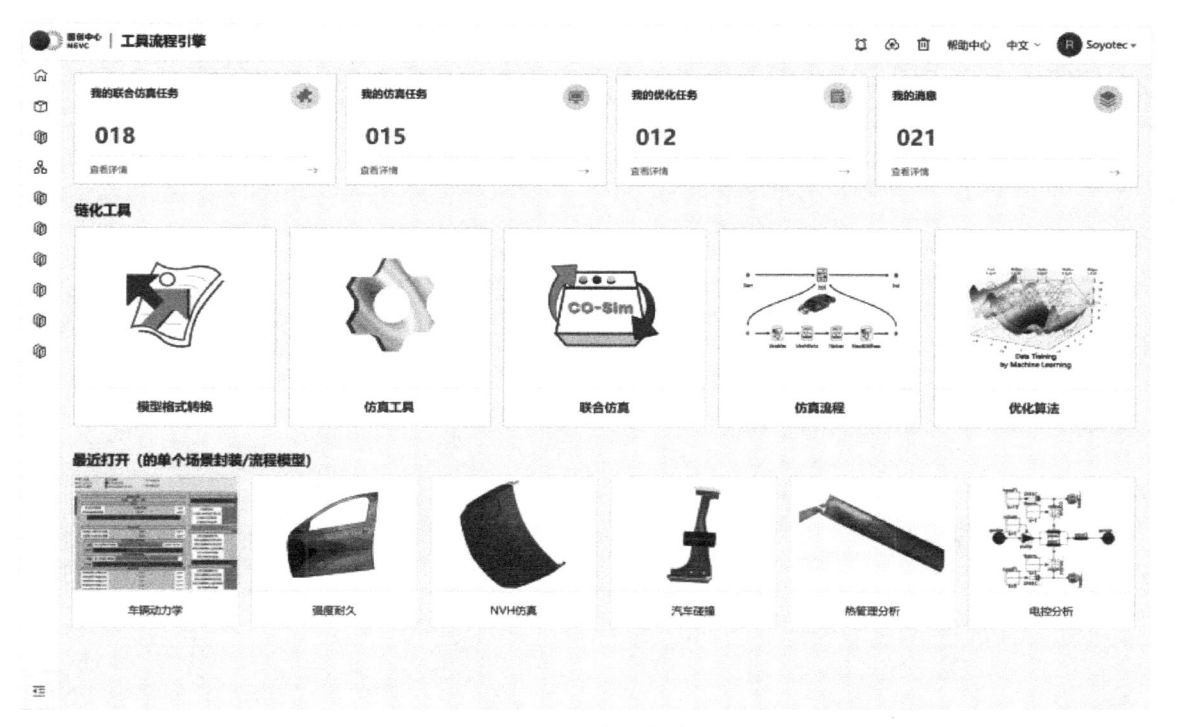

图 9-5 仿真工具链

读者可以通过扫描封底二维码查看国创数字化仿真云平台的相关操作演示。

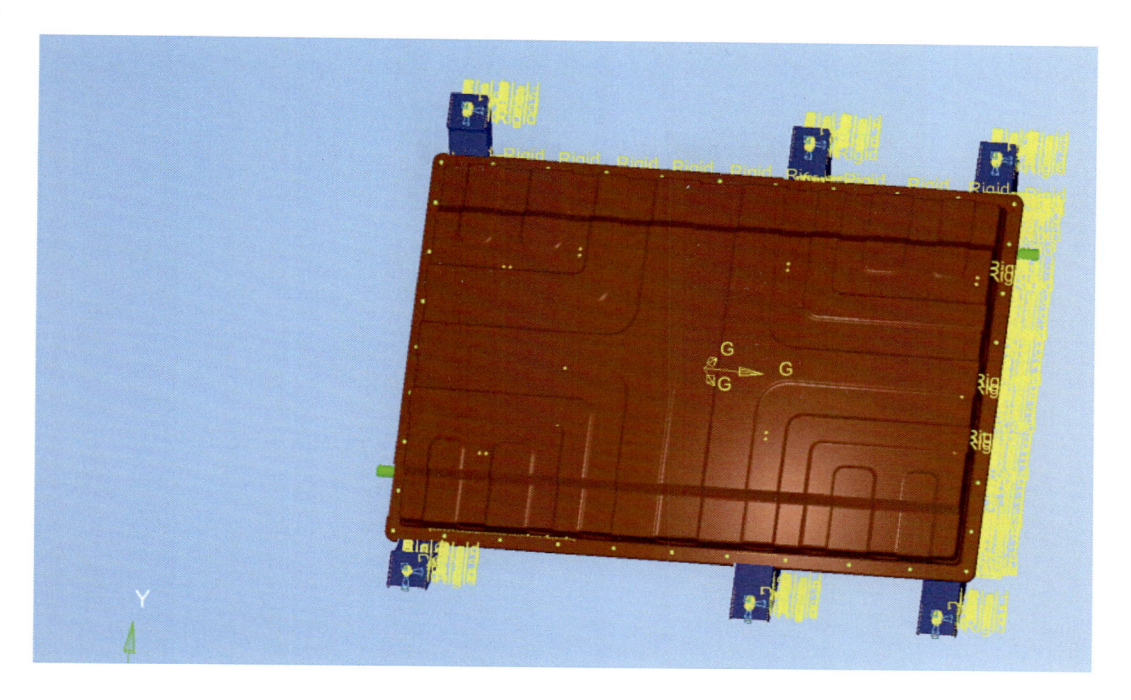

第 2 章效果预览图

第 3 章效果预览图

第 4 章效果预览图 1

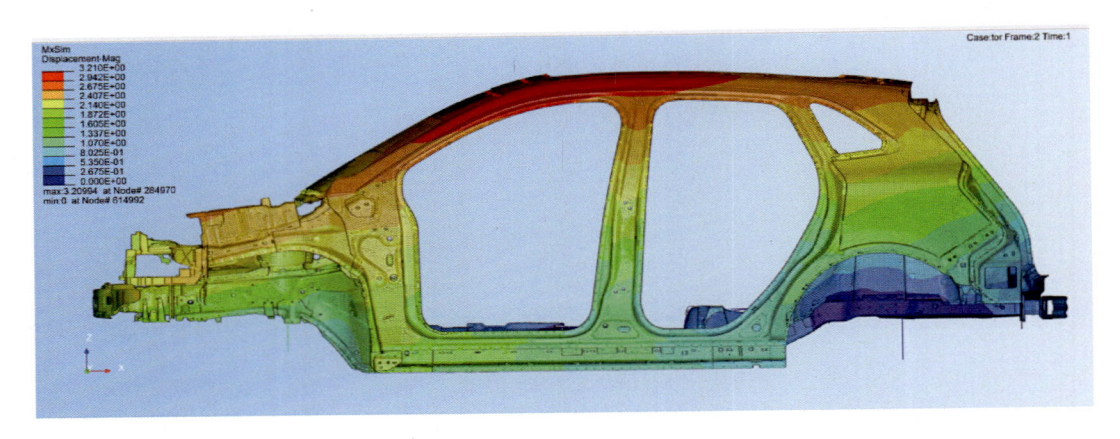

第 4 章效果预览图 2

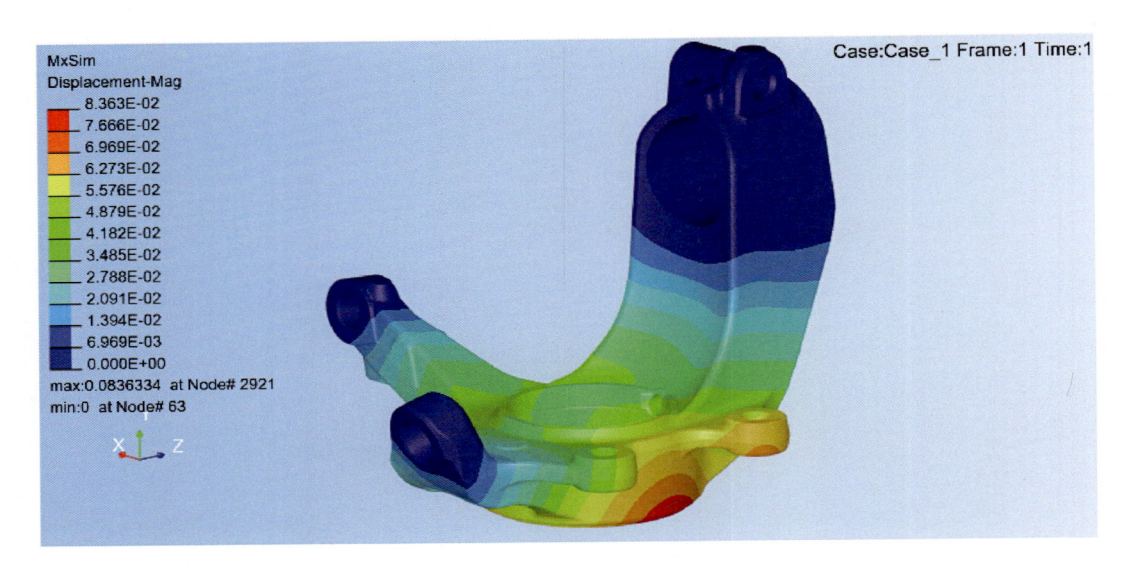

第 4 章效果预览图 3

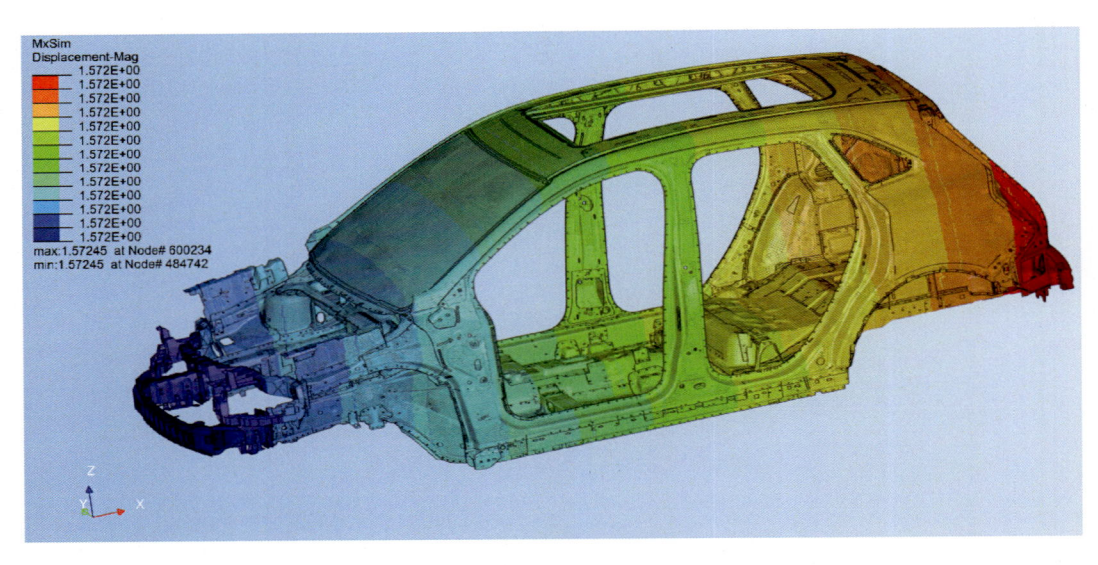

第 5 章效果预览图 1

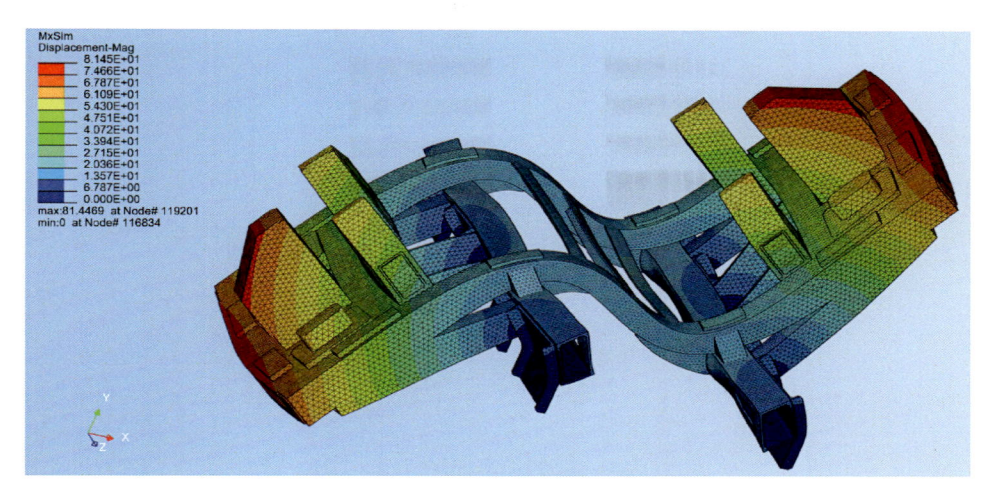

第 5 章效果预览图 2

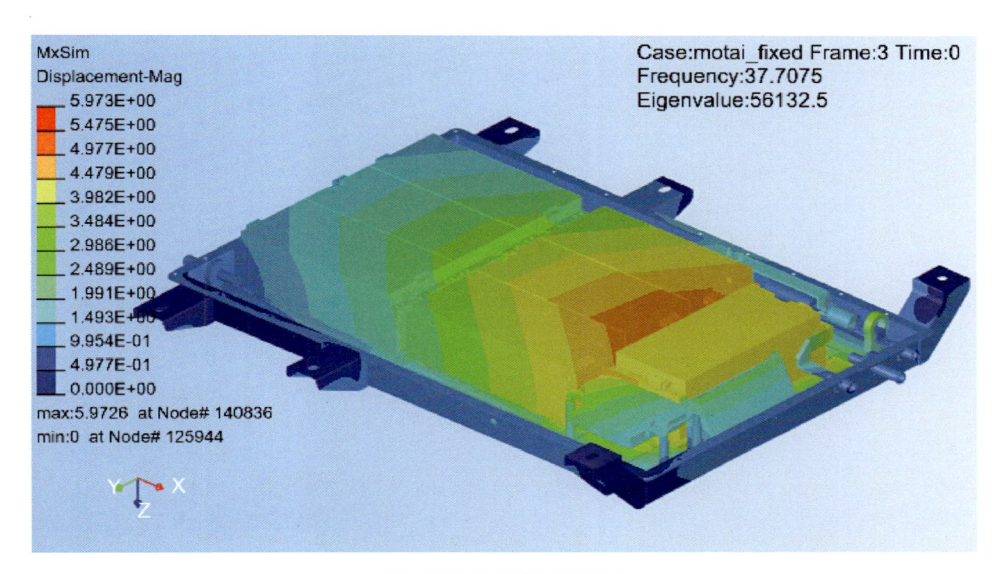

第 5 章效果预览图 3

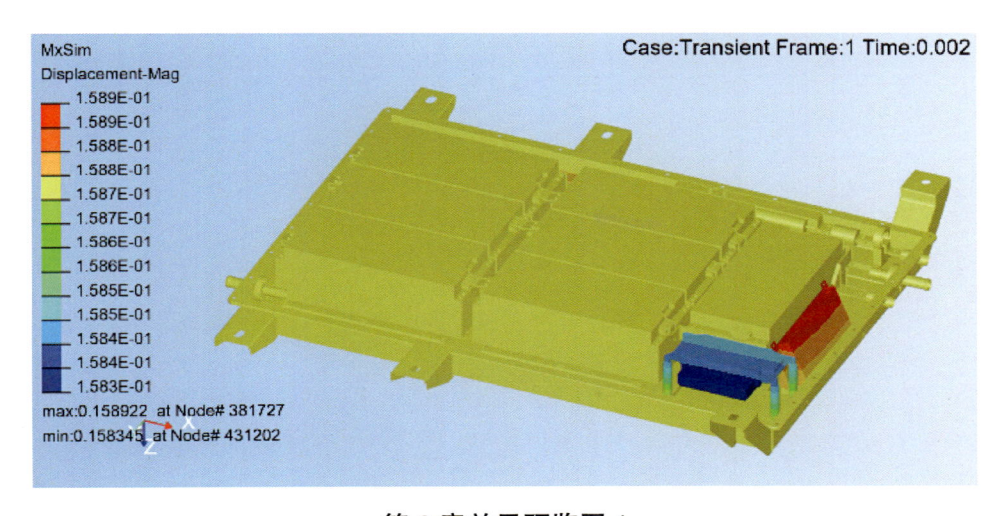

第 6 章效果预览图 1

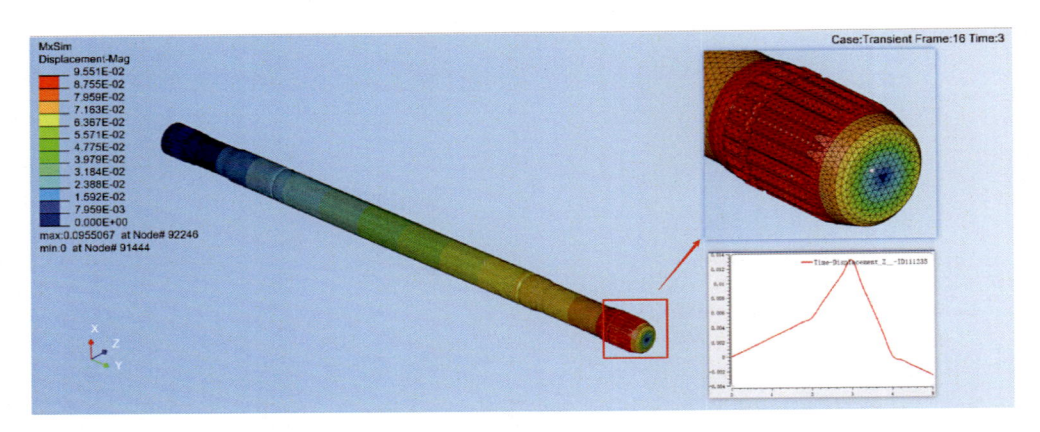

第 6 章效果预览图 2

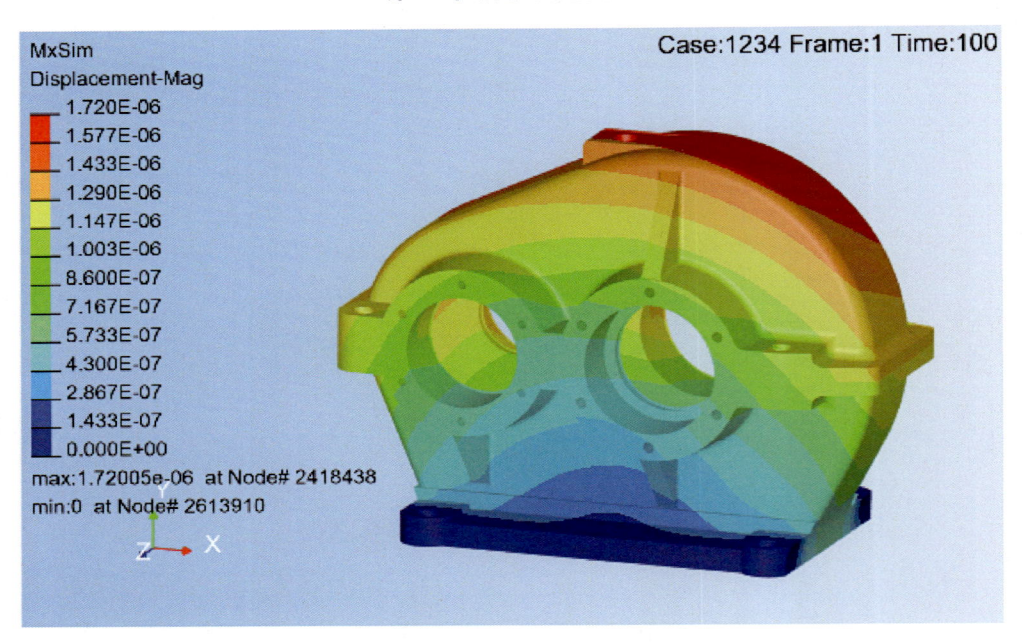

第 7 章效果预览图

第 8 章效果预览图